학교 현장에서

생각하는 힘을 기르는
50가지 사고 전략

Rebecca Stobaugh 저
노현종 · 박민애 · 김재욱 공역

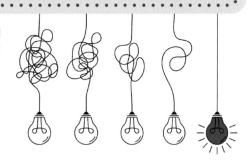

FIFTY STRATEGIES TO
BOOST COGNITIVE
ENGAGEMENT:
CREATING A THINKING CULTURE
IN THE CLASSROOM

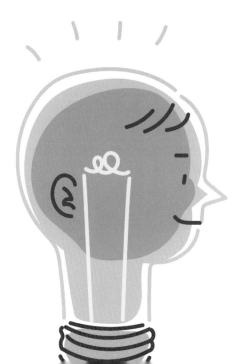

학지사

역자 서문

인터넷의 발달과 인공지능의 급격한 발전은 이제 더 이상 인간의 학습에 지식 습득이 가장 중요한 요소가 되지 못한다는 점을 시사합니다. 학생들은 그 어느 때보다 비판적 사고가 중요한 시대에 살고 있고 앞으로도 살아가게 될 것입니다. 저자가 주장하는 비판적 사고 전략을 통한 학생들의 인지적 참여는 교실에서 핵심적인 방법으로 자리매김할 것입니다.

이 책은 단순한 이론서가 아닌, 교사들이 교실에서 실천할 수 있는 구체적인 전략을 제공함으로써 학생들의 사고력을 심화시키고 참여도를 높이는 데 중점을 두고 있습니다. 이 책이 제공하는 다양한 전략은 교육 현장에서의 어려움을 극복하고, 학생들을 더 높은 수준의 사고로 이끌어 가는 데 중요한 도구가 될 것입니다.

현대 교육의 목표는 단순히 학생들에게 지식을 전달하는 것을 넘어, 그들이 그 지식을 어떻게 이해하고 활용할 수 있는지를 지도하는 것입니다. 이 과정에서 여러 교육 접근법 간의 차이가 존재하는데, 수정된 Bloom의 교육목표분류에 기반한 접근법과 이해 중심 교육과정 간의 차이가 그 대표적인 예입니다. 수정된 Bloom의 교육목표분류는 인지적 발달의 단계를 명확히 하고, 이를 통해 교사가 학생을 체계적으로 성장시키는 데 필요한 가이드를 제공합니다. 반면, 이해 중심 교육과정은 학생들이 보다 깊이 있는 이해를 통해 학습한 내용을 자기 것으로 만들고, 이를 실제 상황에까지 전이하는 능력을 중시합니다.

이 책이 중요한 이유는 이러한 교육 이론 간의 차이를 극복하고, 두 접근법의 강점을 결합하여 교사가 학생의 성장을 단계적으로 지원할 수 있도록 돕기 때문입니다. 수정된 Bloom의 교육목표분류의 인지적 단계에 맞춘 50가지 비판적 사고 전략을 제시하면서도 단계에 따른 순차적인 실행을 강조하지 않습니다. 수업에 어떤 활동이 필요한지, 어떤 목표와 맞는 활동인지를 파악하여 여러 전략 중에 선택하도록 하고 있습니다. '평가하기'와 '창조하기' 활동을 통해 얻어지는 산출물을 깊이 있는 이해의 증거로 삼을 수도 있고, '이해하기' 활동을 통해 더 깊은 사고로의 전이를 꾀할 수도 있습니다. 이 전략들은 교사가 교실에서 손쉽게 적용할 수 있도록 설계되었으며, 각 단계에서 학생들이 어떻게 사고를 발전시켜 나갈 수 있는지에 대한 구체적인 예시를 제공합니다.

　이러한 전략은 단순한 이론적인 틀을 넘어서, 실제 교실에서의 적용 가능성을 강조합니다. 각 장에서 제시된 전략은 교사가 학생과의 상호작용을 보다 효과적으로 이끌어 내고, 학생들이 주체적으로 학습에 참여할 수 있도록 돕습니다. 예를 들어, '이해하기' 단계의 전략들은 학생들이 학습 내용을 단순히 암기하는 것에서 벗어나 그 의미를 파악하고 연결할 수 있도록 지원합니다. 이후 '분석하기' 단계에서는 학생들이 복잡한 개념을 분해하고 비교하며 더 깊은 이해로 나아가게 됩니다. '평가하기' 단계에서는 자신의 사고를 평가하고 타인의 의견을 비판적으로 수용하는 능력을 키우며, 마지막 '창조하기' 단계에서는 창의적인 문제 해결과 새로운 아이디어를 도출할 수 있는 능력을 개발합니다. 또한 각 전략을 움직임, 협력, 미디어 리터러시로 별도로 분류하고, 여러 수업 상황에 맞게 변형하여 사용할 수 있는 아이디어를 제시함으로써 교사 각자의 수업 상황에 가장 알맞은 전략을 체계적으로 활용할 수 있도록 친절하게 안내하고 있습니다.

　이 책이 교사들에게 제공하는 또 하나의 큰 장점은, 각 장의 끝에 배치된 '성찰'과 '실천' 섹션입니다. 이 섹션들은 교사가 책에서 배운 전략을 실제로 적용해 보고, 그 효과를 평가할 수 있는 기회를 제공합니다. 이는 교사가 단순히 이론을 학습하는 데 그치지 않고, 그 이론을 교실에서 실제로 어떻게 구현할 수 있는지를 체계적으로 생각해 볼 수 있도록 도와줍니다. 이러한 성찰과 실천의 과정은 교사가 자신의 교육 방식을 성찰하고, 보다 효과적인 교육을 위한 새로운 아이디어를 탐구하는 데 중요한 역할을 합니다.

　더 나아가, 이 책은 학생의 사고력을 향상시키는 데 그치지 않고 교사에게도 큰 성장을 가져다 줄 것입니다. 교사는 이 책을 통해 자신의 교육 방법에 대해 더 깊이 이해하고, 학생들에게 보다 적합한 교육 방식을 찾아갈 수 있을 것입니다. 또한 다양한 교육 상황에서 학생들의 성장을 돕는 방법을 제공함으로써 교육 현장에서의 자신감을 키워 줄 것입니다.

　학생들의 미래를 준비하는 교사로서, 이 책이 제공하는 전략과 아이디어들이 여러분의 교육 여정에 귀중한 동반자가 되기를 바랍니다. 이 책을 통해 교사들은 학생들의 인지적 성장을 돕는 구체적인 방법을 배우게 될 것이며, 이는 궁극적으로 학생들이 학교에서뿐만 아니라 삶 전체에서 성공할 수 있는 기반을 다지는 데 큰 도움이 될 것입니다.

　또한 이 책에서 사용하고 있는 부록 자료들은 학지사 홈페이지에서 한글 버전을 다운로드

할 수 있습니다. 이 자료들을 활용하여 학생들을 가르치는 데 큰 도움이 되길 바랍니다.

이 책의 번역을 위해 총 3명의 교사이자 교육학 연구자들(노현종, 박민애, 김재욱)이 참여하였습니다. 이들은 모두 교육 현장에서 수업과 평가를 연계하여 실천하고 있으며 교실 수업과 관련된 다양한 연구를 수행하였습니다. 역자들은 이 책의 사용 과정에서 발견된 문제점이나 개선 사항을 지속해서 수용하고 수정 및 보완함으로써 더 좋은 책이 될 수 있도록 노력할 예정입니다. 끝으로, 이 책이 출간되기까지 노고를 아끼지 않으신 학지사 김진환 사장님 이하 편집진 모두에게 감사드립니다.

2025년 2월
역자 일동

시작하며

학생들이 교실 벽에 붙어 있는 자신의 작품을 보면서 태너 선생님의 언어 수업을 듣기 시작한다. 수업이 시작되면 학생들은 지난 저녁에 작성했던 읽기 과제를 주제로 토론을 시작한다. 서로에게 질문을 던지고 생각을 나누는 데 주저함이 없다. 태너 선생님은 오늘 수업의 학습 목표가 무엇인지 알려 주지만 산출물에 대해서는 언급하지 않는다. 학생들은 학습 목표 숙달 정도를 보여 줄 방법을 선택한다. 광범위한 질문을 중심으로 구성된 수업 과제를 통해 학생들은 개인 성찰 공간, 집단 토의 공간, 교사-학생 면담 공간, 기자재 활용 공간과 같은 다양한 장소를 자유롭게 오가며 과제를 해결한다. 이번 단원을 학습하는 내내 학생들은 작가에게 편지를 쓰고 '문학의 밤' 행사를 주최하는 것과 같은 실제적인 산출물을 계획한다.

이러한 모델은 교수·학습에 대한 새로우면서도 필요한 접근 방식이다. 교사 중심의 설명식 수업 방식에서 사고를 중요하게 여기는 수업 방식으로 전환해야 함을 강조한다. 참여도와 의도적인 사고 전략의 사용이 증가하면 학생들은 장기적인 이해를 경험할 수 있다. 또한 학생들은 학교를 넘어 실생활에서도 활용할 수 있는 문제 해결력과 비판적 사고력을 기를 수 있다.

학생들이 수동적으로 지식을 소비하는 교실에 머무르지 않고 학생들의 인지적 참여를 촉진하고 심층적인 처리를 발달시키는 적극적인 학생 참여 중심의 교실로 전환하는 데 도움을 주는 것이 이 책의 목적이다. 즉, 생각하는 교실 문화를 만드는 것이다.

시작하기에 앞서, 변화하는 직업 세계의 요구와 이 책의 내용과 전략을 교사와 학생 모두에게 가치 있게 만드는 정책 및 평가 시스템을 간단히 살펴볼 것이다. 다음으로, 전체 책의 내용 구성을 소개하겠다.

◉ 변화하는 직업 세계의 요구

　노동에 대한 수요가 빠르게 변하고 있다. 20세기에는 빠르게 사실적인 정보를 만들어 내고 정보를 외우는 사람을 지식인이라고 했다. 현대적인 기술을 사용하면 누구나 몇 초 안에 거의 모든 정보를 검색할 수 있다. 하지만 신뢰성이 높고 타당한 정보가 얼마나 될까? 정보를 해석하고 최대한 활용하는 방법을 아는 사람은 얼마나 될까?

　21세기를 위한 새롭고 가치 있는 재료는 깊이 있는 사고력이다. 『미래 직업 보고서(The Future of Jobs Report)』(World Economic Forum, 2016)에서 저자들은 주요 기업의 최고 인사 담당자와 전략 담당자들에게 어떤 취업 기술이 필요한지 물었다. 〈표 I−1〉에 업계 전문가들이 강조하는 2015년과 2020년의 변화된 요구 사항이 제시되어 있다. 가치가 증가하고 있는 기능을 굵은 글씨로 강조하였다.

　비판적 사고와 관련된 기능의 중요성이 확실히 높아졌다. 마찬가지로 Hart Research Associates(2013) 설문조사에서도 고용주의 93%가 "비판적으로 생각하고, 명확하게 의사소통하며, 복잡한 문제를 해결할 수 있는 능력이 학부 전공보다 더 중요하다."라는 데 동의했다(p. 1). 직업에 대한 기대가 바뀌고 있다!

표 I-1 고용시장의 상위 10대 기능

2015년	2020년
1. **복잡한 문제 해결**	1. **복잡한 문제 해결**
2. 협업 능력	2. **비판적 사고**
3. 인적자원 관리	3. **창의성**
4. **비판적 사고**	4. 인적자원 관리
5. 협상력	5. 협업 능력
6. 품질 관리	6. 정서 지능
7. 서비스 지향성	7. **판단과 의사결정**
8. **판단과 의사결정**	8. 서비스 지향성
9. 적극적 청취	9. 협상력
10. **창의성**	10. **사고 유연성**

출처: World Economic Forum, 2016.

『월 스트리트 저널』의 기자 Davidson(2016)은 "기업들이 반복적인 업무는 자동화하거나 외주를 준 반면, 비판적 사고, 공감 또는 컴퓨터가 쉽게 시뮬레이션할 수 없는 능력과 관련한 일들은 직원들이 맡도록 요구하고 있다."라고 기사를 썼다. 『워싱턴 포스트』의 교육 기자 Strauss(2017)는 구글의 최고 직원들의 자질을 연구하면서 구글이 STEM(과학, 기술, 공학, 수학) 전문 지식을, ① 좋은 코치가 되기, ② 효과적으로 의사소통하고 경청하기, ③ 다른 관점을 중요하게 여기기, ④ 동료에게 공감하기, ⑤ 강력한 비판적 사고와 문제 해결 능력 보여 주기, ⑥ 복잡한 개념 간에 연결 짓기와 같은 6가지 핵심 요소보다 '덜' 중요하게 여긴다는 놀라운 사실을 발견했다.

이러한 변화에도 불구하고 학교는 학생들을 세상의 변화에 대비하도록 준비시키지 않고 있다. 미국 상공회의소 재단도 "교육을 받을 때부터 취업에 이르는 동안 학생들은 성공하기 위해 필요한 모든 기술을 일상적으로 제공받고 있지 않다."라고 언급했다. 이들이 언급한 기술은 기업가들이 〈표 I-1〉에서 언급한 기술과 매우 밀접하게 연관되어 있다.

- ✔ 팀워크와 협업
- ✔ 문제 해결력과 비판적 사고
- ✔ 조직화
- ✔ 의사소통
- ✔ 리더십
- ✔ 업무 윤리 및 끈기
- ✔ 창의성
- ✔ 관계 형성 및 갈등 해결

이러한 핵심 기술은 전문적인 분야에서만 통용되는 것이 아니다. Greenberg와 Nilssen (2014)은 『소프트 스킬을 구축하는 교육의 역할(The Role of Education in Building Soft Skills)』에서 교사, 관리자, 학부모 및 학생들에게 어떤 자질이 가장 중요한지 물었을 때, 65%가 문제 해결력을 가장 중요하다고 생각하였고, 협업(56%), 끈기(50%), 창의성(37%), 학문적 지식(33%), 리더십(35%)이 그 뒤를 이었다.

여기서 자연스럽게 질문이 나온다. 인지적 참여가 필요하다는 것을 아는 것에 그치지 않고 그것을 확실하게 실현할 수 있도록 하려면 우리의 교육 시스템은 어떻게 나아가야 할까?

● 정책과 평가 시스템의 변화

학생 역량에 대한 이러한 요구는 국가 및 국제 학업성취도 평가에 반영되고 있다. 중국 공산당 중앙위원회도 중국 교육이 "특정 시험에서 점수를 획득하고 지식을 암기하는 능력을 심어 주는 것보다 학생들의 창의성과 실용적인 능력을 배양하는 것을 강조하기 시작해야 한다."라고 주장한다(Zhao, 2006). 경제 발전과 세계 무역을 증진시키는 데 초점을 맞추고 있는 OECD는 글로벌 역량을 "비판적 렌즈를 통해 다양한 관점에서 글로벌 및 문화적 도전을 평가하고 인식 차가 어떻게 형성되는지 이해하여 다양한 배경의 다른 사람들과 효과적으로 의사소통할 수 있는 능력"으로 정의한다. 이러한 글로벌 역량의 바탕에는 정보에 담긴 의미를 해석하고 타당도와 신뢰도를 평가하며, 논리적으로 문제에 접근하는 등 분석적이고 비판적으로 생각하는 잘 발달한 기능이 자리 잡고 있다. 2018 국제 학업성취도 평가(PISA)[1]에서는 국제 문제에 대한 실제적인 문제 해결에 관해 분석적이고 비판적인 사고를 통한 이해를 측정하는 인지적 평가 프로그램을 도입했다. 마찬가지로 PARCC[2]와 SBAC[3]도 암기 대신 분석 기능을 측정하는 비판적 사고 과제를 통해 대학 입학과 진로 준비도를 평가할 수 있는 엄정한 평가를 설계하고 있다. 스탠포드 대학 명예교수이자 학습 정책 연구소 소장인 Darling-Hammond(2012)는 다음과 같이 주장한다.

수행 과제는 학생들이 정보를 연구·분석하고, 증거를 평가하고, 현실과 관련된 문제를 해결하도록 하여 학생 스스로 지식과 기능을 실제적인 방식으로 사용할 수 있게 한다. Smarter Balanced 평가 시스템에서는 현재 대부분의 주 단위 평가에서 적절하게 평가되고 있지 않은 비판적 사고, 문제 해결 및 의사소통과 같이 고등교육과 직장에서 중요하

1　Programme for International Student Assessment(https://nces.ed.gov/surveys/pisa)

2　Partnership for Assessment of Readiness for College and Careers(https://parcc-assessment.org)

3　Smarter Balanced Assessment Consortium(www.smartbalanced.org)

게 여겨지는 기능을 측정하기 위하여 수행 과제를 사용한다(p. 2).

「모든 학생 성공법(ESSA)」(2015)[4]의 주요 영역 중 하나가 '심층적 사고 기능에 중점을 둔 학습 기회 제공'이라는 점에서 알 수 있듯, 암기에서 상위 수준의 사고로 초점을 전환한다. Cook-Harvey, Darling-Hammond, Lam, Mercer와 Roc(2016)은 「ESSA」 관련 보고서에서 다음 내용을 언급했다.

> 「ESSA」는 과거 공장 취업을 준비하는 소외계층 학생들이 평소에 받아 왔던 암기 위주의 교육보다는 21세기 학습을 반영하여 교육 시스템을 재설계해야 함을 강조한다. 이 새로운 법으로 주 정부는 학생들을 위한 고차원적인 사고 기술을 개발하고 성취 기준과 평가를 설계할 수 있는 일련의 기대치를 설정하고 전문적인 학습을 위한 자원을 제공하게 된다(p. 1).

모든 교실에 사고 중심 문화를 조성할 필요가 있다는 근거는 분명하다. 앞의 내용을 반영하여 이 책은 학생들에게 비판적 사고력을 기르는 데 어떤 도움을 줄 수 있을지, 일상 속에서 생각하는 교실 문화를 어떻게 만들 수 있을지 살펴볼 것이다.

◉ 이 책에 관하여

이 책은 학습을 심화시키는 높은 수준의 학생 참여를 유도할 수 있도록 실행하기 쉬운 50가지 전략을 제공함으로써 교사들이 비판적 사고를 수업에 고려할 수 있도록 지원한다. 교육부, 지역교육청과 개별 학교 모두 학생들의 관심사에 도움이 되리라 생각하는 타당한 아이디어와 시스템을 가지고 있지만, 궁극적으로 학생 참여는 교사에게 달려 있다. 연구자 Marzano와 Toth(2014)는 다음과 같이 주장했다.

4　「The Every Student Succeeds Act」

학생들이 더 높은 수준의 기능과 인지를 갖추기를 바란다면, 교사가 방법을 찾을 수 있도록 해야 한다. 교사의 지시 없이도 학생들이 문제를 해결하고 실제 상황에서 의사결정을 내릴 수 있도록 도움을 주는 필수적인 교수전략을 교사들에게 제공해야 한다(p. 11).

교육자들 중 76%는 창의적 문제 해결력을 길러 주는 데 필요한 충분한 지식이 부족하고 연수 과정이 없다고 말한다(Adobe System, 2018). 국가 공인 인증을 신청한 교사들을 대상으로 한 대규모 연구에서도 인증을 획득한 교사와 획득하지 못한 교사를 구분하는 핵심 요소는 학생들을 이해 수준에서 심층적인 학습 수준으로 전환시키는 교육과정 설계능력이었다. 학생들이 높은 인지 수준의 결과물을 도출할 수 있도록 과제를 설계하는 능력이 바로 고급 교수 역량이다.

이 책은 학습 과제를 높은 인지 수준으로 설계하는 교수능력을 향상하는 데 도움을 주고자 한다.

- ✓ 1장에서는 비판적 사고와 인지적 사고를 분명하게 정의하고 학생들을 심층적인 사고 처리 전략에 참여시키는 방법을 상세히 설명하며, 생각하는 교실 문화를 만드는 지침을 제공한다.
- ✓ 2장에서는 개정된 Bloom의 교육목표분류법(Anderson & Krathwohl, 2001)에 초점을 맞춘다. 이 분류법에 따라 인지 과정의 각 수준을 설명하면서 학생들이 비판적 사고를 할 수 있는 가장 높은 수준에 어떻게 참여하는지를 강조하는 다양한 수업 사례를 제공한다.
- ✓ 3장에서는 이 책의 50가지 전략을 조직화하기 위한 기준을 설정한다. 또한 학생의 참여를 끌어내 비판적 사고를 하게 만드는 3가지 지원 요소를 명확히 설명한다.
- ✓ 4~7장에서는 이 책의 핵심인 비판적 사고를 위한 50가지 전략을 소개한다.
  4장에서는 개정된 Bloom의 교육목표분류법의 '이해하기' 수준을 강조하는 전략을 제공한다. 5장에서는 '분석하기' 수준의 전략을 강조하고, 6장에서는 '평가하기' 수준의 전략을 제공한다. 7장에서는 가장 높고 까다로운 사고 유형인 '창조하기' 수준을 이끌어 내는 전략을 제공한다. 이런 높은 수준은 학생들이 비판적으로 생각하고 문제를 해결하여 학교 밖에서의 삶을 보다 잘 준비하도록 한다.

✔ 8장에서는 생각하는 교실 문화의 몇 가지 핵심 관점을 정리하면서 책을 마무리한다. 여기서 언급된 내용은 50가지 전략을 하나로 묶는 접착제 역할을 한다.

각 장의 마지막 부분에는 '성찰하기'가 있고 현장에서 이 책의 아이디어와 전략을 실행하는 데 사용할 수 있도록 활동 항목을 제공하는 '실천하기' 섹션이 배치되어 있다.

학생들의 미래에 사고력이 얼마나 중요한지를 고려한다면 교사들은 인지 참여가 높은 교실 문화를 확실히 만들어야 한다. 중요한 전환을 할 준비가 되었다면 페이지를 넘겨 보자.

차례

Chapter 1

인지적 참여와 사고 기반 교실에 대한 이해

우리는 아이들에게 풀어야 할 문제보다는 기억해야 할
정답을 너무 자주 주고 있다.

– Roger Lewin

교육은 정보, 사실, 데이터와 같은 지식을 습득하는 데 초점을 맞추어야 하는가? 아니면 창의성, 의사소통, 협업, 비판적 사고와 같은 기능을 갖추도록 하는 데 초점을 맞추어야 하는가? 전통적으로 행동주의 또는 주입 모델은 정보를 암기하고 인출하는 것을 학습이라고 하였다. 주입 모델은 학습자보다 내용 전달을 통한 지식의 전달에 초점을 맞추고 있다(Koenig, 2010). 사고 기반 교실은 분명히 다르다. 학생들의 기능과 사고 과정을 형성하는 데 중심을 둔다(〈표 1-1〉 참조). 사고 모델은 학생을 복잡한 과제에 참여시켜 심층 학습에 이르게 하는 영향력 높은 학습 추진 전략이다.

두 모델 모두 학습 맥락에서 사고가 무엇인지에 대한 질문을 제기한다. 사고는 정보 분석에서 문제 해결 및 효과적인 협업 기술에 이르기까지 다양한 범주와 인지 수준을 포함한다. 개정된 Bloom의 교육목표분류법은 사고 모델의 핵심적인 부분이며, 2장에서 좀 더 상세히 다룰 예정이다. 1장에서는 사고 기반 교실의 핵심적인 측면, 즉 비판적 사고와 인지적 참여라는 2가지 광범위한 개념을 간결하게 정리하는 데 초점을 맞추었다.

표 1-1 주입 모델 VS 사고 모델

주입 모델	사고 모델
● 교사 중심 교실	● 학습 중심 교실
● 정답을 찾는 방법	● 문제를 해결하는 다양한 방법
● 성적(등급)에 초점	● 학습 과정에 초점
● 시험 치는 문화	● 학습하는 문화
● 학생의 발언은 허용되지 않음	● 다양한 아이디어와 해결책을 찾기 위한 학생 간 토의
● 빠르게 답하는 것을 강조	● 진정한, 지적 요구 사항이 많은 과제

출처: Adapted from Ritchhart, 2015.

🔓 비판적 사고   ⃘⃘⃘

비판적 사고는 오늘날 교육에서 흔히 볼 수 있는 일반적인 용어이지만, 교사들은 어떻게 정의를 내려야 할지 어려움을 겪고 있다. 비판적 사고는 문제, 의사결정, 질문과 이슈에 대한 합리적인 접근 방식이다. 이런 종류의 사고는 능숙한 모든 학습에 필요한 전제조건이다.

우리는 삶에서 문제, 의사결정, 질문 또는 이슈에 대해 비판적으로 생각하지 않았던 때를 떠올릴 수 있다. 아마도 이 예시들 중 몇 가지는 공감할 수 있을 것이다.

- ✔ 겉모습만 보고 데이트 상대를 판단하기(예: 헤어스타일, 매력적인 눈, 좋은 자동차 등)
- ✔ 이후에 일어날 결과를 예상하지 않고 휴가 가기로 하기
- ✔ 내용이나 과제를 자세히 살펴보지 않고 전문성 개발 연수에 참여하기
- ✔ 어떤 주제에 대해 근거 없이 입장 정하기
- ✔ 신뢰할 수 없는 출처의 근거 수용하기

이처럼 완전히 인지적이지 않았던 때를 되돌아봄으로써 비판적(혹은 숙련된) 사고의 속성을 파악할 수 있다. 다음은 비판적 사고와 관련된 마음의 습관(Habits of Mind) 목록이다 (Swartz, Costa, Beyer, Reagan, & Kallick, 2008).

- ✔ 사고가 필요한 과제를 지속적으로 수행하기
- ✔ 사고와 행동의 충동성 관리하기
- ✔ 유연하게 사고하기
- ✔ 정확성과 정밀성을 추구하려고 노력하기
- ✔ 상호 의존적으로 사고하기
- ✔ 이해와 공감으로 경청하기
- ✔ 명확하고 정확하게 의사소통하기
- ✔ 놀라움과 경외심으로 반응하기
- ✔ 창조하고, 상상하고, 혁신하기

- ✔ 책임 있는 위험을 감수하겠다고 생각하기
- ✔ 유머 감각 가지기
- ✔ 질문 및 문제 제기하기
- ✔ 과거의 지식을 새로운 상황에 적용하기
- ✔ 모든 감각을 통해 데이터 수집하기
- ✔ 지속적인 학습을 추구하기 위해 열린 마음 가지기

어떤 항목에 강점이 있는가?

여러분이 개인적으로 여러 항목 중에서 강점을 가지고 있거나, 모든 항목에 강점을 가지고 있다고 느낀다고 해도 그것은 과정의 시작일 뿐이다. 진정으로 사고 기반의 교실을 구축하기 위해서는 학생 각자에게 이러한 마음의 습관을 지니게 할 필요가 있다. 교육 기고가이자 컨설턴트인 Sousa(2011)는 "어떤 것을 가르칠 가치가 있다면, 잘 가르칠 필요가 있다."라고 말한다(p. 150).

정보를 암기만 해서는 학습한 내용을 새로운 상황에 적용할 수 없다. 하지만 학생들이 정보를 깊이 처리하고 이해를 발전시켜야 하는 과제를 접하게 되면 전이가 발생할 가능성이 높다. 많은 사실을 암기한다고 똑똑해지지는 않는다. 인지에 관한 많은 연구에서도 학생들이 학습 초기에 피상적으로 유사한 내용을 기계적으로 적용하기보다는 자료를 깊이 탐구하고 이해를 촉진하는 방향으로 학습할 때 전이가 더 쉽게 일어난다는 개념을 지지한다(Sausa, 2011).

진정한 의미의 지능이란 문제를 해결하고, 새로운 학습에 적용하고, 신중하게 평가하는 능력이다. 배우는 내용을 이해하기 위해 더 높은 수준의 사고를 하지 않으면 학생들은 정보를 어떻게 사용해야 할지 모른 채 암기만 하게 된다(Rhoda Koenig, 2010. p. 22). 학생들은 인지적으로 도전적인 과제를 의미 있고 흥미롭다고 인식한다(Marzano & Pickering, 2011). Hattie 교수(2009)는 인지적 도전이 학습 증진에 0.57의 효과 크기를 보인다는 점을 찾아냈다.

노력이 학습에 미치는 영향을 수치로 표현한 '효과 크기'는 실험군과 대조군을 사용하여 변화를 주었을 때와 주지 않았을 때의 영향력을 측정하여 도출된 것이다(Olejnik & Algina, 2000). 0.57이라는 효과 크기는 보통~강함 수준의 범위에 있으며, 1~2년 정도 빠른 학업 성장이 나타났음을 의미한다.

결론은 단순하다. 수업이 더 복잡하고 도전적이면 학생들은 학습 과정에 더 많이 참여하게 된다. 문제는 '어떻게 하면 평소 수업에서 비판적 사고를 강조하는가?'이다. 교육학자 Potts(1994)는 교실에서 비판적 사고를 정착시키기 위해 실제로 교사들이 사용하는 주요 규칙과 연계할 수 있는 중요한 4가지 핵심 영역을 다음과 같이 제시했다.

1. 그룹 활동으로 다른 친구들과 함께하는 학습
2. 명확하게 설명하지는 않지만 학생들이 창의적으로 생각하도록 유도하는 개방형 질문 제시
3. 학생들이 질문을 하고, 친구들과 토론을 하고, 생각을 정리하여 응답하는 과정을 통해 생각을 발전시킬 수 있는 대기 시간 제공
4. 학생들이 새로운 상황에 적용할 수 있도록 다양한 맥락에서 비판적 사고 기술을 연습

이 책의 50가지 전략은 비판적 사고의 핵심 영역 중 하나 이상에 중점을 두고 있다. 이러한 비판적 사고 요소와 참여를 촉진하는 방안을 결합하면 학생들이 사고 기반 교실의 장점을 충분히 이해하게 될 것이다.

🔒 인지적 참여   ○○○

비판적 사고와 밀접한 관련이 있는 인지적 참여는 '학생들이 내용을 배우고 습득하는 심리적 노력'을 의미한다(Fisher, Frey, Quaglia, Smith, & Lande, 2018, p. 135). 학생들이 수업에 인지적으로 참여하게 되면 "벌써 수업이 끝났나요?"와 같이 시간 가는 줄 모르고 참여하는 경험을 할 수 있다. 인지적 참여의 다른 속성으로는 경험으로부터 인내하고 배우는 것, 다른 사람들과 학습을 공유하는 것, 학습 과정에 열정적으로 참여하는 것 등이 있다(Fisher et al., 2018). 나는 "활동하는 사람이 배우는 사람이다."라는 말을 좋아한다. 학생들의 활동지를 검토하거나 복습 게임을 하더라도 교사는 정말 열심히 역할을 수행하지만 학생들은 그다지 몰입하지 않는다. 교육자로서 우리의 과업은 학생들이 공부할 내용과 씨름하면서 학습이라고 불리는 무거운 짐을 드는 일에 직접 참여하도록 명확한 과제를 설계하는 데 있어

야 한다. 수업 시간에는 항상 교사보다 학생들이 더 열심히 공부해야 한다.

학습에 대한 인지적 참여의 중요성을 고려해 봤을 때 수업에서의 인지적 참여는 학교에서 널리 사용되고 있을까? Antonetti와 Garver(2015)는 17,124개 교실을 대상으로 연구를 수행했다. 연구 결과, 대다수(87%) 교실이 지식과 이해에만 초점을 맞춘 낮은 수준의 사고를 강조하였고, 9%의 교실이 학생들에게 적용 또는 분석과 같은 중간 수준의 사고를 요구하였다. 단 4%의 교실만이 종합과 평가 수준의 높은 사고를 촉진하고 있었다. 참여 수준은 3가지 기준으로 정의하였다. ① '과제 수행 안 함' 교실에서는 대부분의 학생들이 과제에 참여하지 않았고, ② '과제 수행' 교실에서는 학생들이 질서 정연하게 교사의 기대에 순응했으며, ③ '참여' 교실에서는 학생들이 적극적으로 참여하는 모습을 보여 주었다(Antonetti & Garver, 2015). 이런 놀라운 결과는 〈표 1-2〉에서 확인할 수 있다.

표 1-2 사고 수준과 참여 수준의 교차표

사고 수준		참여 수준		
수준	교실 수	과제 수행 안 함	과제 수행	참여
낮음	14,898(87%)	4%	94%	2%
중간	1,541(9%)	1% 미만	71%	29%
높음	685(4%)	0%	58%	42%

출처: Antonetti & Garver, 2015, p. 81.

인지 참여도를 측정할 때는 교사의 행동보다는 학생의 행동에 초점을 맞추는 것이 중요하다. 이 표에서 우리는 비판적 사고와 인지적 참여 사이의 관계를 확인할 수 있다. 수업의 사고 수준을 낮은 수준에서 중간 수준으로 높이면 학생의 학습 참여가 27% 포인트 증가(2%→29%)하고, 중간 수준에서 높은 수준으로 높이면 13% 포인트 증가(29%→42%)한다. 참여도를 끌어올리려고 하면서도 과제의 사고 수준을 높이지 않으면 학생들은 낮은 수준의 과제에만 참여하는 모습을 보이게 된다(Antonetti & Garver, 2015, p. 30).

국립 아동 건강 및 인간 발달 연구소(National Institute of Child Health and Human Development)에서 5학년 교실을 관찰한 연구에서도 이러한 결론에 대한 근거를 찾을 수 있다(Pianta, Belsky, Houts, & Morrison, 2007). 연구 결과, 학생들은 분석과 추론을 포함한 높은 수준의 학습에 13% 미만의 시간을 사용했지만, 기본적인 기술을 배우는 데 58%의 시간을 사용하였다. 수업 시간의 5% 미만이 협력적인 과제를 포함하고 있으며, 이 시간 중에

1% 미만의 학생들만 적극적으로 참여하였다. 학생들은 순응적이거나 도전적이지만 진정으로 참여하는 학생은 거의 없다고 결론을 내릴 수 있다(Pianta et al., 2007).

학생들이 강력한 비판적 사고 요소에 참여하도록 이끌기 위해 Marzano와 Toth(2014)는 200만 개 이상의 교실을 관찰한 내용을 분석하였다. 가장 높은 수준의 사고 과제에는 가설 생성 및 테스트가 있으며, 이러한 과제는 수업의 6% 미만에서 나타났다. 학생들은 변화하는 평가 방식에 적응하고 대학 및 직업에서 성공하기 위해서는 분석하고 종합하는 능력을 갖추어야 한다. 이를 위해 학생들은 습득한 지식을 실제 상황에 적용할 기회가 필요하다(Marzano & Toth, 2014).

인지 참여도가 낮은 교실이 훨씬 많다는 데이터를 살펴보면서 스스로에게 질문해 보자. "현재 맡고 있는 교실이나 다른 학교들에서 이 데이터와 유사한 점이 있는가?, 평소 수업에서 상위 수준의 사고에 초점을 맞추는 비율은 어느 정도인가?" 개선할 여지가 있다면 괜찮다. 교사들이 비판적 사고를 수업에 포함시키는 데 어려움을 겪는 것은 흔한 일이다. 다행히도 이러한 전환 과정에서 교사를 지원할 수 있는 몇 가지 실용적인 아이디어가 있다.

Antonetti와 Garver(2015)는 높은 수준의 인지적 참여로 학생들을 이끄는 8가지 특징적인 질문을 다음과 같이 제시했다.

1. 활동, 전략, 과제 또는 아이디어를 통해 학생이 자신만의 응답을 할 수 있도록 허용하는가? 학생들이 자기 삶에서 얻은 경험을 활동으로 가져와서 자신만의 것으로 만들 수 있는가?

2. 명확하고 모델링된 기대치가 있는가?

3. 시험이 아니더라도 학생들은 교사와 상호작용적 의사소통을 하는가? 그 활동이 다른 학생들에게도 가치가 있는가?

4. 사회적 상호작용이 있는가? 학생들은 학습에 관해 이야기하고 교류할 기회를 얻는가?

5. 정서적으로 안정된 분위기인가? 실수는 배울 수 있는 기회이기 때문에 가치가 있다고 여겨지는가?

6. 활동하면서 학생들이 주도적으로 선택할 수 있는 기회가 있는가?

7. 실제적인 활동인가? 그렇다고 해서 모든 활동이 학생들의 세계와 직접적으로 연결되어야 한다는 의미는 아니지만 현실성이 있어야 한다.

8. 새롭고 참신한 활동 과제인가? 학생들이 활동을 지루하게 느끼면 참여하기 어려워하
   는가?

연구 결과, 8가지 특성 중 3가지를 교실에 실행한다면 학생들은 84~86% 사이에서 지속적인 인지 참여를 보여 준다고 밝혀졌다. 그러나 2가지 특성이 교실에 존재할 때 참여도는 16%로 떨어지고 1가지 특성만 존재할 때는 4% 미만으로 떨어진다(Antonetti & Garver, 2015).

비판적 사고 기술은 학생들이 직업과 삶에서 성공할 수 있게 해 주며, 교실에서는 교실 참여와 비판적 사고를 결합할 수 있는 엄청난 힘과 기회를 제공한다. 이러한 교육은 도전적일 수 있지만 동시에 학생들이 흥미와 매력을 느낄 수 있다. 연구에 의해 뒷받침되는 인지적 참여 수준 증진의 중요성을 고려하고, 이를 달성하기 위해 이 책에서 소개하는 50가지 전략을 진정으로 이해하기 위해서는 개정된 Bloom의 교육목표분류법(Anderson & Krathwol, 2001)에 정의된 각 사고의 수준을 파악해야 한다. 이 내용은 다음 장에서 구체적으로 다루겠다.

🔓 성찰하기   ⚬⚬⚬

1장에 소개된 내용을 되돌아보면서 다음의 5가지 질문에 답해 보자.

1. 〈표 1-1〉(p. 19)을 다시 살펴보자. 수업을 할 때 전달을 주로 하는가, 아니면 사고에 중점을 두는가? 학생들이 높은 수준의 사고를 하도록 수업을 점차 발전시키려면 어떻게 해야 할까?

2. 비판적 사고는 어떻게 정의할 수 있는가? 어떤 특징을 가장 중요하게 생각하는가?

3. 학생들이 비판적 사고를 하고 있다는 증거는 무엇인가? 어떻게 하면 비판적 사고를 위한 기회를 더 많이 줄 수 있을까?

4. 학생들이 수업에 인지적으로 참여를 하고 있을 때, 학생들은 어떤 모습인가? 학생들이 수업에 참여하고 있다는 증거는 무엇인가?

5. 학생들이 학습에 적극적으로 참여할 때, 과제를 수행하는 사고 수준이 낮은가 높은 가? 어떻게 하면 학생들이 높은 사고 수준으로 학습에 참여하게 할 수 있을까?

🔓 실천하기   ⚬⚬⚬

1장의 개념을 교실에서 활용하기 위해 다음 3가지 활동을 해 보자.

1. 비판적 사고와 관련된 15가지 마음의 습관(Swartz et al., 2008)으로 설문조사를 작성 한다(p. 20). 학생들에게 평소에 어떤 습관을 가지고 있는지 떠올리게 한 다음, 개선 해야 할 몇 가지 습관을 선택하게 한다. 수집된 정보를 사용하여 학생들의 습관을 강 화하는 데 도움이 될 수 있는 몇 가지 방법을 결정해 보자.

2. 학생들과 함께 사용하는 활동이나 과제를 선택하고, 높은 수준의 인지적 참여의 8가 지 중요한 특성(p. 24)과 관련지어 본다. 선택한 활동 또는 과제가 8가지의 각 특성을 충족하는지 평가하고, 과제를 개선할 수 있는 방법을 찾아보자.

3. 동료 교사와 함께 협의하여 서로의 수업을 참관해 보자. Antonetti와 Garver(2015)의 연구처럼 수업 중 학생 참여 수준을 과제 수행 안 함/과제 수행/참여로, 사고 수준을 낮음/중간/높음으로 도표화해 본다. 강점과 약점 그리고 어떻게 하면 개선할 수 있을 지 성찰해 보자.

Chapter 2

교실에서의 인지적 사고 분류 적용

어린이는 채워야 할 그릇이 아니라 켜야 할 등불이다.

-Swami Chinmayananda Saraswati

사고 수준을 분류하는 방법은 다양하지만 Bloom(1956)의 교육목표분류가 대표적이다. 『학습, 교수, 평가를 위한 분류체계: 개정된 Bloom의 교육목표분류법(A Taxonomy for Learning, Teaching, and Assessing: A Revision of Bloom's Taxonomy of Educational Objectives)』에서 Anderson과 Krathwohl(2001)은 인지수준을 '기억하기' '이해하기' '적용하기' '분석하기' '평가하기' 그리고 '창조하기'로 재정의하는 수정안을 제안하였다. 개정된 Bloom 의 교육목표분류법은 이 장의 핵심으로, 이 책의 전략을 살펴볼 수 있는 렌즈와 전략이 구성되는 필터 같은 역할을 한다.

처음 3가지 수준인 '기억하기' '이해하기' '적용하기'는 과제에 대한 학생의 수렴적 사고를 의미하는 경우가 많다. 반면, '분석하기' '평가하기' '창조하기' 수준은 다양하고 적절한 해결책 또는 산출물을 만드는 데 도움이 되는 일종의 발산적 사고를 나타낸다. 당연히 이 책의 전략은 도전적인 문제에 대한 다양한 해결책에 초점을 맞추는 발산적 사고의 측면에 훨씬 더 중점을 둔다. 하지만 이러한 능력을 길러 주기 위해서 우리는 '이해하기' 수준에서 전략을 시작하고자 한다. Sousa(2011)는 각 수준의 내용을 다음과 같이 요약한다.

- ✔ '기억하기' '이해하기' 수준은 학생들이 정보를 습득하고 이해하는 것을 포함한다.
- ✔ '적용하기' '분석하기' 수준은 학생들이 추론과 이를 통해 정보를 변환하는 것을 의미한다(5장, p. 81의 '분석하기' 수준 전략은 암묵적으로 '적용하기' 수준을 과정의 일부로써 포함한다.).
- ✔ '평가하기' '창조하기' 수준은 새로운 정보를 생성하는 것을 의미한다.

개정된 Bloom의 교육목표분류법은 사고의 수준을 명확하게 하기 위해 각 수준 아래 여러 인지 과정을 포함한다(Anderson & Krathwohl, 2001). 여기에는 6가지 수준으로 분류된 인지 목표 아래 19가지 인지 과정이 포함된다(〈표 2-1〉 참조).

표 2-1 개정된 Bloom의 교육목표분류법

수준	인지 과정			
기억하기	● 인식	● 인출		
이해하기	● 해석 ● 추론	● 예시 ● 비교	● 분류 ● 설명	● 요약
적용하기	● 실행	● 이행		
분석하기	● 구별	● 조직	● 특징화	
평가하기	● 검토	● 비평		
창조하기	● 생성	● 계획	● 생산	

다양한 비판적 사고 수준에서 인지 참여를 위한 전략을 적절하게 구현하는 방법을 이해하기 위해 교사들은 Bloom의 각 수준에서 요구되는 사고의 깊이에 대한 기본 지식을 익혀야 한다. 사고의 복잡성 수준에 대한 충분한 이해 없이 교사들은 Bloom의 수준을 잘못 이해하는 경향이 있으며, 자신의 교육이 학생들을 더 높은 수준의 사고에 참여시키고 있다고 착각하는 경우도 있다.

개정된 Bloom의 교육목표분류법과 인지 과정을 더 잘 이해하기 위해서 다음 장에 각 수준의 인지 과정에 맞는 학생 중심 과제를 예로 들어 각 항목을 설명하려고 한다.

🔒 '기억하기' 수준에서 사고하기　　　○○○

'기억하기' 수준에서 학생들은 이전에 암기한 정보들을 떠올려야 한다. 낮은 수준의 인지 과정이지만 더 높은 수준의 사고를 위해서 정보를 암기하는 것은 중요하다. 예를 들어, 학생들이 암석의 유형을 아는 것은 더 높은 수준의 사고에 해당하는 암석의 문제를 분석하는 데 도움이 된다. '기억하기' 수준은, ① '인식'과 ② '인출'의 두 가지 인지 과정을 포함한다.

🖱 인식(Recognizing)

인식은 학생들이 객관식 시험에서 답변을 선택하는 것처럼 암기한 내용을 떠올려 올바른 답변을 선택하는 것과 관련이 있다. 다음은 인식 인지 과정의 활동 예를 나타낸 것이다.

- ✓ Quizlet(https://quizlet.com)을 사용하여 교과서에서 배운 용어 카드와 용어의 정의 카드를 만들기
- ✓ 용어가 적힌 목록과 용어 정의를 적은 목록을 제시하고 알맞게 짝지어 보기
- ✓ 학생들에게 여러 도형을 제공하고 그중에서 사각형을 고르기

🖱 인출(Recalling)

인출하기는 빈칸 채우기 문제와 같이 학생들이 암기한 것 중 올바르게 답할 것을 요구하는 것이다. 다음은 인출하기 수준의 질문 예시이다.

- ✓ "그래프 위쪽에 독자에게 어떤 주제인지 알려 주는 역할을 하는 용어를 무엇이라 하나요?"
- ✓ "식물은 어떤 과정을 통해 이산화탄소를 이용하여 산소와 양분을 만들어 냅니다. 이 과정을 무엇이라고 하나요?"
- ✓ "미국 정부의 각 부처의 주요 기능은 무엇인가요?"

🔓 '이해하기' 수준에서 생각하기 ○○○

'기억하기' 수준의 사고는 기본 개념을 확립하는 데 중요하다. 더 깊은 수준에서 처리되지 않거나 이해되지 않은 정보는 잊어버리기 쉽다. 학생들은 '이해하기' 수준에서 내용들을 연

결해 새로운 연결고리를 만들어 간다. 이 단계에는, ① '해석', ② '예시', ③ '분류', ④ '요약', ⑤ '추론', ⑥ '비교', ⑦ '설명' 등 7가지의 인지 과정이 있다.

해석(Interpreting)

해석하기는 학생들이 정보를 하나에서부터 다른 하나로 바꾸는 것을 의미한다. 이것은 글을 다른 언어 표현으로 바꾸는 것 또는 그림, 그래프, 음악 등으로 바꾸는 것을 의미하기도 한다. 다음은 해석하기 인지 과정과 관련된 예이다.

- ✔ 소설책 표지를 보고 책의 내용을 설명하기(그림에서 텍스트로)
- ✔ 음악 만들기 프로그램을 사용하여 이 단원의 핵심 용어를 설명하는 노래를 만들기(텍스트를 음악으로)
- ✔ 동료 학생의 수학 문제 풀이를 보고 어떻게 풀었는지 구두로 설명하기(그래픽을 음성으로)
- ✔ 빗방울과 빗방울의 여행이라는 이야기를 듣고 물의 순환과 연관 지어 빗방울이 이동하는 경로를 나타내는 다이어그램을 그리기(텍스트를 그림으로)
- ✔ 짝 활동을 한 후에 짝의 대답을 다시 자신의 언어로 표현하기(언어를 다른 언어로)

예시(Exemplifying)

예시 들기를 하려면 학생들은 기존 개념을 이해하고 이 개념의 다른 예를 찾아서 제시해야 한다. 이때 다른 내용 영역 또는 이전에 겪은 경험 등이 포함될 수 있다. 다음은 예시 들기 인지 과정을 사용하는 활동의 예이다.

- ✔ 여러 유형의 그래프를 학습한 후 보고서에서 비슷한 예시 찾기
- ✔ 물질의 상태를 공부한 후에 다양한 화학적 변화를 구분하기. 얼음 조각 만들기, 장작 태우기, 눈사람 녹이기, 냉장고에 젤라틴 넣기 등
- ✔ 직유법에 대한 몇 가지 예를 제공한 후에 자신만의 직유법 표현을 만들기
- ✔ 의견과 사실을 가르친 후 글에서 저자의 의견을 찾게 하기

🔆 분류(Classifying)

분류하기는 기준을 정해 비슷한 특징을 어떤 정보나 항목으로 나누는 것이다. 예를 들어 학생들은 공통 속성을 기준으로 정보를 나눌 수 있다. 분류하기 인지 과정을 사용한 활동의 예는 다음과 같다.

- ✔ 기본 법칙(예: 결합법칙, 분배법칙 등)에 따라 수학 방정식을 그룹화하기
- ✔ 사진 속 사물의 변과 각의 수를 기준으로 실생활 사진들(교통 표지판, 바퀴 등)을 분류하기
- ✔ 생물과 무생물의 차이점을 알고 이야기 속 사물을 생물과 무생물로 분류하기
- ✔ 새로운 어휘를 의미에 따라 분류하기

🔆 요약(Summarizing)

요약하기는 학생들이 간결한 문장으로 정보를 간추리는 것을 의미한다. 요약하기는 독서, 동영상 시청, 자연현상 관찰 등에 사용될 수 있다. 요약 인지 과정을 사용하는 예는 다음과 같다.

- ✔ 메모지를 사용하여 글 여백에 단락을 요약하는 문장 쓰기
- ✔ 이야기를 듣고 3가지 주요한 내용을 적기
- ✔ 단어 문제를 풀어 보고 풀이 과정을 따라 해 본 후, 문제 해결에 필요한 단계를 설명하기
- ✔ 힘과 운동에 관한 과학 동영상의 요점을 파악하기

🔆 추론(Inferring)

추론하기는 증거와 근거를 사용해 결론을 내리는 것을 말한다. 제한된 증거로 도출된 추론은 부정확할 수 있으므로 교사는 학생들이 적절하고 믿을 만한 증거를 사용해 결론을 뒷받침할 수 있도록 가르치는 것이 중요하다. 추론하기 인지 과정의 예는 다음과 같다.

- ✓ 숫자의 패턴을 보고 다음에 올 숫자를 나열하기(예: "나열된 숫자의 규칙을 살펴보고 다음 3개의 숫자를 쓰세요.")
- ✓ 다양한 물질의 현미경 슬라이드를 살펴보고 이 물질이 액체인지 고체인지 생각하기
- ✓ 문맥을 활용하여 명시적으로 드러나지 않은 작가의 의견을 생각해 보기
- ✓ 읽은 내용을 토대로 다음에 올 글의 내용을 예측하기
- ✓ 끓는 물을 10분 정도 지켜본 후 물의 높이에 어떤 변화가 일어나는지 이유를 들어 설명하기

비교(Comparing)

비교하기는 2개의 다른 생각, 문항들을 견주어 유사점이나 차이점을 고찰하는 것을 의미한다. 예를 들어, 직유법이나 은유법 등을 사용하여 비교할 수 있다. 비교하기 인지 과정의 활동 예는 다음과 같다.

- ✓ 2가지 유사점과 3가지 차이점을 들어 바람이 땅의 모양을 바꾸는 것을 늦추거나 막는 2가지 해결책을 비교하기
- ✓ 두 그래프의 데이터를 살펴보고 평균, 중앙값, 최빈값 등이 어떻게 비슷하고 차이가 나는지 찾아보기
- ✓ 비슷한 주제의 두 단락 간 유사점을 파악하기
- ✓ 두 생태계의 유사점과 차이점을 설명하기

설명(Explaining)

설명하기는 원인과 결과의 관계를 이해하는 것을 의미한다. 설명하기 인지 과정의 활동 예는 다음과 같다.

- ✓ 수학 문제를 풀 때 연산의 순서를 생각하기. 연산의 순서를 바꾸면 어떻게 바뀌는지 설명하기
- ✓ 학교 운동장에서 잎이 시든 꽃을 살펴보고 시든 원인이 무엇인지 설명하기

- ✔ '보스턴 차 사건'을 읽고 영국이 어떻게 반응할지 생각을 설명하기
- ✔ 쉼표 대신 대시(-) 기호를 사용하면 텍스트 가독성에 어떤 영향을 미치는지 설명하기

🔒 '적용하기' 수준에서 사고하기　　ooo

개정된 Bloom의 교육목표분류법 세 번째 수준은 '적용하기' 단계이다. '적용하기' 수준은 새로운 문제를 해결하기 위한 절차, 단계를 수행하는 것을 포함한다. 보통 과제를 수행하는 절차를 가르치는 것이 이 단계에 포함된다. 예를 들면 정치 만화를 분석하는 단계, 5개의 문단이 있는 에세이를 분석하는 과정, 삼각형의 넓이를 구하는 방법 등이다. 적용하기 단계는, ① 실행과 ② 이행 2가지의 인지 과정이 있다.

🔅 실행(executing)

실행하기에서 학생들은 새로운 문제를 고심해서 풀어야 하고 문제를 해결하기 위한 과정을 파악해야 한다. 방정식의 변수 구하기, 보고서 맞춤법 편집 등이 포함된다. 낮은 수준의 적용하기 인지 과정에서는 매우 빠르게 과정을 파악하고 새로운 문제에 이를 적용할 수 있다. 다음은 실행하기 인지 과정을 사용하는 예이다.

- ✔ 세 자리 수 덧셈 풀이 방법에 대한 시범을 본 후 654＋162와 같이 2개의 숫자를 더하기
- ✔ 선생님이 보여 주는 여러 가지 물체를 본 후, 물체를 물에 떨어뜨렸을 때 만들어지는 파도의 모양을 그리기
- ✔ 예시를 본 후 예시 문장 구조와 동일한 구조를 보여 주는 문장을 작성하기
- ✔ 세미콜론의 사용법을 익힌 후 문단에서 세미콜론을 사용하기
- ✔ 농구 자유투 하는 법 시범을 본 후 자유투를 연습하기

이행(implementing)

이행하기 과제는 실행하기 과제보다 더 많은 요인을 포함하기 때문에 더 어렵다. 학생이 과제를 완료하기 위해 선택해야 하는 절차가 명확하지 않으며 때로는 문제에 정답이 2개 이상 있을 수도 있다. 다음은 이행하기 인지 과정의 활동 예이다.

- ✔ 문제: 존은 45개의 사과를 가지고 있다. 집으로 운전해서 오는 동안 사과 12개가 트럭 밖으로 떨어졌다. 그것을 본 이웃은 존이 현재 가진 사과의 두 배만큼 늘려 주었다. 존은 몇 개의 사과가 있을까?
- ✔ 가족들에게 스파게티를 만들어 주기 위해 필요한 장보기 식품 목록을 작성하기. 단, 지역 마트 광고를 보고 주어진 예산 범위 내에서 장을 봐야 한다.
- ✔ 6단계의 글쓰기 단계를 사용하여 학생 휴대폰 정책 변경에 관한 생각을 담은 편지를 교장선생님께 쓰기
- ✔ SOAPSTone(화자, 상황, 청중, 목적, 주제, 어조)을 사용하여 두 단락의 신문 사설에서 각 요소를 파악하기

🔒 '분석하기' 수준에서 생각하기   ○○○

분석하기 수준에서 학습자는 더 높은 수준의 과제를 완성하기 위해서 지식과 이해를 활용한다. 학생이 인터넷을 사용하여 몇 분 안에 정답을 찾거나 교사에게 정답을 제출할 수 있다면 그 과제는 이 단계에 적합하지 않다. 이 수준은 '평가하기' 및 '창조하기' 수준에서 진행되는 더 높은 사고 수준의 기초 단계이다. 따라서 많은 사람은 '분석하기' 수준을 깊은 사고 과정의 시작이라고 이야기하기도 한다.

'분석하기' 수준에서는, ① '구별', ② '조직화', ③ '특징화' 3가지 인지 과정이 있다.

구별(Differentiating)

이 인지 과정을 통해 학생들은 관련 있거나 관련 없는 출처 정보를 구분해야 한다. 구별하기는 학생들이 어떤 정보가 적절한지 판단해야 하므로 '이해하기' 인지 과정보다 더욱 복잡한 인지 과정이다. 다음은 구별 인지 과정을 사용하는 활동의 예이다.

- ✔ 자료를 보고 주어진 지형의 특징과 일치하지 않는 사실 판단하기
- ✔ 실생활 문제를 해결하는 데 필요하지 않은 정보에 밑줄 긋기
- ✔ 지구 온난화가 일어나고 있다는 주장을 뒷받침하는 증거를 관련 텍스트에서 찾기
- ✔ 텍스트에서 주제를 찾고 이를 뒷받침하는 문장을 구분하도록 하기

조직화(Organizing)

조직화하기는 어떤 사건 또는 문제의 상호 간 영향과 사건의 순서를 검토하여 정보 간의 연관성을 파악하는 것이다. 학생들은 이러한 연관성을 설명하기 위해 정보를 새롭게 배열하거나 구조화해야 한다. 학생들은 차트, 다이어그램, 개요, 순서도, 플로우차트, 또는 다른 그래픽 오거나이저 등을 사용하여 상호 관계를 설명할 수 있다. 다음은 조직화하기 인지 과정의 활동 예시이다.

- ✔ 주어진 자료를 가장 적절하게 조직화할 수 있는 그래프 형식을 선택하기
- ✔ 5가지 실생활 수학 예시 자료를 살펴보고 두 그룹으로 분류한 후 어떤 점이 비슷한지 설명하기
- ✔ 20개의 단어를 3~5개의 그룹으로 분류하고 각 그룹에 속한 단어의 공통점을 설명하기
- ✔ 논쟁의 주장과 반론을 나타내는 그래픽 자료 또는 다른 시각 자료를 만들기

✳️ 특징화(Attributing)

특징화하기 인지 과정에는 학생이 어떤 정보에서 편견, 가정 또는 관점을 파악하는 것이 포함된다. 정보가 믿을만한 것인지 평가하는 것은 학생이 해당 정보를 분석하는 데 도움이 된다. 다음은 특징화 인지 과정을 사용하는 활동의 예이다.

- ✓ 글을 읽고 편견, 가정 또는 관점을 표현한 부분을 발견하면 텍스트에 코멘트를 추가하기
- ✓ 학교 급식에 대한 학생들의 생각과 관련된 자료들을 살펴보게 하고 이 자료에서 나타난 문제점, 논쟁점과 그러한 관점들이 실생활 문제에 기반하고 있는지 살펴보기
- ✓ 『각성(The Awakening)』(Chopin, 1993)이라는 소설을 읽은 후 성 역할에 대한 작가의 관점을 파악하기
- ✓ 텍스트의 문구를 5개 이상의 사용하여 관점을 설명하기
- ✓ 총기 사용 사고와 관련한 기사에서 작가의 관점을 파악하기. 자신의 결론을 뒷받침하는 텍스트 내용을 인용하기
- ✓ 친구의 과학 실험 단계 중 앞부분을 살펴본 후 친구가 세운 가설의 가정, 편견 등을 구분하기

🔓 '평가하기' 수준에서 사고하기   ⚬⚬⚬

학생들이 현대 사회에서 성공적으로 살아남기 위해서는 정보를 평가할 수 있는 능력을 갖추는 것은 필수적이다. 교육자이자 리더십 전문가인 Reeves(2015)는 비판하고 평가하는 것을 꺼리는 사람은 평범함을 벗어날 수 없다고 말했다.

'평가하기' 단계에서 학생들은 정보의 출처를 검토하고 특정 기준에 따라 정보의 질을 평가한다. '평가하기' 수준에 참여할 때, 일반적으로 특히 '분석하기' 수준과 같이 더 낮은 수준의 인지 과정도 함께 사용한다. 따라서 '평가하기' 단계는 매우 매력적인 인지 과정이다.

'평가하기' 수준은, ① '검토', ② '비평' 2가지 인지 과정이 있다.

검토(Checking)

검토는 오류나 불일치가 있는지 확인하는 것을 의미한다(Anderson & Krathwohl, 2001). 『중・고등학교에서의 비판적 사고평가(Assessing Critical Thinking in Middle and High Schools)』라는 책에서 작가는 이러한 인지능력을 지닌 학생들은 근거 없는 주장, 아이디어에 의문을 제기하고, 주장, 해석, 가정, 신념, 이론을 검증할 것을 요구한다고 한다(Stobaugh, 2013, p. 33). 정보를 확인하기 위해 학생들은 저자를 조사하고 해당 관점에 대한 충분하고 믿을 만한 증거를 제공하는지 판단하거나 평가할 수 있다. 다음은 검토하기 인지과정을 사용하는 활동의 예이다.

- ✔ 다른 그룹의 ShowMe(www.showme.com) 스크린캐스트 녹화를 보고 친구들의 실제 수학 문제에서 해결 단계를 자세히 설명하기. 친구들의 과제를 확인하고 오류를 검토하기
- ✔ 지역별 지진 규모에 대한 동료 학생의 분석 추론을 검토하기. 데이터를 바탕으로 각 추론이 정확한지 판단하고 그 이유를 설명하기
- ✔ 가상의 동물이 특정 서식지에서 생존할 수 있다는 근거를 제시하는 친구 에세이를 검토하기. 친구의 글에서 충분하고 설득력 있는 근거를 사용했는지 살펴보기
- ✔ 정치적 연설을 읽고 주장이 논리적인지 오류가 있는지 판단하기
- ✔ Swift(1996)의 『겸손한 제안(A Modest Proposal)』을 읽고 논리적 주장과 오류를 구분하기

비평(Critiquing)

비평은 정해진 기준을 사용하여 다양한 요소를 평가하는 것을 포함한다. 비평할 때 학생들은 각 요소의 기준을 만족하거나 충족하지 않는 이유를 살펴보고 가장 최선의 선택을 한다. 다음은 비평적 인지 과정을 사용하는 활동의 예이다.

- ✔ 돈과 돈 세기에 대한 지식을 사용하여 『부자가 되고 싶은 알렉산더(Alexander, Who Used to Be Rich Last Sunday)』(Viorst, 1987)에 나오는 알렉산더가 최선의 결정을 내리

고 있는지 판단하기. 이야기 중에 알렉산더가 내린 3가지 선택을 설명하고 수학적 능력을 사용하여 그것이 좋은 선택인지 설명하기

✓ 휴지가 고품질이 되기 위해 갖추어야 할 3가지 특성을 정하기 위해 그룹 활동하기. 그룹별로 4가지 브랜드를 테스트하고 각 특성을 기록하기. 각 그룹은 결과를 바탕으로 가장 좋다고 생각하는 브랜드와 관련한 짧은 발표를 계획하고 발표하기

✓ 편지가 설득력 있는지 평가하기 위한 루브릭을 살펴보기. 루브릭의 자기 평가 항목에서 각 기준을 살펴보고 자신의 점수를 기록하기. 루브릭에서 핵심 단어를 표시하고 자신이 점수를 받은 이유를 설명하기

✓ 학교 예산을 검토한 발표를 본 후, 학교에 데려올 최고의 작가가 누구인지 평가하기. 학교가 어떤 작가를 선택할지 결정할 때 고려해야 할 자질의 종류를 확인하기. 학생들은 학교의 도서관 전문가에게 자신들의 선택이 최고의 선택이라고 설득하기 위해 각 작가를 조사한 후, 특징을 평가하고 발표 프레젠테이션을 준비하기

✓ 어떤 학교 웹사이트가 가장 좋은지 평가하기 위한 루브릭을 작성하기. 3가지 정도의 계획을 평가하고 각 루브릭 지표에 강점과 개선점을 기록하기

🔒 '창조하기' 수준에서 생각하기   ⚬⚬⚬

개정된 Bloom의 교육목표분류법에서 가장 높은 수준은 '창조하기' 수준이며 가장 모호하고 복잡한 단계이다(Anderson & Krathwohl, 2001). Robinson은 창의성은 "독창적이고 가치 있는 아이디어를 만들어 내는 과정"이라고 설명한다(Azzam, 2009, p. 22). 발달 및 인지 심리학자 Ostroff(2016)는 "창의성은 행동 속의 상상력"이라고 말했다(p. 76).

창의력은 학생들이 산출물을 새로운 방식으로 설계하고 정보를 조직하는 것을 포함한다. 이 수준에서 학생들은 '이해하기' '분석하기' '평가하기' 수준의 인지 과정을 활용하여 새로운 산출물을 이해하고 구성한다. 베스트셀러 작가 Greene(2012)은 창의력의 중요성을, 첫째, 최선을 다하는 노력, 깊이 있는 지식, 분석 기술의 발전을 통해서 학생들은 더욱 고차원적인 사고를 할 수 있으며, 둘째, 학생들이 통찰력이나 직관을 경험함으로써 높은 수준의 성찰과 추론을 할 수 있다고 설명했다.

교사는 학생들에게 제공한 창의적인 과제가 '창조하기' 수준에 적합한지 확인할 필요가 있다. 학생이 포스터나 웹사이트 만들기를 할 때, 반드시 '창조하기' 수준에서 활동하는 것은 아니다. '창조하기' 수준이 되기 위해서는 학생들이 새로운 아이디어를 브레인스토밍한 후 최고의 아이디어를 결정하고 해결책을 계획한 뒤, 기존의 것과 새로운 해결책을 설계하도록 해야 한다.

'창조하기' 수준에서는 까다롭고 복잡한 기준이 요구되기 때문에 개정된 Bloom의 교육목표분류법을 좀 더 자세히 살펴보는 것이 중요하다(Anderson & Krathwoll, 2001). 교육컨설턴트 Drapeau(2014)는 창의적인 학생을 나타내는 6가지 기준을 제시했다.

- ✔ 다른 학생들이 생각하지 못하는 아이디어를 표현한다.
- ✔ 이해한 것을 설명할 때, 그들만의 방법을 선택하는 것을 좋아한다.
- ✔ 관련이 없거나 바보처럼 보일 수 있는 질문을 한다.
- ✔ 자유로운 작업을 즐긴다.
- ✔ 사실보다는 아이디어를 토론하는 것을 선호한다.
- ✔ 기존에 수용된 방법보다는 새로운 방법으로 문제에 접근하는 것을 선호한다(p. 6).

학교에서 교사들은 창의적인 생각을 유도하기 위해 해결 방법이 다양한 문제나 도전적인 문제를 제시할 수 있다. '창조하기' 수준의 활동은 일반적인 에세이 또는 선다형 평가와 다르며 수행 지향적이기도 하다. 지식과 기술을 실제 상황에 적용할 수 있는 결과물, 프레젠테이션 또는 시연을 수행평가를 통해 요구할 수 있으며, 이와 관련한 평가 기준을 설정할 수 있다. 종종 이러한 평가는 학제 간의 연관성을 지닌다(Hofman, Goodwin, & Kahl, 2015). '창조하기' 수준의 수행평가는 학생들을 비판적이고 창의적인 사고에 참여하게 하고, 보다 의미 있는 과제를 통해 학습을 개인화한다. 또한 실제 과제에 학생을 참여시키고, 협업을 통해 교실 밖에서 학습할 기회를 제공하는 등 많은 긍정적인 효과가 있다(Hofman et al., 2015).

Reeves(2015)는 학교가 학생의 창의적인 생각을 지지하기 위해서 실수를 용인하는 문화, 철저한 의사결정시스템, 창의성을 키우는 문화, 창의성을 지원하는 리더십 등 4가지 요소가 필요하다고 말했다. 또 양질의 산출물을 위해서 초안을 여러 번 작성하는 것이 필요하다고 말하기도 했다. Reeves가 언급한 창의적 사고와 관련된 8가지 차원은 다음과 같다.

1. 연구로 뒷받침하기: 연구를 활용해 창의적인 아이디어를 뒷받침한다.

2. 다학문적 관점: 창의적인 아이디어는 여러 내용 영역의 다양한 관점을 고려한다.

3. 원 자료: 아이디어는 이전의 생각을 바탕으로 한다.

4. 가이드라인의 명확성: 루브릭을 통해 일관된 피드백을 받는다.

5. 결과물: 결과물(블로그, 스피치 등)을 산출한다.

6. 과정: 프로젝트 전반에 걸쳐 사고의 발전 과정을 보여 준다.

7. 협업: 프로젝트에는 몇 가지 협업을 포함한다.

8. 연습 및 오류: 반복적으로 연습하고 오류를 범하고, 피드백을 받고 개선한다.

실제 맥락이 있는 과제는 '창조하기' 수준의 활동을 계획하는 좋은 방법이다. 실제 생활의 문제를 활용하는 것은 가장 영향력 있는 교육 방법 중 하나이다(Schroeder, Scott, Tolson, Huang, & Lee, 2007; Wenglinsky, 2004). 학생들이 저널리스트나 수사관과 같은 실제 역할을 맡게 되면 상위 수준의 인지 과정에 참여함으로써 실제 문제 해결의 복잡성을 경험할 수 있다. 〈표 2-2〉에서 현실적인 문제와 실제 문제를 비교해 보자.

'창조하기' 수준의 인지 과정은, ① '생성', ② '계획', ③ '산출' 3가지가 있다.

표 2-2 현실적인 문제와 실제 문제 비교

현실적인 문제	실제 문제
과제 또는 상황 • **그럴듯한 상황**: 실제로 일어날 수 있는 일이라고 인식한다. • **흥미로움**: 관심을 나타냈거나 읽거나 본 적 있으며 다른 사람들과 관련 있다고 인식한다. • **참여도**: 시간과 노력을 들일 만하다고 생각한다.	**과제 또는 상황** • **적절성**: 실제로 경험하는 문제들 • **관여성**: 개인적으로 관심을 두고 있으며, 학생의 삶과 경험에 영향을 미치거나 개인적인 영향을 미친다. • **노력 요구**: 중요하고 시간과 노력을 투자할 필요가 있는 과제로 인식한다. • **몰입**: 현재 개인적 경험(생활)의 일부인 과제 • **실천**: 실제로 무언가를 하거나 행동해야 하는 상황

출처: Adapted from Treffinger, Schooner, & Selby, 2013, p. 76.

✻ 생성(Generating)

학생들은 생성 인지 과정에서 다양한 아이디어나 해결책을 탐색한다. 정의되지 않은 문제를 해결하기 위해 가설을 세우고 다양한 선택 사항들을 살펴본다. 새로운 아이디어는 탐구할 만한 가능성으로부터 시작된다(Johnson, 2010). 학생들은 자신의 아이디어와 해당 주제가 논리적으로 연결될 수 있도록 철저히 조사해야 하고 다양하고 유연한 사고로 독특하고 구체적으로 생각해 보아야 한다.

더 나은 브레인스토밍 과정을 위해서 아이디어의 질에 대한 평가는 브레인스토밍 과정이 끝날 때까지 미루어야 한다. 아이디어의 질은 아이디어의 양과 관련이 있으므로 주제와 관련된 많은 아이디어를 내도록 한다. 또한 다른 아이디어에 영감을 줄 수 있으므로 모든 아이디어를 나열하게 하고, 여러 아이디어를 추가하거나 결합하여 좋은 아이디어로 발전하도록 한다(Treffinger et al., 2013).

생성하기 인지 과정과 관련된 동사에는 브레인스토밍하기, 디자인하기, 창조하기, 제작하기, 개선하기 등이 포함된다. 협력학습(예: 학생들이 개별적으로 브레인스토밍을 한 다음 그룹 활동을 통해 최고의 아이디어를 선택하도록 하는 것)도 생성하기 수준의 프로젝트 질을 향상시키는 중요한 요소이다(Reeves, 2015).

다음은 생성하기 인지 과정을 사용하는 활동의 예이다.

- ✔ 다음 대통령 선거에 다시 출마해야 하는 미국 대통령 선택하기. 어떤 전직 대통령이 현대 시대에 가장 적합한지 결정하기
- ✔ 논증적인 질문을 듣고 몇 가지 논제 진술하기. 예를 들어, "학생이 교사를 평가할 수 있어야 하나요?"에 답하기
- ✔ 진동하는 물질이 소리를 낼 수 있는지 그리고 소리가 물질을 진동시킬 수 있는지 조사하는 방법을 브레인스토밍하기

✻ 계획(Planning)

계획하기는 생성하기 과정의 두 번째 인지 과정이다. 아이디어를 생성한 후 학생들은 기준에 맞춰 평가하고 프로젝트를 수행하기에 가장 적합한 아이디어를 선택해야 한다. 개정

된 Bloom의 교육목표분류법(Anderson & Krathwohl, 2001) 중 '**평가하기**' 수준을 사용하여 학생들은 아이디어 순서를 매겨 보고, 분류해 보는 등의 과정을 거쳐 최선의 아이디어를 선택해야 한다(Treffinger et al., 2013). 일반적으로 과제를 해결하는 방법은 여러 가지가 있으므로 학생들의 최종 결과물은 매우 다양해야 한다. 기존 아이디어를 수정하거나 새로운 아이디어를 위해 기존 아이디어를 버리는 것도 종종 계획 과정의 일부이다. 다음은 계획하기 활동의 예이다.

✔ 과거 대통령 후보를 선택한 후, 그 후보의 선거 운동 매니저 역할하기. 다음 선거에서 후보자의 정당이 성공하기 위해 무엇을 할 것인지 계획하기
✔ 자신의 프로젝트에 가장 적합한 논제를 찾은 후 논제를 뒷받침하는 정보와 근거가 포함된 개요를 작성하기
✔ 진동을 조사하는 가장 좋은 방법을 선택한 후, 필요한 재료, 예산, 수행해야 할 과제 활동 등을 자세히 설명하여 계획 작성하기

☀ 산출(Producing)

'**창조하기**' 마지막 단계인 산출하기는 계획을 실행하고 산출물을 만드는 것이다. 창의성의 질을 판단하기 까다롭지만 다음과 같은 3가지 기준이 적용될 수 있다. ① 참신성(독창적인 결과 또는 과정), ② 해결 방법(결과물이 요구 사항을 반영하는지), ③ 정교화 및 종합(다양한 구성 요소를 새롭고 잘 만들어진 제품으로 종합하는지; Treffinger et al., 2013)이다.

〈표 2-1〉과 같은 루브릭(Rubric)을 사용하여 학생의 창의적 사고 수준을 평가한다.

다음은 산출하기 인지 과정을 사용하는 활동 예이다.

✔ 자신이 만든 산출물인 캠페인을 학급에서 발표하기. 친구들은 루브릭을 사용하여 어떤 발표가 설득력 있는지 선택한다.
✔ 자신이 작성한 개요를 전체 단락으로 발전시켜 근거를 뒷받침하는 에세이를 작성하기
✔ 실험을 통해 내린 결론을 작성하기. 자신이 배운 점과 개선해야 할 사항이 있다면 무엇인지 의견을 나누기

큰 그림 보기

　개정된 Bloom의 교육목표분류법(Anderson & Krathwohl, 2001)의 상위수준 활동 과제는 일반적으로 학생에게 더 많은 것을 요구하며 완료하는 데 더 오랜 시간이 걸린다. 예를 들어, 학생들에게 이야기 속 주인공의 이름을 말하라고 하면 상당히 빠르게 대답할 수 있다 ('이해하기' 수준). 그러나 여러 가지 텍스트 근거를 제시하여 주인공이 사기꾼인지 판단하도록 하는 경우('평가하기' 수준), 이 과제는 생각하는 데 더 많은 시간이 필요하다. 대부분의 '창조하기' 수준의 과제는 완료하는 데 며칠 이상 걸린다. 따라서 교사의 질문을 받고 학생들이 즉시 손을 든다면 그 질문은 아마도 낮은 수준의 질문일 것이다.

　이러한 아이디어가 교실에서 학습자의 참여를 유도하며 비판적 사고를 통합하는 방법에 대한 여러분의 생각을 자극하기를 바란다. 비판적 사고의 수준을 높이기 위해 현재 과제를 없앨 필요는 없으며, 약간의 수정을 통해 더 높은 사고 수준에 도달할 수 있도록 수준을 높일 수 있다. 개정된 Bloom의 교육목표분류법(Anderson & Krathwohl, 2001)을 더 정확하게 이해하게 되면 교실에서 비판적 사고의 수준을 향상시킬 수 있는 방법을 더 잘 파악할 수 있다.

표 2-3 창조하기, 시각화하기, 개선하기를 위한 루브릭

점수	기준
4 전문가: 무의식적 유능함	틀에서 벗어난 사고를 한다. 다양한 창의적 전략을 구사한다. 창의적인 해결책을 도출하는 것을 즐긴다. 다각도로 대안을 검토한다. 상상력이 활발하다. 새롭고 창의적인 작업 방법을 찾기 위해 노력한다. 주제를 자세히 조사하여 창의적인 통찰력이 되도록 한다. 자문을 구하고 다른 사람의 아이디어를 활용하여 해결책을 찾으려 한다. 메타인지를 자주 반영하고 사용한다. 아이디어가 수용 가능한지 상세한 피드백을 제공한다. 아이디어와 프로젝트를 발표할 때 다양한 미디어를 활용한다 등
3 실천가: 의식적 유능함	문제 해결을 위한 새로운 아이디어를 창출한다. 과제를 완료하기 위해 여러 가지 전략을 개발하고 사용한다. 창의적이고, 상세히 조사한다. 배운 지식에서 선택하고 가능성을 탐색한다. 걸린 시간에 구애 없이 과제를 완료하고, 능숙한 성찰과 메타인지 기술을 보여 준다.
2 연습생: 의식적 무능력	한두 가지 상상력을 발휘하기 시작한다. 점점 더 전략을 개발한다. 창의적 사고를 개발하기 위해 도움이 필요하다. 짧은 시간 내에 답을 얻지 못하면 끈기를 잃는다. 도움을 통해 메타인지를 발달시킨다.

점수	기준
1 초보: 무의식적 무능력	"나는 미술에 소질이 없다." "나는 그림을 못 그린다." "나는 창의적이지 않다." "나는 할 수 없다."와 같은 말을 한다. 새로운 아이디어에 대한 전략이 없다. 창의적이기를 두려워하며, 새로운 문제 해결을 위한 대안을 찾지 않는다.

출처: Boyes & Watts, 2009, p. 377.

🔓 성찰하기 ᴏᴏᴏ

2장에 소개된 내용을 되돌아보면서 다음의 5가지 질문에 답해 보자.

1. 현재 자신의 교수법을 생각해 본다. 학생들이 수업 시간 중 대략 몇 퍼센트의 시간을 각 수준에서 학습하는 데 사용하는가? 이 비율에 대해 어떤 부분을 바꾸고 싶고 그 이유는 무엇인가?

2. 낮은 사고 수준의 활동에는 어떤 것이 있는가? 어떻게 하면 더 높은 수준의 사고력을 요하는 과제로 수정할 수 있을까?

3. 이 장에서 학생들과 함께 사용할 수 있는 활동 1가지는 무엇인가? 학생과 교육 내용에 맞게 조정하기 위해 어떤 것을 변경해야 하는가?

4. '창조하기' 수준에서 학생이 한 학기 또는 일 년 동안 학습의 성장을 보여 줄 수 있는 프로젝트에는 어떤 것이 있는가?

5. 학생이 더 높은 수준에서 활동하고 사고하는지 알기 위해서 학생의 어떤 특성을 파악하면 될까?

🔓 실천하기 ᴏᴏᴏ

2장의 개념을 교실에서 활용하기 위해 다음 4가지 활동을 해 보자.

1. 수업에서 사용하는 평가를 검토하여 그 평가의 사고 수준을 파악해 본다.

2. 낮은 사고 수준에서 이루어지는 수업 활동 또는 평가를 1가지 찾아보고 해당 수준을 높이기 위해 수정해 본다.

3. 학생의 학년에 적합한 루브릭을 사용하여 학생의 비판적 사고 수준을 자기 평가하게 해 본다.

4. 학생들에게 〈표 2-4〉와 같은 표를 사용하여 프로젝트를 발표하도록 해 본다.

표 2-4 창의적인 사고를 위한 4가지 요소

장점 찾기	명료화하기
활동에서 긍정적이거나 성공적이었던 것을 찾아보기 • "우리가 정말 잘한 것은 무엇인가요?" • "이 활동에서 가장 좋았던 부분은 무엇인가요?" • "계획 또는 예상한 대로 정확히 무슨 일이 일어났나요?"	불확실한 영역이나 불분명한 활동의 측면을 파악하기 • "명확하지 않았던 점은 무엇인가요?" • "확실하지 않거나 혼란스러웠던 것이 있나요? 또는 무엇이 의아하거나 당황스러웠나요?" • "우리가 한 일(또는 하지 않은 일)과 관련하여 더 잘 이해했거나 더 알았으면 좋았을 점은 무엇인가요?"
개선점 찾기	**새로운 연결고리 찾기**
건설적인 질문을 던져 효과적이지 않았거나 성공하지 못할 수도 있는 것 등을 모두 고려하기 • "어떻게 하면 이 일을 더 잘 또는 더 효과적으로 개선하거나 수행할 수 있었을까요?" • "어떤 부분을 다른 방식으로 처리했으면 좋았을까요?" • "우리가 간과하거나 잊고 있었던 것은 무엇인가요?" • "무엇을 더 했으면 좋았을까요(또는 덜 했으면 좋았을까요)?"	발견하게 된 것이나 예상치 못한 결과와 그 영향에 대해 주의를 기울이기 • "이 활동을 통해 우리가 몰랐거나 이전에 시도하지 않았던 것을 찾은 것이 있나요? 새로운 가능성이 떠오른 것은 무엇인가요?" • "우리를 놀라게 하거나 예상치 못한 일이 발생한 것은 무엇인가요? 이를 통해 무엇을 배웠나요?" • "앞으로 시도해 보고 싶은 새로운 아이디어가 있었나요?"

출처: Treffinger et al., 2013, p. 212.

● 스캐폴딩 사고 수준

기억하기 REMEMBER	
인식 (Recognizing)	Who, what, when, where 질문에서 학생들은 답을 선택해야 함 • 예시: "완료를 나타내기 위해 평서문 끝에 마침표나 쉼표를 찍겠어요?"
인출 (Recalling)	학생이 기억에서 답을 떠올려야 하는 Who, what, when, where 질문 • 예시: "완료를 나타내기 위해 평서문의 끝에 무엇을 넣어야 하나요?"

이해하기 UNDERSTAND	
해석 (Interpreting)	• _____을 다른 방식으로 설명할 수 있나요? • _____는 무엇을 의미하나요? • 다른 사람에게 _____을 어떻게 설명하고 싶나요? • _____을 자신의 말로 정의해 보세요. • _____은 어떻게 생겼나요?
예시 (Exemplifying)	• _____의 또 다른 예는 무엇인가요? • 당신의 삶에서 _____의 예는 무엇인가요?
분류 (Classifying)	• _____은 무엇의 예인가요? • _____을 그룹이나 범주로 어떻게 분류할 수 있을까요? • 그룹이나 범주를 결정하는 기준은 무엇인가요?
요약 (Summarizing)	• 이 글의 주요 내용은 무엇인가요? • 방금 말한 내용을 요약할 수 있나요? • 읽은 자료의 제목을 바꿔 보세요. • 이야기의 마지막에 등장인물은 무엇을 배웠나요?
추론 (Inferring)	• _____의 의미는 무엇인가요? • 저자는 왜 _____를 했을까요? • 이것이 _____와 어떻게 연결되어 있나요? • 다음에는 무슨 일이 일어날 것 같아요? • _____가 다른 _____에게 긍정적, 부정적 영향을 미칠 수 있는 방법은 무엇인가요?
비교 (Comparing)	• 왜 _____는 _____와 비슷한가요? • 왜 _____는 _____와 비슷한가요? • _____와 _____를 구별할 수 있나요? • _____와 _____는 어떻게 다른가요? • _____와 _____의 차이점을 설명하세요.
설명 (Explaining)	• 여러분이 이미 알고 있는 내용을 고려했을 때, 다음에는 무슨 일이 일어날까요? • _____의 효과나 의미를 예측해 보세요. • _____ 일이 발생하게 된 원인을 설명해 보세요. • _____는 왜 그런 행동을 했나요? • _____을 어떻게 바꾸어 보겠어요?

적용하기 APPLY

실행 (Executing)	• 배운 절차를 사용하여 _____을 어떻게 풀 수 있을까요? • 이 절차를 다양한 과제에 어떻게 적용할 수 있나요?
이행 (Implementing)	• 어떤 절차를 사용하여 _____을 풀 수 있을까요? • 절차를 변경하거나 개선해서 _____ 문제를 어떻게 해결할 수 있을까요?

분석하기 ANALYZE

구별 (Differentiating)	• _____을 해결하려면 어떤 정보가 필요한가요? • 출처의 어떤 사실이 _____을 뒷받침하나요? • 가장 중요한 증거는 무엇인가요? • 이를 뒷받침하는 자료나 정보가 있나요?
조직화 (Organizing)	• 어떤 익숙한 패턴이 보이시나요? • 이런 아이디어를 어떻게 구성하거나 결합할 수 있을까요? • _____와 _____를 어떻게 결합 또는 구성해 보겠어요?
특징화 (Attributing)	• 사실, 의견, 추론 중 어느 것이 맞나요? • _____의 동기는 무엇인가요? • 읽기 자료에 나타난 관점의 이유는 무엇인가요? • 이것은 _____의 관점에서 어떻게 보일까요? • 저자의 관점은 무엇인가요? • 그 결론을 받아들이려면 어떤 가정을 해야 할까요? • _____ 또는 _____ 중 어느 쪽이 더 좋은가요? 왜 그런가요? • 당신은 _____ 하고 싶나요? 왜 그런가요? 아니면 왜 하기 싫나요?

평가하기 EVALUATE

검토 (Checking)	• 이 사실인지 어떻게 확인할 수 있나요? • _____는 항상 참인가요? • 왜 _____라고 생각하시나요? • 출처의 주장은 얼마나 강력한가요? • 출처에서 제공한 데이터나 증거에 오류가 있나요? • 주장의 근거는 무엇인가요? • 그 주장은 얼마나 믿을 수 있나요? • _____라고 말하는 근거는 무엇인가요? • 이 주장이 정확한지 어떻게 확인할 수 있을까요? • 이 증거의 강점과 약점은 무엇인가요? • 추가 정보가 필요한가요?
비평 (Critiquing)	• 증거를 활용하여 _____을 평가, 비판, 판단 또는 평가하세요. • 왜 _____가 성공적이거나 실패적인가요? 당신의 증거는 무엇인가요? • _____가 더 나을 수 있을까요? 왜 그럴까요? 아니면 왜 그렇지 않을까요? • 당신은 _____을 어떻게 평가 또는 판단할 건가요? • 당신이라면 어떤 선택을 했을까요? 그리고 왜 그런가요? • _____에 대한 찬반 주장은 무엇인가요? • _____의 장점과 단점은 무엇인가요? • 우리가 예견할 수 있고, 예견해야 하는 바람직하지 않은 결과가 있을까요? • 어느 옵션이 가장 좋은지 평가하는 데 사용할 기준을 설명하세요. • _____은 얼마나 효과적인가요?

창조하기 CREATE	
생성 (Generating)	• 아직 우리가 탐구하지 않은 이 문제를 해결하기 위한 대안에는 무엇이 있을까요? • 이 문제에 대해, _____라면 무슨 일이 일어날 것 같나요? 왜 그럴까요?
계획 (Planning)	• 계획을 실행하기 위해 어떤 단계를 밟을 건가요?
산출 (Producing)	• 가장 좋은 결과를 얻으려면 무엇을 해야 할까요?

출처: Copyright 2013 From Assessing Critical Thinking in Middle and High Schools: Meeting the Common Core by Rebecca Stobaugh. Reproduced by permission of Taylor and Francis Group, LLC, a division of Informa plc.

Chapter 3

비판적 사고 기술 개발과 학업 참여 촉진

희망을 갖는 것은 전략이 아니다.

-미 공군 특수 작전 조종사

효과적인 교수법에 대한 교육계의 인식은 교사 주도에서 고등사고를 요하는 학생 주도 수업으로 확실히 바뀌어왔다. 학생 주도의 과제 속에 비판적 사고 요소가 포함되면 학생들은 자신의 학습을 역동적으로 수행해야 한다(개별적이면서도 협력적으로). 학생 주도의 수업 전략을 설계함으로써 교사는 학생들이 고차원적인 수준에서 자신만의 학습을 성공적으로 할 수 있게 만들 것이다(Marzano & Toth, 2014, p. 10).

이러한 과정은 신속하게 진행되지 않는다. 학생들이 다소 어려울 수 있는 과제에 대한 새로운 기대에 적응하려면 고등사고 과제에 자주 참여할 수 있는 기회가 필요하다. 즉, 학생들과 함께 기초를 세우고 그것을 기반으로 건물을 지어 나가는 것을 의미한다([그림 3-1] 참조).

그림 3-1 단계별 사고 수준

교사는 적절한 스캐폴딩(scaffolding)으로 학생들이 기초적인 지식의 적용부터 창의성을 요하는 복잡한 과제 수행까지 발전할 수 있게 도울 수 있다. 학생들은 새롭게 획득한 지식을 문제를 해결하거나, 의사결정을 내리거나, 정보를 평가하거나, 추론하거나, 주장에 대해 논리적으로 비판하거나, 오류 또는 오개념을 수정하는 데 사용할 것이다. 또한, 이러한 일은 교사의 지시가 거의 없어도 일어날 수 있다.

교사가 자신의 교수법을 보다 학생 중심적이고 고차원적인 과제로 바꾸고자 할 때 이를 돕는 것은 교수 프로토콜과 전략이다. 그것은 교사가 학생들의 배움을 촉진하고 학생들이 학습에 대한 주인의식을 갖도록 하는 데 도움을 준다. Marzano와 Toth(2014)는 다음과 같이 말한다.

> 학생들이 보다 고차원적인 기술과 사고로 나아가기를 바란다면 교사들에게 그 '방법'을 제공해야 한다. 그것은 학생들이 실생활 장면에서 문제를 해결하고 의사결정을 내릴 수 있는 발판(scaffold)을 제공하는 필수적인 교수전략이다(p. 11).

이 책의 4~7장에 나오는 50가지 전략은 상향식(bottom-up) 접근을 통해 다뤄진다. 즉, '이해하기' 수준에서 사용할 수 있는 과정을 설계한 뒤 '분석하기' '평가하기' '창조하기' 수준에 필요한 전략적 과정을 구축하게 될 것이다. 〈표 3-1〉은 이러한 원칙에 따라 작성되었다(p. 56). '기억하기'와 '적용하기' 수준은 보통 상위 수준의 활동에 포함되어 있어서 이 두 수준에 대한 별도의 장은 없다. 마찬가지로 이러한 전략 중 일부는 그보다 낮은 수준에서 학생들의 사고를 유발하기도 한다.

이 책이 학생들이 수행하는 모든 활동에서 그들의 인지적 참여를 높여 주는 학습 문화를 만들어 가는 것에 관한 내용임을 기억하라. 끝으로 이 장에서는 학생들에게 전략을 적용해 볼 수 있는 충분한 기회를 제공하는 것에 대한 중요성이 강조된다. 그리고 학생의 비판적 사고를 촉진하고 수업 참여를 증진시킬 수 있는 방법을 제시해 주는 50가지 전략을 ① '움직임으로 참여하기', ② '협력하여 참여하기', ③ '미디어를 활용하여 참여하기'의 3가지 측면에서 보여 준다.

🔓 학생 참여 기회 제공   ⃝⃝⃝

　대부분(58%) 교실 수업이 상대적으로 낮은 사고 수준에서 이뤄지고, 오직 6%만이 최상위 사고 수준을 다룬다는 1장의 내용을 상기해 보자. 학생들이 비판적 사고 기술을 습득하도록 도와야 함을 감안하면 이러한 사실은 막대한 기회의 손실을 의미한다. 학생들이 자신의 비판적 사고 기술을 구축하고 정교화시킬 수 있는 다양한 기회를 가질 때 인지적으로 복잡한 과제를 수행할 수 있는 능력을 발달시킬 수 있다. 그러나 학생들이 점점 높은 수준이 인지적 사고 과제를 수행할 때, 교사가 학생들이 집중하는 것에 관심을 갖지 않으면 그러한 발달은 일어나지 않는다. Klem과 Connell(2004)은 그들의 논문에서 "학습 상황을 도전으로 받아들이는 학생은 노력, 전략적 사고, 문제 해결, 정보 탐색 및 실험을 통해 실패에 직면하고 지속적이고 능동적인 자세를 가진다."라고 말했다(p. 262).

　목표는 학생들의 높은 참여와 높은 수준의 인지, 즉 인지적 참여이다. Ritchhart, Church과 Morrison(2011)의 연구에 따르면 학생들은 "문제 해결, 의사결정, 학술적 방법과 도구를 사용한 새로운 이해의 획득"을 통해 진정한 지적 활동에 참여한다(p. 10). 이를 위해서 교사는 학생들이 실생활 맥락의 복잡한 문제를 해결하고 학습에 대한 주인 의식을 가질 수 있게 촉진자, 안내자 역할을 해야 한다.

　다음 절에서는 학생들이 높은 수준의 비판적 사고를 획득하기 위해 인지적 참여를 지속하는 데 있어 움직이기(movement), 협력하기(collaboration), 미디어 활용하기의 역할에 대한 내용이 이어진다. 〈표 3-2〉는 이 책에서 제시하는 전략들이 이들 참여 기준과 어떻게 연계되어 있는지를 나타낸다(물론 몇몇 전략들은 이 기준을 넘어서지만; p. 57). 대부분의 전략은 참여를 높이는 일반적인 방법들이기 때문에 '협력하여 참여하기' 범주에 속하게 된다.

☀️ 움직임으로 참여하기

　뇌과학 분야에서는 인지와 행동 사이에 강력한 연관성이 있음이 밝혀지고 있다. Sousa(2011)는 "소뇌를 연구하면 할수록 움직임이 학습 및 기억과 불가피하게 연관되어 있다는 사실을 깨닫는다."라고 주장한다(p. 353). 움직임은 혈중 산소를 증가시켜 뇌가 작업을 수행하는 데 도움을 준다(Sousa, 2011). 한 연구에서는 고등학생에게 10분간 걷게 한 뒤 과제를 부여했다. 이때, 학업 수준이 낮은 집단의 학생들에서 기억 및 이해 수준 과제 수행이 증가하고 '적용하기' 및 '분석하기' 수준 모두에서 향상된 사실이 밝혀졌다(Mualem et al., 2018). 또한, 교수 내용 중 움직임 사용을 포함하고 있는 과제가 학생의 이해를 심화하고 적극성 수준을 높여 준 또 다른 연구 결과도 당연히 존재한다(Marzano & Pickering, 2011).

이러한 연관성은 실제 교육 맥락에서 움직임 요소를 포함하는 것이 중요하다는 사실을 명확히 해 준다. 이것은 학습을 향상시킬 뿐만 아니라 참여를 촉진하는 훌륭한 방법이며, 수업을 보충하고 학생들이 정보를 길게 기억하는 데 도움을 준다(Paivio, 1991). 덧붙여 신체 감각적 과제는 가정 형편이 좋지 않은 학생들에게 부분적으로 도움이 된다(Helgeson, 2011). 이러한 이유로 교사는 가능한 수업에 움직임 요소를 통합해야 한다. 또한 움직임 요소는 학생 생활지도에도 긍정적인 영향을 미칠 수 있다.

🖱️ 협력하여 참여하기

학생들의 협력을 포함한 전략들은 많은 이점을 가진다. 이 책의 서문에서 제시했듯, 회사에서는 학생들을 채용할 때 문제 해결 및 협업 능력을 핵심적인 역량으로 평가하고 있다(Greenberg & Nilssen, 2014). 협력을 통해 학생들은 과제를 수행하는 동안 다양한 관점과 논쟁을 어떻게 다뤄야 하는지 배우고, 인지적 심화학습을 해 나간다.

협력의 또 다른 이점은 학생 참여 수준의 향상이다. 교사 Hancox는『소프트 스킬을 구축하는 교육의 역할(The Role of Education in Building Soft Skills)』에서 다음과 같이 주장한다(Greenberg & Nilssen, 2014 재인용).

> 당신이 두 학생이 서로 협력하는 모습을 본다면, 그들의 학습이 심화되고 있음을 알게 될 것이다. 학생들은 서로 질문하고 뭔가를 발견하게 되며, 교사는 결과적으로 모든 정보를 학생들에게 제공하지 않고 학습에 대한 주도권을 학생에게 이양한다(p. 12).

협력은 참여를 증진시키고 학습자 주도성을 높인다. 협력을 통한 최종적인 결과는 더 나은 산출물과 학생의 학습 향상이다. 하지만 협력이 학생의 학습과 참여에 필요한 훌륭한 방식이라는 사실에는 또 다른 이유가 있다. 협력은 질문을 던지게 한다.

협력 과정에서 학생들은 종종 과제에 대해 깊이 이해하기 위해 많은 질문을 제기하곤 한다. 질문한다는 것은 학생이 학습에 적극적으로 참여하여 학습을 조망하고 있음을 보여 준다(Ostroff, 2016).

선행연구에 따르면 미취학 아동들은 정보를 얻고 이해하는 데 시간당 76개의 질문을 던지는 것으로 나타났다(Chouinard, Harris, & Maratos, 2007). 그러나 유치원에서는 질문의 수가 시간당 2~5개로 줄어든다. 불행하게도 5학년 무렵이 되면 학생들은 학교 일과 내내 0에서 2개의 질문을 하게 된다(Engel, 2011). 재미있는 사실은 분석에 따르면 최고의 기술자와 발명가는 훌륭한 질문을 던진다는 공통점을 가진다는 것이다(Dyer, Gregersen, & Christensen, 2011).

학생들이 질문을 할 때, 그들의 내재 동기는 이해에 대한 욕구로부터 생겨난다. Ostroff (2016)는 "질문을 하는 사람이 권한(power)을 가진다."라고 주장한다(p. 100). 학생들은 교사가 자신들의 질문을 가치 있게 여긴다는 사실을 알 필요가 있으며, 이러한 사실을 알고 있을 때 질문은 비판적 사고를 촉진할 수 있다(전략 11: 비주얼씽킹, p. 96; 학생들의 질문을 촉진하기 위해 질문 줄기를 제공함).

✳️🖱 미디어를 활용하여 참여하기

온라인 영상, TV, 신문, 잡지, 영화, 노래, 만화, 그림, 포스터 등을 포함하는 용어인 미디어는 사회적으로 널리 확산되어 있다. 하지만 미디어를 보는 능력과 그것을 이해하는 능력은 같지 않다. 이는 특수한 리터러시를 요하는 것이다. 이 책에서 미디어 리터러시는 다양한 형태의 미디어 속 메시지에 접근하고 분석하며 평가하고 전달할 수 있는 능력으로 정의된다(Chen, Wu, & Wang, 2011, p. 85).

미디어 리터러시 교육은 중하위권 학생들이 더 높은 수준의 사고 능력을 가질 수 있게 해 준다(Jeong, Cho, & Hwang, 2011, p. 85). 나아가 학습에 미디어를 활용하는 것은 수업에서 학생들의 참여와 교사의 창의성을 높이는 것과 관련이 있다. 또한 그것은 학생들의 삶 속에 그들 문화의 일부로서 항상 발견되는 한 측면이다. 2016년 미국사회교육협회(National Council for the Social Studies, NCSS)에서는 다음과 같은 발표를 했다.

> 학습의 핵심은 리터러시다. 리터러시란 접근하고 분석하며 평가하고 의사소통을 생산할 수 있는 능력이다. 미디어 리터러시는 학생들의 삶의 한 영역인 의사소통 도구로 미디어

를 포함함으로써 전통적인 리터러시의 개념을 확장한다. 학생들의 리터러시를 기르려면 미디어에 내재된 메시지를 읽어 내는 기술과 습관을 가르쳐야 한다(p. 183).

이것을 감안하면 미디어를 학습 맥락으로 가져오는 것은 학생들의 관심을 제고할 뿐만 아니라 학습과 학생을 연결할 수 있는 방법이기도 하다. 하지만 미디어를 그토록 강력하게 만드는 힘은 무엇일까?

미디어에는 관점과 가치가 포함된다. 학생들은 사람들의 행동, 태도, 신념에 영향을 끼치기 위해 미디어를 사용하는 법(다른 사람들이 미디어를 사용하는 법)을 배울 수 있다. 이타카 대학의 교수 Scheibe와 미디어 리터러시 전략가 Rogow(2012)는 미디어 리터러시와 관련된 4가지 주요 영역에 대해 자세히 설명한다. ① 미디어 메시지 이해하기, ② 메시지 목적 분석하기, ③ 미디어의 신뢰성과 관점에 대해 근거 있는 평가하기, ④ 미디어가 학생들의 가치와 신념에 부합하는지에 대해 성찰하기 등이 그것이다.

미디어 리터러시는 개정된 Bloom의 교육목표법의 모든 수준으로 변환될 수 있다(Anderson & Krathwohl, 2001). 학생들의 학습을 돕기 위해 미디어를 효과적으로 사용하는 것이 또한 학생들의 관심을 끌 수 있는 아주 좋은 방법이라는 사실은 너무나 명백하다.

이어지는 챕터에서는 움직이기, 협력하기, 미디어 활용하기가 '이해하기' 수준에서 '창조하기' 수준으로 학생의 사고를 구축하고 교실 내 진정한 비판적 사고 문화를 형성하기 위한 50가지 전략과 어떻게 결합하는지에 대해 확인할 수 있다.

🔒 성찰하기　　　　　　　　　　　　　○○○

3장에 소개된 내용을 되돌아보면서 다음의 5가지 질문에 답해 보자.

1. 학생의 움직임을 촉진할 수 있는 교수전략은 무엇인가?
2. 비판적 사고와 협력에 있어 학생들의 참여에 가장 효과적인 전략은 무엇인가?
3. 비판적 사고를 촉진함에 있어 학생 참여와 미디어를 어떻게 통합할 것인가?
4. 교실에서 움직임, 협력, 미디어를 통합하는 데 어떤 어려움이 있나?

5. 여러분은 교실에서 학생들의 인지적 참여를 촉진하기 위해 그 밖에 어떤 전략을 사용하고 있는가?

🔓 실천하기 ○○○

3장의 개념을 교실에서 활용하기 위해 다음 3가지 활동을 해 보자.

1. 〈표 3-2〉에 제시된 참여를 위한 전략을 검토한 후, 최근에 사용한 전략에 강조표시(하이라이트)를 해 본다(p. 57).
2. 수업 중 하나를 분석해 본다. 〈표 3-2〉와 유사한 방식으로 움직임, 협력, 미디어를 활용해 사용한 전략을 기록한다.
3. 인지적 참여를 보다 더 요구하는 수업 중 하나를 선택한다. 그 수업에서 움직임, 협력, 미디어를 더 많이 통합할 수 있는 1가지 방법을 파악한다.

표 3-1 개정된 Bloom의 목표분류법에 따른 전략 요약

이해하기	분석하기	평가하기	창조하기
전략 1: 몸으로 말해요	전략 7: 개념 습득	전략 25: 4개의 코너	전략 44: 관련성 다이어그램
전략 2: 개념적 학습	전략 8: 비유	전략 26: 순위 매기기	전략 45: 문제 해결
전략 3: 매트릭스	전략 9: 미디어 비유	전략 27: 질문 프로토콜	전략 46: 회전목마 브레인스토밍
전략 4: 가장 중요한 단어 10개	전략 10: 인용하기! 암호 풀기!	전략 28: 주론하기	전략 47: 스캠퍼
전략 5: 배경지식 구축	전략 11: 비주얼 씽킹	전략 29: 작소 사례 연구	전략 48: 히트 엔 스팟
전략 6: 연관 짓기	전략 12: 개념 지도	전략 30: 생각-짝-공유 연속선	전략 49: 6색 사고모
	전략 13: 마인드맵	전략 31: 이사 결정	전략 50: 추론 사다리
	전략 14: 듣기-생각하기-궁금해하기	전략 32: 동료 비평	
	전략 15: 예상하기 가이드	전략 33: 원형 직소 평가	
	전략 16: 주사위 활용	전략 34: 조사	
	전략 17: 컨센서그램	전략 35: 저자의 주론/평가	
	전략 18: 파라본 인과관계 분석	전략 36: 미디어 분석	
	전략 19: 안내된 읽기-사고 활동	전략 37: 리케스트	
	전략 20: 인용문 주위듣기	전략 38: 진·선·가	
	전략 21: 수수께끼	전략 39: 퀴드	
	전략 22: 눈금 표시기	전략 40: 주장-증거-이유	
	전략 23: SWOT 분석	전략 41: 색상코드 피드백	
	전략 24: 갤러리 워크	전략 42: 순위 매기기-말하기-쓰기	
		전략 43: 인용문 동의 및 이의 제기	

표 3-2 학생 참여를 위한 교수전략

움직임	협력	미디어 리터러시
전략 1: 몸으로 말해요	전략 4: 가장 중요한 단어 10개	전략 9: 미디어 비유
전략 2: 귀납적 학습	전략 5: 배경지식 구축	전략 10: 인용하기! 암호 풀기!
전략 3: 매트릭스	전략 7: 개념 습득	전략 11: 비주얼 씽킹
전략 6: 연관 짓기	전략 8: 비유	전략 14: 듣기-생각하기-궁금해하기
전략 20: 인용문 주위듣기	전략 12: 개념 지도	전략 26: 순위 매기기
전략 24: 갤러리 워크	전략 13: 마인드맵	전략 36: 미디어 분석
전략 25: 4개의 코너	전략 15: 예상하기 가이드	
전략 30: 생각-짝-공유 연속선	전략 16: 주사위 활용	
전략 39: 퀴드	전략 17: 컨센서스그램	
전략 42: 순위 매기기-말하기-쓰기	전략 18: 피라미드 인과관계 분석	
전략 43: 인용문 동의 및 이의 제기	전략 19: 안내된 읽기-사고 활동	
전략 44: 관련성 다이어그램	전략 21: 수수께끼	
전략 46: 회전목마 브레인스토밍	전략 22: 눈금 표시기	
전략 48: 히트 앤 스팟	전략 23: SWOT 분석	
	전략 27: 질문 프로토콜	
	전략 28: 주론하기	
	전략 29: 직소 사례 연구	
	전략 31: 이사 결정	
	전략 32: 동료 비평	
	전략 33: 원형 지소 평가	
	전략 34: 조사	
	전략 35: 저자의 추론/평가	
	전략 37: 라케스트	
	전략 38: 진·진·가	
	전략 40: 주장-증거-이유	
	전략 41: 색상코드 피드백	
	전략 45: 문제 해결	
	전략 47: 스캠퍼	
	전략 49: 6색 사고모	
	전략 50: 추론 사다리	

초등 교실에서
생각하는 힘을 기르는
50가지 사고 전략

Chapter 4

'이해하기' 수준에서 전략 실천하기

가장 고귀한 즐거움은 이해의 기쁨이다.

-Leonardo da Vinci

이 장에서는 개정된 Bloom의 교육목표분류법(Anderson & Krathwohl, 2001)의 '이해하기' 수준을 익힐 수 있도록 6가지 교수전략을 살펴보고자 한다. 각 교수전략에서는 학생들이 '기억하기' 수준(인식 및 인출)의 인지능력과 함께 콘텐츠 해석, 예시, 분류, 요약, 추론, 비교 또는 설명과 같은 '이해하기' 수준의 인지능력을 조합하여 사용하도록 한다. 각 전략의 아이콘은 해당 활동이 분류 체계의 어느 단계(수준)에 해당하는지, 그리고 참여를 위한 주요 도구(움직임, 협력 또는 미디어 리터러시)는 무엇인지를 나타낸다.

🔒 전략 1: 몸으로 말해요   ○○○

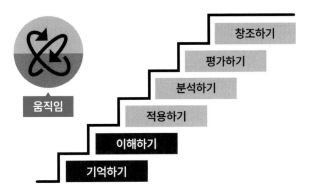

몸으로 말해요 전략은 학생들이 움직임을 통해 어휘력을 키울 수 있도록 돕는 전략이다. 교육 전문가 Jensen(2019)은 모든 연령대에 걸쳐 신체 활동과 학생들의 장기 기억력 및 주의 집중력 사이의 강력한 연관성에 대해 저술했다. 특히 그는 또래보다 뒤늦게 학습하게 되는 경우가 많은 빈곤층 학생을 위한 어휘 학습의 필요성을 설명하기 위해 Hart와 Risley(2003)의 연구를 바탕으로 했다. 이 연구에 따르면 신체 움직임을 사용하여 개념을 표현하는 것은 어린 학생(유치원~5세)들에게 효과적이라고 한다. 개념이 추상적일 때 상징적 또는 표현적 제스처를 통해 사물이나 사건을 묘사하여 이해를 높일 수 있다(Kendon, 1988).

예를 들어, 학생들은 평행선을 나타내기 위해 팔을 바로 앞으로 내밀 수 있다. 은유적 제스처는 시각적 이미지를 사용하지만 더 추상적이다. 학생들은 한 팔을 머리 위로 올리고 한 손가락을 위로 올려 '하나'라는 단어를 나타낼 수 있다. 또 지도자가 모든 권력을 가지고 있다는 의미로 독재라는 단어를 나타낼 수 있다.

개념을 설명하는 데 어려움을 겪는 학생에게는 제스처를 통해 학생의 이해도를 파악할 수 있다(Church & Goldin-Meadow, 1986). 심리학자이자 아동 발달 전문가인 Piaget(1959)는 제스처가 학생들의 학습, 발달, 의사소통에 중요한 역할을 한다고 했다. 학습 과학자 Roth(2001)는 제스처가 아동의 인지 발달에 핵심적인 요소라고 했다. 추상적인 개념을 표현할 때 손동작을 사용하면 학생들의 학습 능력이 향상된다(Collins, 2005). 제스처로 가르치면 어휘를 더 쉽게 기억할 수 있다.

활용 예시

2학년 수업에서 학생들이 이야기를 통해 10개의 단어를 학습하고 있다. 학생들은 짝을 지어 각 단어와 정의에 맞는 제스처를 만든다. 단어를 복습할 때 학생들은 제스처를 사용하면서 정의를 외운다.

🔍 전략 실행 단계

몸으로 말해요 전략을 실행하는 3단계는 다음과 같다.

1. 학습할 단어를 소개한다.

2. 학생들에게 제스처를 활용한 어휘 학습 방법을 소개한다. 다음은 몇 가지 몸으로 말해요 전략 예시이다(Stobaugh & Love, 2015).

   - **손동작 사용**

     학생들에게 단어를 설명하는 자신만의 제스처를 만들게 한다. 학생들은 단어를 추상적인 방식으로 묘사하는 동작을 만들 수도 있다. 예를 들어, 학생들은 강수량에 대한 이해를 보여 주기 위해 손을 높이 들고 손가락을 흔들었다가 천천히 손을 내려 비가 땅에 떨어진다는 것을 강조하는 동작을 정할 수 있다.

   - **그룹 동상 만들기**

     학생들을 더 많은 상호작용을 할 수 있도록 그룹에 배정하고 자신의 몸을 사용하여 단어를 표현하도록 한다. 예를 들어, 보존이라는 단어를 설명하기 위해 2명의 학생이 중앙에 있고 세 번째 학생이 다른 학생을 팔로 감싸도록 할 수 있다.

   - **모형 만들기**

     개인 또는 그룹으로 학생들에게 조립 자료(예: 스티커 메모, 마커, 빌딩 블록)를 주고 단어를 나타내는 추상적인 모형을 만들도록 한다. 예를 들어, 학생들은 스티커 메모지로 사법부(사법부는 까다로운 문제를 처리함)를, 빌딩 블록으로 입법부(사회 규칙의 기본이 되는 법을 제정함)를, 공예용 막대기로 행정부(행정부를 이끄는 1명의 주요 인물, 대통령)를 나타내는 작은 탑을 만들 수 있다.

3. 학생들이 3가지 방법(손동작 사용, 그룹 동상 또는 모형 만들기) 중 하나를 선택하여 어휘를 이해했는지 발표하도록 한다.

🔔 변형 전략

몸으로 말해요 전략을 다음과 같이 변형하여 활용할 수 있다.

- ✔ 학습 중인 용어와 관련된 춤 동작 비디오를 만들게 한다.
- ✔ 제스처를 연기하게 하거나 제스처를 활용한 단어 추측 게임을 통해 손동작 전략을 다양하게 활용할 수 있다.

📖 교과별 활용 예시

다양한 교과 수업에서 몸으로 말해요 전략을 활용할 수 있는 방법은 다음과 같다.

☑ 언어

학생들에게 그리스어와 라틴어 어근의 의미를 표현하는 손동작을 만들게 한다. 예를 들어, '당기다.' 단어를 표현하기 위해 당기는 동작을 할 수 있다.

☑ 과학

식물 생물학 단원에서 그룹 학생들은 수분을 묘사하기 위해 씨앗을 뿌리는 제스처(손동작을 사용하여 봉지에서 씨앗을 모아 흙에 털어 내는 동작)를 만든다. 이 그룹은 이 제스처가 수분과 어떻게 일치하는지 나머지 학급 학생들에게 설명한다.

☑ 수학

학생들을 네 그룹으로 나누어 각 그룹에 건축 재료를 나누어 주고 해당 단원의 기하학 공식과 관련된 모형을 만들게 한다.

☑ 사회

미국의 시민권 운동에 관한 단원에서 4명의 학생으로 그룹을 구성하고 그룹 동상 전략을 사용하여 시민권 운동과 관련된 개념이나 용어를 설명하거나 상징화하게 한다. 학생들은 동상이 해당 개념이나 용어를 어떻게 묘사하는지 3가지 이유를 제시한다.

🔒 전략 2: 귀납적 학습　　ooo

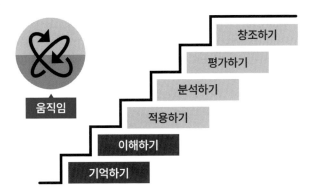

일반적으로 귀납적 교수·학습은 학생들이 고차원적인 사고를 할 수 있도록 하는 방법론이다. 탐구 기반 학습, 프로젝트 기반 학습, 발견 학습 등은 모두 귀납적 학습의 한 형태이다(Prince & Felder, 2007). 귀납적 학습 전략은 학생이 귀납적 학습을 통해 정보를 그룹화하고 분류하여 더 깊이 있게 이해하는 데 중점을 둔다. 이 전략은 주제에 대한 학생의 사전 지식을 측정하기 위한 사전 평가 또는 복습용 평가로 사용할 수 있다.

 활용 예시

교사는 연극 제작과 관련된 20개의 주요 용어를 나눠 준다. 교사는 짝 활동으로 학생들이 공통된 특성에 따라 단어를 그룹화하도록 한다. 그런 다음 학생들은 각 그룹에 대한 설명을 적는다. 학생들은 서로의 아이디어를 토의하고 배경지식과 자신이 만든 그룹을 연결한다.

🔍 전략 실행 단계

귀납적 학습 전략을 실행하는 4단계는 다음과 같다.

1. 용어, 시각 자료 또는 데이터 목록을 만든다. 어휘 학습 시에 중등 학생은 15~25개의 용어를 사용한다. 어린 학생(유치원~5학년)의 경우 이보다 적은 수의 용어(5~10개 정도)

가 적절하다. 수업에서 진행 중인 학습과 관련 있는 용어를 선택한다.

2. 선택한 용어를 보고 학생들이 상호 작용할 수 있는 방법을 결정한다. 예를 들어, 온라인 담벼락(digital wall)에 용어를 제시하거나 인쇄물을 제공할 수 있다.

3. 학생에게 개별적으로 또는 그룹과 함께 공통된 특성 또는 공유된 특징을 기준으로 단어를 분류하고 그룹화하도록 한다. 학생들은 함께 분류한 단어 그룹을 잘 나타내는 제목을 정해야 한다.

4. 학생들이 어떻게 그룹을 결정했는지, 어떤 범주를 생각해 냈는지 학급 토론을 진행한다.

🗃️ 변형 전략

귀납적 학습 전략을 다음과 같이 변형하여 활용할 수 있다.

- ✔ 교사가 용어 목록을 제공하는 대신 이 활동에 사용할 용어들을 학생들 스스로 브레인스토밍하게 한다.
- ✔ 이 전략을 사전 평가로 사용하여 학생이 용어 간의 관계를 이해하고 있는지 확인할 수 있다.

📖 교과별 활용 예시

다양한 교과 수업에서 **귀납적 학습** 전략을 활용할 수 있는 방법은 다음과 같다.

☑ 언어
학생들이 읽은 소설에서 중요한 인용문 20개를 주고 인용문을 분류하게 한다.

☑ 과학
다양한 동물 목록을 제시하고 학생들이 동물을 그룹화하게 한다. 학생들은 각 동물의 행동, 생김새, 서식지 등을 고려하여 토론한다.

☑ **수학**

학생들이 다양한 도형을 속성에 따라 그룹화하게 한다.

☑ **사회**

아메리카 원주민 문화 단원에서 학생들을 그룹으로 활동하게 하고 각 그룹에 특정 아메리카 원주민 부족을 상징하는 물품이 담긴 상자를 제공한다. 학생들은 함께 협력하여 유물을 분류한다.

☑ **미술**

다양한 예술 작품을 제시하고 학생들은 작품을 보고 그룹화한다. 교사는 학생들이 그룹화한 것을 활용하여 미술사, 색채 사용, 붓질과 기법, 미술 사조에 대한 토론을 진행한다.

🔓 전략 3: 매트릭스

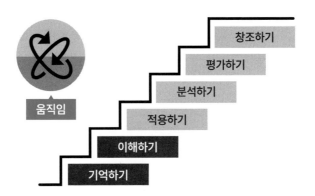

매트릭스 전략은 학생들의 다양한 관점을 보여 주는 동시에 주제 또는 수업에 대한 이해 정도를 평가한다. 매트릭스 전략은 학생들이 두 가지 변수와 아이디어를 검토하고 변수와 아이디어가 어떤 관계가 있는지 생각하도록 한다. 각 축은 0에서 10까지의 척도로 변수를 나타내며, 학생들은 매트릭스에서 아이디어가 어디에 표시될지 자신의 관점을 고려하여 결정한다([그림 4-1] 참조). 이 전략은 학생들이 표의 어디에 표시할지 물리적으로 위치를 옮겨 보면서 2가지 아이디어에 대해 깊이 생각하도록 한다. 어떤 기준을 사용할 때, 2가지 상반

된 아이디어를 제시한다는 점에 유의해야 한다. 매트릭스 전략은 학생들이 논의를 하기에 좋은 전략이 된다.

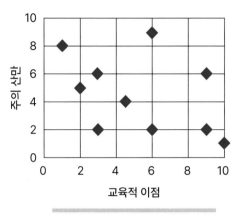

그림 4-1 매트릭스 활동의 그래프

 활용 예시

교사는 학생들에게 개인 행렬표를 나누어 주고 교실에도 큰 행렬표를 붙여 둔다. 학생들은 수업 중 휴대폰 사용의 교육적 이점을 고려하는 동시에 주의가 산만해질 위험에 대해 생각해 본다. 학생들은 각 항목을 어떻게 평가할지 결정한다. 예를 들어, 한 학생은 수업 시간에 전자기기를 사용하는 것을 좋아하여 해당 축에 9점을 주었지만 주의가 산만해질 수 있다는 점을 약간 우려하여 6점을 주었다. 그러나 같은 그룹의 다른 두 학생은 약간 다르게 평가할 수 있다. 학생들은 자신의 평가 점수를 매트릭스에 기록한 다음 교실 매트릭스에 표시한다([그림 4-1] 참조). 교사는 학생들을 소그룹으로 나누어 논의하도록 하고, 전체 토론 주제를 생각한다.

🔍 전략 실행 단계

매트릭스 전략을 실행하는 7단계는 다음과 같다(Stobaugh & Love, 2015).

1. 매트릭스를 구성할 2가지 변수를 선택한다. 변수 간 관계는 학생의 생각을 자극하여 토론을 촉진해야 하며, 다양한 관점에 노출시켜야 한다.

2. 학생들에게 종이에 표를 만들고 자신의 평점을 표시하게 한다. 예를 들어, 학생은 중요도가 높은 주제(환경 보존)에는 0~10점 척도 중 9점을 부여하고 중요도가 낮은 주제(환경 프로젝트에 대한 재정 지원)에는 2점을 매길 수 있다. 그런 다음 학생은 표에 해당 점수의 교차점을 표시한다.

3. 학생들에게 매트릭스 아래 빈칸을 사용하여 자신의 의견에 알맞은 근거를 쓰도록 한다. 자신의 응답을 뒷받침하기 위해 책 또는 기타 자료를 사용하도록 한다.

4. 큰 행렬을 만들어 벽에 붙인다. 학생들에게 스티커 메모지(또는 점)를 사용하여 교실 행렬에 자신의 평점을 표시하여 학급 그래프를 완성하도록 한다.

5. 학생들을 2개의 동심원(안쪽 원과 바깥쪽 원)으로 서로 마주 보고 서게 한다. 학생들이 자료를 살펴본 후 다음과 같은 질문을 할 수 있다.
   - "자료에서 무엇을 발견했습니까?"
   - "어떤 패턴을 관찰했을 때 그 패턴이 무엇을 말해 주나요?"
   - "어떤 점이 놀랍습니까?"
   - "무엇을 유추할 수 있고, 어떤 결론을 내릴 수 있을까요?"

각 질문이 끝나면 앞에 있는 학생과 함께 자신의 대답에 관해 토론하도록 한다.

6. 토론을 마친 후, 바깥쪽 원에 있는 학생에게 오른쪽으로 이동하여 새로운 파트너와 함께 다음 질문을 토론하도록 한다.

7. 전체 그룹 토론에서 결론을 공유하게 한다.

🏛 변형 전략

매트릭스 전략을 다음과 같이 변형하여 활용할 수 있다.

✔ 한 단원이 끝날 무렵, 학생들을 그룹으로 나누고 단원 내용을 분석하여 논의하고 싶은 주제와 2가지 변수를 생각하도록 한다. 학급에서는 그룹에서 정한 아이디어 중 하나 이상을 선택하여 매트릭스 활동을 한다.

✓ 매트릭스 전략을 시작할 때와 끝날 때 학생의 의견이 어떻게 변화했는지 측정하기 위해 학생들에게 토론이 끝날 때 다른 색의 스티커 메모지(또는 점)를 사용하여 표시하도록 한다. 얼마나 많은 학생이 주제에 대해 생각을 바꿨는지 알 수 있는 유용한 시각적 자료가 된다.

📖 교과별 활용 예시

다양한 교과 수업에서 매트릭스 전략을 활용할 수 있는 방법은 다음과 같다.

☑ 언어
하이쿠(일본의 전통 단시) 쓰기의 영향과 형식의 중요성을 분석하는 매트릭스 만들기

☑ 과학
우주 연구의 중요성과 우주 연구 비용을 분석하는 매트릭스 만들기

☑ 수학
수학 문제를 푸는 과정의 중요성과 정답을 맞히는 것의 중요성을 분석하는 매트릭스 만들기

☑ 사회
기업이 잠재적 이익에 비해 얼마나 많은 위험을 감수할 수 있는지를 분석하는 매트릭스 작성하기

☑ 진로
학생들에게 얼마나 많은 노력을 기울여 이력서를 작성했는지 10점부터 1점(10점 최대 노력, 1점 최소 노력)까지의 척도와 과제에 대한 자신의 성적(1점부터 10점까지)을 매트릭스로 작성하도록 하기

🔒 전략 4: 가장 중요한 단어 10개 　○○○

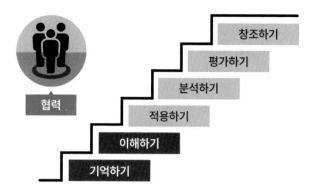

　　어휘는 학생들, 특히 빈곤층 출신 학생들에게 매우 중요하며(Jensen, 2019), 학창 시절 학습한 어휘는 평생 동안 삶에 영향을 미친다. '전략 1: 몸으로 말해요'와 마찬가지로 학생들은 알고 있는 어휘를 통해 학습 경험과 지식의 폭을 넓힐 수 있다. 가장 중요한 단어 10개 전략은 학생들이 핵심 용어를 확인하고 해당 용어와 학습 목표와 관련된 중요한 지식을 연결하여 어휘에 대한 이해를 높이는 데 도움이 된다.

 ## 활용 예시

　　환경의 지속 가능성과 사람들이 주변 세계에 미치는 영향에 대한 수업을 한 후, 학생들에게 재활용 과정에 관한 기사를 읽게 한다. 학생들은 기사에서 10개의 핵심 어휘를 찾아내어 각자의 스티커 메모지에 자신이 선택한 어휘를 적는다. 학급에서는 학생들의 용어를 하나의 도표로 정리하고 학생들이 관찰한 패턴에 대해 토론한다.

🔍 전략 실행 단계

가장 중요한 단어 10개 전략을 실행하는 5단계는 다음과 같다.

1. 학생들에게 각자 스티커 메모지 10장을 제공한다.

2. 기사, 웹사이트, 과학 데이터 등과 같은 새로운 정보를 읽거나 상호작용하게 한다. 중요한 점은 학생들이 관련 어휘력을 키울 수 있는 단어가 많이 포함되어 있어야 한다는 것이다.

3. 콘텐츠를 읽거나 보고 언급된 단어 중 가장 중요한 10가지가 무엇인지 결정하도록 한다. 학생들은 각자 자신이 찾은 단어들을 스티커 메모지에 적는다.

4. 자신이 선택한 단어를 발표하게 하고 벽의 빈 공간이나 바닥의 한 부분을 활용하여 같은 단어를 선택한 다른 학생과 함께 선택한 영역에 메모를 붙이도록 한다. 스티커 메모지로 학생이 핵심 단어를 파악한 횟수를 나타내는 거대한 막대그래프를 만든다.

5. 학생들이 관찰한 패턴을 주제로 학급 전체 토론을 진행한다. 이 토론의 일환으로, 잘 나오지 않았던 단어, 학생들이 특정 단어에만 집중하고 다른 단어에는 집중하지 않는 이유, 학생들이 더 익숙해져야 할 필요가 있는 혹은 잘 표현되지 않거나 전혀 표현되지 않는 핵심 단어를 확인한다. 토론을 통해 학급 학생들은 학습 내용과 단어를 연결한다.

🏛 변형 전략

가장 중요한 단어 10개 전략을 다음과 같이 변형하여 활용할 수 있다.

✔ 패들렛(https://padlet.com) 또는 다른 온라인 담벼락 기술을 사용하여 단어를 게시하고 디지털 게시물을 이동하여 답을 그룹화한다.

✔ 단어에 대해 자세히 학습한 후 그룹은 원래 선택한 단어가 여전히 수업의 핵심 단어라고 생각하는지 논의하고 결정할 수 있다.

📖 교과별 활용 예시

다양한 교과 수업에서 **가장 중요한 단어 10개** 전략을 활용할 수 있는 방법은 다음과 같다.

☑ 언어

학생들에게 『로미오와 줄리엣(The Tragedy of Romeo and Juliet)』(Shakespeare, 1935)과 같은 유명한 희곡의 한 부분을 읽게 하고 Shakespeare의 공통 문구 10개를 찾게 한다.

☑ **과학**

학생들에게 과학 실험에 대한 데이터 분석 요약을 읽고 실험 결과를 이해하는 데 가장 중요한 단어 10개를 찾아내게 한다.

☑ **수학**

학생들에게 복잡한 수학 문제를 분석하게 하고 문제를 이해하는 데 가장 중요한 단어 10개를 찾도록 한다.

☑ **사회**

지역사회에 대한 소책자를 만들기 전에 학생들에게 뉴욕시에 대해 전문적으로 제작된 브로슈어를 읽게 하여 자신의 지역에 대해 사용할 수 있는 핵심 단어를 찾아보도록 한다.

☑ **보건**

학생들에게 심혈관계에 관한 기사를 읽고 가장 중요한 단어 10개를 찾게 한다.

🔓 전략 5: 배경지식 구축　ooo

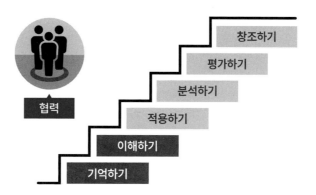

배경지식 구축 전략은 학생들이 사전에 예상을 하고, 새로운 텍스트 자료를 읽고, 추가적인 전문 자료를 탐색한 다음, 다시 돌아와서 초기 예상을 검토하도록 함으로써 독서에 대한

학생들의 흥미를 유발하는 데 사용할 수 있다(Expeditionary Learning, 2013). 이 전략을 통해 학생들은 마인드맵을 만들고 추가적인 정보를 받으면서 점진적으로 이해도를 높일 수 있다. 새로운 정보를 얻을 때마다 학생들은 다른 색 마커를 사용하여 마인드맵에 포함된 새로운 아이디어와 함께 학습의 진행 상황을 표시한다. '전략 15: 예상하기 가이드(5장, p. 110)'와 '전략 29: 직소 사례 연구(6장, p. 162)'는 이 전략을 보다 높은 사고 수준으로 자연스럽게 확장할 수 있는 방법을 제시한다.

활용 예시

돈과 관련된 단원을 시작하기 위해 교사는 학생들이 따라 할 수 있도록 Shel Silverstein의 시, 『똑똑하기(Smart)』를 큰 소리로 읽어 준다. 학생들은 개별적으로 시의 의미에 대해 생각한다. 교사는 돈이 우리 삶에서 중요하다고 간략하게 설명하고, 학생들은 돈에 대해 더 많은 정보를 탐색해 학습한다. 교사는 그룹을 구성하여 그룹별로 차트 용지에 검은색 마커를 사용하여 시에 대한 초기 생각과 관찰한 배경 정보를 마인드맵으로 기록한다. 그런 다음 교사는 다양한 종류의 미국 동전에 대한 자료를 큰 소리로 읽어 준다. 학생들은 따라 읽으며 새롭고 관련 있는 정보를 메모한다. 그룹별로 배운 내용을 토론하고 빨간색 마커를 사용하여 마인드맵에 추가한다. 다음으로 교사는 그룹 구성원에게 각 동전에 대한 구체적인 정보가 담긴 카드를 제공한다. 학생들은 카드에 새로운 정보가 있으면 추가적으로 표시한다.

🔍 전략 실행 단계

배경지식 구축 전략을 실행하는 12단계는 다음과 같다.

1. 학습 주제에 대한 학생의 지식을 점진적으로 강화할 수 있는 몇 가지 관련 자료를 선택한다. 이러한 자료에는 학생들의 흥미를 유발하는 독창적이고 의문이 생기는 자료, 모든 학생이 다음에 읽고 주제를 더 자세히 설명해 주는 공통 자료, 마지막으로, 다른 그룹원이 주제를 더 잘 이해하기 위해 읽을 전문가 자료로 구성되어야 한다.

2. 학생 4~5명으로 그룹을 구성한다. 각 그룹별로 4가지 색상의 마커(검정, 빨강, 주황, 보라)와 차트 용지를 제공한다.

3. 의문을 자아내는 짧은 미스터리 자료를 나눠 눈다. 사진, 노래, 그래프, 지도, 시 또는 비디오 자료가 될 수 있다. 이 자료의 주요 목표는 주제에 대한 학생의 흥미를 불러일으키는 것이다.

4. 학생들에게 주제에 대한 초기 생각을 개별적으로 기록하도록 안내한다.

5. 미스터리 자료를 이해하는 데 필요한 배경 정보를 제공한다. 예를 들어, 앞에서 설명한 교실 상황에서의 예시에서는 교사가 수업 목표를 돈에 대한 학습으로 설정한다.

6. 그룹에서 학생들은 초기 생각과 배경 정보를 바탕으로 생각의 변화에 대해 토론한다. 그런 다음 그룹 활동으로 차트 용지를 사용하여 검은색 마커로 텍스트와 시각화 자료가 포함된 마인드맵을 만든다.

7. 이해를 심화하기 위해 모든 학생이 읽을 수 있는 공통 자료를 제공한다. 학생은 읽으면서 N(new)을 표시하거나 자료에 새로운 정보를 강조 표시해야 한다.

8. 그룹별로 토론하면서 새롭고 중요한 정보가 생기면 빨간색 마커를 사용하여 마인드맵에 추가하도록 한다.

9. 전문가 자료를 그룹의 각 구성원에게 나눠 눈다. 종종 최고의 전문가 자료는 핵심 주제에 대한 다양한 관점을 제시하고 이전 자료에 대한 학생들의 생각에 혼란을 줄 것이다. 학생들은 전문가 자료에 다시 N(new)을 표시하거나 새로운 정보에 강조 표시한다.

10. 학생들은 전문가 자료에서 배운 내용을 그룹원에게 공유한 다음, 보라색 마커를 사용하여 마인드맵에 중요한 정보를 추가해야 한다.

11. 학생들과 함께 원래 미스터리 자료를 다시 검토하고 학생들이 주황색 마커를 사용하여 마인드맵에 새로운 생각을 기록하도록 안내한다.

12. 그룹별로 자신의 생각이 어떻게 발전했는지 분석해 보도록 안내한다. 다양한 색깔의 마인드맵 기록을 바탕으로 사고의 발전 과정을 파악할 수 있게 한다. 끝으로 다른 그룹을 초대하여 그들이 발견한 점과 결론을 공유하도록 한다.

🗃 변형 전략

배경지식 구축 전략을 다음과 같이 변형하여 활용할 수 있다.

- ✔ 읽기 자료와 함께 멀티미디어 자료(비디오, 사진, 음악 등)를 사용하여 학생들에게 다양한 방식으로 자료를 제공한다.
- ✔ 학생들이 워드 프로세서나 패들렛과 같은 디지털 도구를 사용하여 마인드맵을 그리도록 할 수 있다.
- ✔ 학생들이 교실을 돌아다니며 다른 그룹의 마인드맵을 검토하고 자신의 마인드맵과 비슷한 점과 다른 점에 주목하도록 안내할 수 있다.

📖 교과별 활용 예시

다양한 교과 수업에서 **배경지식 구축** 전략을 활용할 수 있는 방법은 다음과 같다.

☑ 언어

Hansberry(2004)의 『태양의 건포도(A Raisin in the Sun)』를 읽기 전에 교사는 학생들에게 연극의 제목이 된 Hughes(1990)의 시, 『할렘(Harlem)』을 읽도록 안내한다. 그런 다음 교사는 학생들에게 미래에 대한 꿈과 희망에 관한 책을 읽게 될 것이라고 말한다. 학생들은 그룹을 지어 시와 배경지식이 어떻게 연관되어 있는지 아이디어를 기록한다. 이어서 학생들은 책 표지에 있는 이미지를 살펴보고 마인드맵에 새롭게 알게 된 점을 추가한다. 마지막으로 전문가 그룹에서는 대공황과 관련된 다양한 사진을 살펴본다. 그룹 구성원들이 전문가 학습을 통해 배운 내용을 공유한 후, 시를 한 번 더 검토하고 그룹의 마인드맵을 완성한다.

☑ 과학

학생들에게 다음과 같이 관찰하도록 안내한다. 이솝 우화 『바람과 태양』과 관련된 두 장의 그림을 관찰하게 한다. 첫 번째 그림은 태양이 한 남자를 향해 내리쬐고 있고, 두 번째 그림은 한 남자를 향해 세찬 바람이 부는 그림이다. 날씨에 관한 수업임을 학급 전체와 공유한 후, 교사는 학생들에게 날씨에 대한 생각을 그룹별 마인드맵에 기록하도록 안내한다.

그런 다음 학생들은 이솝 우화를 읽고 날씨에 관한 자신의 생각을 덧붙인다. 이어서 전문가 집단을 구성한 뒤, 태양 에너지 또는 풍력 에너지에 관한 동영상을 시청하고 마인드맵에 추가하여 원래 그룹으로 돌아가 이를 공유한다. 마지막으로, 그룹에서는 원래 사진을 다시 검토하여 마인드맵을 다듬은 후, 자신의 생각을 학급 전체와 공유한다.

☑ 수학

측정 단원을 도입하면서 Lionni(1960)의 『Inch by Inch』를 읽어 주면서 학생들이 주의 깊게 들도록 한다. 이어서 교사는 학생들에게 다음 단원에서는 측정에 대해 배울 것이라고 안내하고, 그룹을 구성하여 이야기에서 측정을 어떻게 사용하는지에 대한 마인드맵을 만들도록 안내한다. 그런 다음 학생들은 교사가 지정한 적절한 측정 수행에 관한 전문가 자료를 읽는다. 학생들은 계속해서 자신의 생각을 확장하며 기록하고 그것을 친구들과 공유한다. 다음으로 전문가 그룹을 구성하여 교실 주변에서 도형을 측정한다. 마지막으로 원래 그룹으로 돌아가 전문가 자료를 공유하고 마인드맵을 완성한 뒤, 생각을 나눈다.

☑ 사회

시민권 운동에 관한 단원을 시작하기 전에 교사는 학생들에게 농성과 시위 사진을 살펴보게 한다. 그룹을 나누어 그 시기에 대한 초기 생각을 마인드맵으로 나타내게 한다. 다음으로, 학생들은 King, Jr.의 연설문 〈I have a Dream〉(1963)을 읽으며 시민권 운동의 핵심 사상을 파악하고 초기 생각을 정당화한다. 마지막으로, 전문가 학습을 통해 〈Eyes on the Prize〉(Vecchione & Else, 1990)의 다양한 부분을 검토하고 마인드맵을 보완하여 원래 구성원과 공유한다. 학생들은 마인드맵을 완성하면서 초기 농성 및 시위 사진을 한 번 더 검토한다.

☑ 미술

학생들에게 4개의 그림을 살펴보라고 안내한다. 교사는 학생들에게 이동, 반사, 회전, 대칭에 대해 배울 것이라고 알려 주고, 각 개념에 대한 간단한 예시 자료를 제공한다. 그런 다음 그룹별로 그림과 수업 주제에 대해 토론하고 마인드맵으로 아이디어를 기록한다. 이어서 전문가 그룹에서는 학생들이 이동, 반사, 회전, 대칭의 예를 보여 주는 실제 그림을 보고, 이에 대한 생각을 마인드맵에 추가한다. 다시 원래 그룹으로 돌아와 마인드맵을 다시 살펴보고, 새롭게 알게 된 사실을 추가함으로써 미술에서 수학적 개념의 증거를 기록한다.

🔓 전략 6: 연관 짓기   ○○○

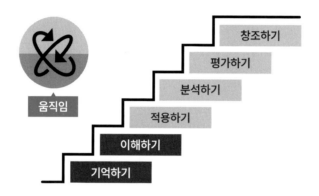

연관 짓기 전략은 학생들이 주요 용어, 기호 또는 그림을 비교하고 유사점 또는 연관성을 발견하도록 권장한다(Guillaume, Yopp, & Yopp, 2007).

 활용 예시

   교사가 각 학생에게 9개 기후 지역 중 하나를 나타내는 카드를 준다. 두 학생이 서로 짝을 지어 서로의 그림을 비교하여 지역 간 기후의 유사점과 차이점을 파악한다. 학생들은 자신의 가설과 기후를 정의하는 주요 특징을 노트에 기록한다. 토론을 마친 후, 학생들은 다른 파트너를 찾아 계속 진행한다. 다른 기후 지역에 대한 카드를 가지고 있는 친구를 찾아서 그 과정을 반복한다.

🔍 전략 실행 단계

연관 짓기 전략을 실행하는 7단계는 다음과 같다.

1. 수업 내용에 대한 주요 용어, 기호 또는 그림 목록을 만든다.

2. 주요 용어, 기호 또는 그림을 별도의 메모 카드에 적는다.

3. 학생들에게 메모 카드를 나눠 눈다. 여러 학생들에게 같은 용어, 기호 또는 그림이 있을 수 있다. 예를 들어, 앞서 제시한 교실 상황에서의 예시처럼 3개의 세트를 만들 수 있다. 한 학생이 같은 메모 카드를 가지고 있는 다른 학생을 만나면 두 학생 모두 다른 짝을 찾으면 된다.

4. 학생들에게 교실을 돌아다니며 동일하지는 않지만 자신의 노트 카드와 관련 있는 카드를 가지고 있는 사람을 찾게 한다.

5. 짝 활동으로 학생들은 서로의 카드 내용 간 관계에 대해 함께 토의한다.

6. 학생들에게 또 다른 사람을 찾아서 이 과정을 반복하게 하고, 카드에 있는 용어, 기호 또는 그림 사이의 관계를 결정하게 한다. 이후 학생들에게 멈추라고 신호를 보내고 최종 짝을 유지한다.

7. 최종 짝이 번갈아 가며 단어, 기호 또는 그림을 서로 공유하게 한다.

⚖ 변형 전략

연관 짓기 전략을 다음과 같이 변형하여 활용할 수 있다.

- ✔ 학생들에게 정해진 항목을 제공하는 대신 빈 카드를 주고 학습과 관련된 용어나 그림을 선택하게 할 수 있다.
- ✔ 7단계가 끝나고 최종 파트너 학생과 짝을 지어 전체 학급과 연관 짓기를 공유할 수 있다.
- ✔ 연관 짓기를 하려면 학생들에게 가장 흥미롭고, 가장 어렵거나 가장 쉬운 용어, 기호 또는 그림을 학급과 공유하도록 해야 한다.

📖 교과별 활용 예시

다양한 교과 수업에서 연관 짓기 전략을 활용할 수 있는 방법은 다음과 같다.

☑ 언어

학생들에게 학급에서 읽은 최근 5권의 책에 나오는 등장인물 이름 카드를 나눠 눈다. 학생들은 서로 다른 인물을 가진 친구와 짝을 이룬다. 그런 다음 짝끼리 두 등장인물 사이의 연관성을 찾는 활동을 한다.

☑ 과학

학생들에게 신체 기관이 나열된 카드를 제공한다. 학생들은 서로 다른 신체 부위를 가진 친구와 짝을 이룬다. 그런 다음 짝 활동으로 신체 부위가 서로 어떻게 연결되고 서로를 지탱하는지 등 신체 부위 간의 연결점을 찾는 활동을 한다.

☑ 수학

학생들에게 수학 기호 및 용어 문제가 표시된 카드를 제공한다. 학생들은 다른 카드를 가진 친구와 짝을 이룬다. 그런 다음 짝 활동으로 카드를 함께 사용하여 문제를 해설할 수 있는 방법을 찾는다.

☑ 사회

학생들에게 메모 카드를 제공하고 단원에서 중요한 용어를 하나씩 기록하도록 안내한다. 학생들은 다른 용어를 선택한 친구와 짝을 이룬다. 짝 활동으로 두 용어가 서로 어떻게 연관되어 있는지 토론하고 나아가 단원과의 연관성을 찾는 활동을 한다.

☑ 진로

교사는 학생들에게 구체적인 직장 에티켓 팁이 담긴 카드를 제공한다. 학생들은 다른 팁을 가진 친구와 짝을 이룬다. 짝끼리 직장 에티켓 팁에 대해 토론하고 직장 에티켓과 관련지어 카드에 적힌 팁에 대해 이야기 나눈다.

🔓 성찰하기　○○○

4장에 소개된 내용을 되돌아보면서 다음의 5가지 질문에 답해 보자.

1. 이 장의 어떤 전략이 여러분의 기존 수업 방식과 일치하는가? 학생들의 이해를 돕고 수업 관행을 개선하기 위해 여러분은 어떤 작은 변화를 줄 수 있을까?
2. 학생의 이해를 확립하기 위해 여러분이 당장 다음 달에 활용할 수 있는 전략 2가지는 무엇인가?
3. 이 장에서 여러분이 가장 좋아하는 움직임 기반 전략은 무엇인가? 이 전략이 학생들에게 적합한 이유는 무엇인가?
4. 이 장에서 여러분이 사용하려는 전략을 적용하고자 할 때, 어떤 점에 변화를 주어 효과를 향상시킬 수 있는가?
5. 이 장의 전략들을 특정 교육과정에 맞게 조정할 수 있는 방법에는 어떤 것이 있을까?

🔓 실천하기　○○○

4장의 개념을 교실에서 활용하기 위해 다음 3가지 활동을 해 보자.

1. 학생들과 함께 활용할 수 있는 전략 1가지를 선택하고 구체적인 활용 계획을 세운다.
2. 학생들과 함께 채택한 전략을 사용한 후에는 학생들에게 그 전략이 즐거웠는지 물어본다. 그리고 다음번에는 전략을 어떻게 개선할 수 있는지 물어본다.
3. 이해를 증진하기 위해 비판적 사고 전략을 사용하는 동료 교사를 찾아서 관찰한다. 관찰한 내용과 이를 자신의 수업에 어떻게 적용할 수 있는지에 대한 내용을 일지에 적어 본다.

초등 교실에서
생각하는 힘을 기르는
50가지 사고 전략

Chapter 5

'분석하기' 수준에서 전략 실천하기

어떤 문제도 지속적인 사고의 공격에 대항할 수 없다.

–Voltaire

이 장에는 개정된 Bloom의 교육목표분류법에 제시된 '분석하기' 수준의 학습에 초점을 맞춘 18가지 수업 전략을 제시하였다. 각 수업 전략은 구별(differentiating), 조직화(organizing), 특징화(attributing)와 같은 '분석하기' 수준의 인지적 응용(application)이 필요하다. 몇 가지 전략은 '기억하기' '이해하기' '적용하기' 수준의 인지적 응용도 활용한다. 각 전략의 아이콘은 해당 활동이 분류 체계의 어느 단계(수준)에 해당하는지, 그리고 참여를 위한 주요 도구(움직임, 협업 또는 미디어 리터러시)를 나타낸다.

각 전략에는, ① 개념과 목적을 설명하는 간단한 소개, ② 수업 예시, ③ 전략을 실천하기 위한 단계, ④ 구현하기 위해 선택할 수 있는 변형 전략, ⑤ 다양한 교과에서 활용할 수 있는 예시를 자세히 설명하는 5가지 섹션으로 구성되어 있다.

🔓 전략 7: 개념 습득　　　　ooo

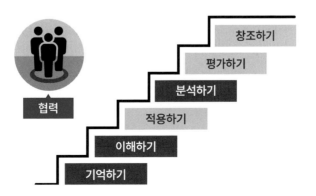

개념 습득(Attainment) 전략에서는 학생들이 구조화된 탐구 과정을 사용하여 그룹 또는 카테고리의 속성을 결정하도록 한다. 학생들은 같은 개념의 속성을 가진 사례와 다른 속성을 가진 사례를 비교하고 대조하면서 그 사례가 특정 그룹에 속하는지 다른 그룹에 속하는지 구분한다. 이 전략을 수업에서 활용할 수 있는 예시를 〈표 5-1〉에 제시하였다.

학생들은 관련 정보를 분류하는 방법을 배우면서 개념 간의 연결고리를 만들고 깊이 이해할 수 있게 된다. 또한 정보를 추출하고 유사점과 차이점을 구분해야 하는 더욱 복잡한 단서를 사용할 때도 분석적 사고 능력이 필요할 수 있다(Silver, Strong, & Perini, 2007). 이 전략이 핵심 아이디어를 파악하는 게임처럼 느껴지기 때문에 학생들은 이 전략을 좋아한다. 이 전략은 복잡한 사고 과정이 필요한 수업이나 단원을 시작할 때 학생들의 주의를 집중시키는 데에도 매우 효과적이다.

표 5-1 영화 테마 찾기 단서

	아이디어 A	아이디어 B
단서①	미녀와 야수	캐스트 어웨이
단서②	타이타닉	죠스
단서③	트와일라잇	마션
테마	결국 사랑은 이긴다	인간 대 자연

출처: Cameron, Landau, & Cameron, 1997; Godfrey, Mooradian, Morgan, & Hardwicke, 2008; Hanks, Rapke, Starkey, Zemeckis, & Zemeckis, 2000; Hoberman, Lieberman, & Condon, 2017; Kinberg et al., 2015; Zanuck, Brown, & Spielberg, 1975.

활용 예시

학생들에게 첫 번째 단서(clue) 세트를 보여 준다. 이 세트에는 '미녀와 야수(아이디어 A; Hoberman, Lieberman, & Condon, 2017)' 사진 한 장과 '캐스트 어웨이(아이디어 B; Hanks et al., 2000)' 사진 한 장이 있다. 학생들은 그룹별로 의논을 하여 각 사진의 속성을 결정한다. 그런 다음 교사는 타이타닉(아이디어 A; Cameron et al., 1997)과 죠스(아이디어 B; Zanuck, Brown, & Spielberg, 1975) 사진이 포함된 두 번째 단서 세트를 보여 준다. 학생들은 A 아이디어와 사진 두 장과 B 아이디어 사진 두 장 사이의 공통 속성을 찾아내려고 시도한다. 마지막으로, 교사는 트와일라잇(아이디어 A; Godfrey, Mooradian, Morgan, & Hardwicke, 2008)과 마션(아이디어 B; Kinberg et al., 2015) 사진이 포함된 마지막 단서 세트를 보여 준다. 학생들이 단서와 아이디어의 구성에 대한 생각을 마무리하면 교사가 "짐작이 가나요?"라고 질문한다.

　　학생들은 아이디어 A 영화는 모두 '결국 사랑은 이긴다.'는 주제를 가지고 있고, 아이디어 B 영화는 '인간 대 자연'이라는 주제를 가지고 있다고 결정한다(〈표 5-1〉 참조).

🔍 전략 실행 단계

개념 습득 전략을 실행하는 9단계는 다음과 같다.

1. 학생들이 이해하거나 분석하기를 원하는 핵심 개념을 정한다. 예를 들어, '이해하기' 수준에서 학생은 생물과 무생물의 기본 특성을 파악할 수 있다. 개념을 깊이 있게 분석하도록 유도하려면 '협력'이라는 용어처럼 좀 더 추상적인 것을 선택할 수 있다.
2. 선택한 개념을 나타내는 주요 속성을 파악한다.
3. 이러한 속성을 보여 주는 긍정적(예) 및 부정적(아니오) 사례를 만든다. 문서, 물건, 그림 또는 비디오 클립의 형태로 제시할 수 있다.
4. 학생들이 실행 과정을 이해할 수 있도록 이 개념을 사용하는 예시를 보여 준다.
5. 학생들을 그룹으로 나누고 첫 번째 단서 세트(긍정적인 예시와 부정적인 예시)를 제시한다. 시간을 3~5분(주제의 복잡성에 따라 다름) 정도 주고 학생들에게 단서 간의 차이점을 생각해 본 후 개념에 대한 잠정적인 가설을 적어 보게 한다.
6. 두 번째 단서 세트를 제시하고 학생들이 가설을 구체화할 수 있도록 3~5분(주제의 복잡성에 따라 다름)의 추가 시간을 준다.
7. 마지막으로, 세 번째 단서 세트를 소개한다. 그룹 학생들이 가설을 조정할 수 있도록 1~5분의 추가 시간을 준다.
8. 그룹별로 긍정적인 사례의 공통적인 속성이 무엇이라고 생각하는지 공유하여 숨겨진 개념이 무엇인지 합리적으로 추측하게 한다.

9. 핵심 개념과 모든 단서와의 연관성을 밝히기 위한 마무리 토론을 진행한다. 가설이 주제와 관련이 있거나 정확하게 추측한 그룹을 인정한다. 찾아낸 핵심 개념이 어떻게 그 차시의 수업에서 초점이 될 것인지 설명한다.

🎂 변형 전략

개념 습득 전략을 다음과 같이 변형하여 활용할 수 있다.

✔ 유치원생에게는 1~2가지 예시만 사용하여 이 전략의 복잡성을 줄일 수 있다.

✔ 그룹이 속성을 파악한 후에는 가설이 맞는지 테스트할 수 있도록 자신들만의 새로운 단서를 다시 제안하게 한다. 예를 들어, 이 전략에 대한 수업 예시에서와 같이 학생들은 '인간 대 자연' '결국 사랑은 이긴다.'는 주제에 대해 다른 책이나 영화를 제안할 수 있다. 학생들이 예시를 공유하면 교사는 오해가 있는 부분을 명확히 하고 필요한 경우 추가 예시를 준다.

✔ 각 예시 세트를 소개한 후, 그룹이 맞는 예시와 틀린 예시의 속성을 공유하여 칠판이나 교실 게시판에 기록할 수 있게 한다.

✔ 테마에 맞는 예시를 먼저 제시한 다음, 틀린 예시를 차례로 제시하는 것이 좋다. 예를 들어, 〈표 5-2〉에서 첫 번째 열의 기준은 물 절약의 예이고, 두 번째 열에는 물 낭비의 예가 나열되어 있다.

✔ 이 연습에 활동을 더하려면 학생들에게 주제에 대한 단서를 찾기 위해 교실을 돌아다니게 한다. 학생에게 4~6개의 단서를 제공하되, 일부 학생에게는 동일한 단서를 제공한다. 그런 다음 각 학생은 자신이 생각하는 수업 주제에 대해 추론한다. 그 후 각 학생은 다른 단서를 가진 사람을 찾아 두 사람이 추론한 내용을 공유한다. 그런 다음 각 학생 쌍은 수업 주제에 대한 자신의 추론을 수정한다. 마지막으로, 각 그룹은 다른 그룹과 합쳐서 결론을 공유하고 수업 초점에 대한 아이디어를 더욱 구체화한다. 그런 다음 이 그룹은 전체 학급과 아이디어를 공유한다.

표 5-2 물 절약 단서

	맞는 예시	틀린 예시
단서 ①	양치질하는 동안 수도꼭지 끄기	5분 이상 샤워하기
단서 ②	물이 새는 파이프 수리	티셔츠 두 장만 넣고 세탁기 돌리기
단서 ③	물통으로 세차하기	설거지할 때 물 계속 틀어 놓기
테마	물 절약	물 낭비

교과별 활용 예시

다양한 교과 수업에서 개념 습득 전략을 활용할 수 있는 방법은 다음과 같다.

☑ 언어

학생들에게 명사의 예를 제시한 다음에 명사가 아닌 다른 품사의 단어를 제시한다. 학생들은 개념 달성 전략을 사용하여 각 범주에 맞는 것을 찾아 모든 예가 어떻게 연관되어 있는지 결정한다.

☑ 생물

학생들에게 세포의 특징을 조사하게 한다. 교사는 첫 번째 열에 동물 세포의 특징을 나타내는 단서를 제시하고, 두 번째 열에는 식물 세포의 특징을 제시한다. 학생들은 서로 다른 단서를 비교하여 결론을 도출하고 이러한 특징의 패턴을 파악해 본다.

☑ 수학

학생들에게 규칙적인 기하학적 도형의 예와 다각형이 아닌 불규칙한 도형의 예시를 제시한다. 학생들은 도형을 각 범주별로 나누고 그렇게 나눈 이유를 올바르게 판단해야 한다.

☑ 사회

학생들에게 3가지 인용문 세트를 살펴보라고 한다. 각 세트의, 첫 번째 인용문은 민주주의를, 두 번째 인용문은 군주제와 관련이 있도록 배치한다. 학생들은 각 명언들에서 공통적인 속성이 있는지 의견을 나누고 각 범주의 속성을 결정한다.

☑ 음악

　음악의 역사 단원을 시작하면서 학생들에게 르네상스 시대 음악과 낭만주의 시대 음악을 들려준다. 학생들에게 첫 번째 곡과 두 번째 곡의 차이점을 분석해 보도록 한다. 그런 다음 교사는 학생들이 분석을 심화할 수 있도록 각 시대별로 두 곡을 더 연주한다.

🔒 전략 8: 비유

　비유 전략은 유사점이 있는 서로 다른 사물을 비교하는 것이다. 학생들은 비유 전략을 사용하여 처음에는 비슷해 보이지 않지만 공통점이 있는 2가지 대상을 비교하면서 깊은 이해를 하게 되고 창의력을 자극받게 된다(Carpenter, Sweet, & Blythe, 2012). 이전 학습과 새로운 정보를 빈번하게 연결하면 학생 개인과 수업 내용 간의 연결성을 높이고 개별화 수업을 할 수 있게 된다. 〈표 5-3〉과 같이 그래픽 오거나이저(Graphic Organizer)[1]를 사용하면 생각을 정리하는 데 도움을 줄 수 있다.

　개정된 Bloom의 분류법 중 '이해하기' 수준에서는 중요한 용어로 비유를 만들 수 있다(예: 증발은 마치 크리스마스 시즌이 지나면 크리스마스 장식이 사라지는 것과 비슷하다.). '분석하기' 수준에서는 여러 유사점이 있는 더 큰 정보를 나타내는 비유를 만들 수 있다. 책 속 인물을 나타내는 비유를 만들어 다양하게 유사점을 보여 줄 수도 있다. 예를 들어, 학생들은 『앵무

1　역자 주: 그래픽 오거나이저(Graphic Organizer)는 텍스트와 그림을 결합시켜 개념, 지식, 정보를 구조화하여 제시하는 시각적인 체계이다. 그래픽 조직자나 도해조직자로도 불린다(특수교육학용어사전, 2009, 국립특수교육원).

새 죽이기(Lee, 1989)』의 Boo Radley를 좀비와 비교할 수 있다.

활용 예시

　　미국 헌법에 관한 수업을 진행한 후, 교사는 학생들에게 최소한 4가지 이상의 비교를 통해 학습 자료에 포함된 핵심 아이디어로 비유를 만들어 보게 한다. 그룹별로 미국 헌법에 나타난 핵심 아이디어를 나열한 다음 잠재적인 비유를 브레인스토밍한다. 한 그룹에서 미국 헌법을 수동 스테이플러와 비교하기로 결정했다. 이 그룹은 그래픽 오거나이저에 몇 가지 유사점을 목록화하고 비교한 내용을 설명했다. 〈표 5-3〉에는 이 그룹이 작성한 내용이 담겨 있다.

표 5-3　비유 그래픽 오거나이저

미국 헌법은 수동 스테이플러 같다.

유사성	설명
제한점	스테이플러는 힘이 제한되어 있다. 미국 헌법이 국민 주권, 즉 국민으로부터 나오는 권력을 기반으로 하는 것처럼 스테이플러도 작동하기 위해서는 사람이 필요하다. 또한 스테이플러의 기능이 종이를 고정시키는 데 제한되어 있는 것처럼 정부의 권한에도 한계가 있다. 스테이플러는 구멍을 뚫거나 테이프를 붙일 수 없다.
공화주의	수업 시간에 종종 한 학생이나 교사가 다른 학생들의 속도를 높이기 위해 종이를 스테이플러로 찍는 경우가 있다. 마찬가지로 미국에서는 정부에서 시민을 대표할 대표자를 시민들이 투표로 선출한다.
권한 분리	스테이플러가 제 기능을 하기 위해서는 여러 부품이 함께 작동해야 한다. 예를 들어, 스테이플러의 금속 베이스는 뼈대가 된다. 판사는 미국 헌법에 근거하여 법률을 해석하기 때문에 이 베이스는 사법부와 같다. 스테이플러 내부에는 스테이플러 심을 앞으로 밀어 주는 스프링이 있다. 이 스프링은 대통령이 전국적으로 법을 집행해야 하는 행정부를 상징한다. 스테이플러는 사람이 작동시킨다. 법은 미국 의회를 구성하는 535명의 주 대표들이 만든다.
견제와 균형	스테이플러가 올바르게 작동하려면 모든 부품이 정상적으로 작동해야 한다. 작업자는 스테이플러 심이 배출될 만큼 충분한 힘으로 눌러야 하지만 스테이플러가 부러질 정도로 세게 눌러서는 안 된다. 내부의 스프링은 다음 스테이플러 심을 앞으로 밀어낼 수 있을 만큼 충분한 탄성이 필요하다. 마찬가지로 미국 헌법은 모든 기관이 효과적으로 운영될 수 있도록 견제와 균형을 설정하고 있다. 예를 들어, 대법원 판사는 법률이 위헌이라고 선언할 수 있고, 대통령은 의회가 만든 법률에 대해 거부권을 행사할 수 있다.

※go.SolutionTree.com/instruction에 방문하면 무료로 사용할 수 있는 양식을 다운받을 수 있다.

전략 실행 단계

비유 전략을 실행하는 5단계는 다음과 같다.

1. 학생들이 비교할 수 있는 비유 주제나 개념 목록을 결정한다. 학생이 고려해야 하는 정보의 양이 많을수록 사고 수준도 높아진다.
2. 2~3명을 한 그룹으로 구성한다.
3. 그룹별로 비유에 대한 잠재적인 아이디어를 브레인스토밍하고 가장 좋은 개념을 선택하도록 안내한다. 또는 학생들이 비교에 사용할 수 있는 옵션을 제공할 수도 있다 (예: 〈표 5-3〉에서 비유의 대상으로 사용한 스테이플러). 학생들이 창의력을 발휘하고 깊게 생각하여 창의적인 아이디어를 선택하도록 장려한다.
4. 그룹별로 그래픽 오거나이저에 유사점과 설명을 기록하게 한다(〈표 5-3〉 참조).
5. 각 그룹의 대표자로 구성된 새 그룹을 만들어 생각을 공유하게 한다. 각 그룹의 구성원에게 번호를 매긴 다음 같은 번호를 가진 학생끼리 새 그룹을 구성하여 초기 그룹이 만든 비유를 공유할 수 있다.

변형 전략

비유 전략을 다음과 같이 변형하여 활용할 수 있다.

✔ 저학년 학생(유치원~2학년)을 가르치는 경우, 비유를 그림으로 그려서 유사점을 설명하게 할 수 있다.
✔ 그룹(또는 학급 전체)별로 학생들이 학습한 내용을 비유적으로 표현할 수 있는 4~5가지 물건을 담은 가방을 준비한다. 예를 들어, 가방에 테이프, 망치, 바나나, 깃털, 전구 등 학생들이 비유를 나타내기 위해 선택할 수 있는 임의의 물체를 넣을 수 있다. 학생에게 각 물체를 분석하여 물체와 내용 사이의 연관성을 도출하도록 한다.

📖 교과별 활용 예시

다양한 교과 수업에서 비유 전략을 활용할 수 있는 방법은 다음과 같다.

☑ 언어

국어 교사는 책을 읽은 후 학생들에게 교실을 돌아다니며 다양한 사물(예: 꽃병, 양파, 벽돌, 파일 폴더, 물통 등)을 살펴보도록 지시한다. 학생들을 책의 내용과 관련된 주요 아이디어를 나타낸다고 생각되는 사물로 이동하도록 하여 사물과 주요 아이디어 사이의 유사점 목록을 작성하게 한다.

☑ 과학

학생들에게 주기율표에 포함된 원소를 표현하는 비유를 만들어 보게 한다.

☑ 수학

학생들에게 순서에 따라 계산을 하는 수학적 과정과 일상생활에서 따르는 다른 단계별 과정 간의 유사점을 찾아보게 한다.

☑ 사회

학생들에게 역사 속 유명한 지도자를 등장시킨 광고를 선택하게 하고 유사점을 설명하게 한다.

☑ 체육

학생들에게 배드민턴에 대한 비유를 만들어 보게 한다. 예를 들어, 학생들은 배드민턴을 특정 음식과 비교하고 왜 그렇게 비교했는지 설명할 수 있다.

전략 9: 미디어 비유

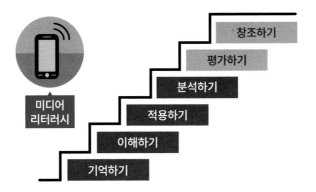

이전 전략에서 비유 전략을 사용하면 낯선 개념을 학생들이 이미 알고 있는 것과 연결하여 더 의미 있게 만든다고 다루었다. 여기서 한 걸음 더 나아가 미디어 비유 전략을 사용하여 미디어를 전략에 통합함으로써 학생들이 자신의 관심사와 연결하도록 할 수 있다. 예를 들어, 책 속의 주인공을 영화나 광고에서 가장 좋아하는 장면과 비교하거나 Jefferson과 Hamilton의 차이점을 강조할 수 있다. 예시는 〈표 5-4〉에 있다.

또 다른 아이디어로는 재활용, 분배법칙, 쉼표 등의 개념과 유사한 미디어를 찾도록 하는 것도 있다. 추상적인 개념을 나타내는 미디어를 고르는 것은 학생들이 주제를 깊이 이해한 후 개념의 여러 속성을 고려하여 가장 적합한 미디어를 찾게 한다. 또 비판적 사고력을 사용하도록 한다(Tsirkunova, 2013).

 활용 예시

영어 수업에서 Shakespeare(1935)의 『로미오와 줄리엣(The Tragedy of Romeo and Juliet)』을 읽은 후 학생들은 줄리엣과 로미오의 관계에 대해 학급 토론을 한다. 교사는 학생들에게 3명씩 조를 이루어 줄리엣과 로미오의 관계를 나타내는 노래, 광고 또는 영화 클립을 찾게 한다. 학생들은 노래의 가사나 광고, 또는 영화 클립 속 내용을 읽었던 책과 연결하여 적합한 것을 찾는다. 〈표 5-4〉는 학생들의 활동 예시를 보여 준다.

🔍 전략 실행 단계

미디어 비유 전략을 실행하는 3단계는 다음과 같다.

1. 주제를 선택한다.
2. 학생이 이해한 주제와 연결되는 노래, 광고, 영화 클립 또는 소셜 미디어 게시물을 찾거나 위의 수업 예시에서와 같이 학생이 직접 미디어를 찾아 비교할 수 있도록 한다.
3. 그룹별로 수업과의 연관성을 발표하게 한다.

표 5-4 음악 비유

노래 가사	연결
왜냐면 제 전부가 그대의 모든 부분을 사랑하니까 나의 끝이자 시작인 그대여... John Legend 〈All of Me〉	노래 〈All of Me〉는 로미오와 줄리엣의 사랑을 완벽하게 표현했습니다. 줄리엣은 자신의 사랑을 끝이 없고 무한한 것으로 묘사합니다: "내 사랑은 깊으니, 그대에게 주면 줄수록, 둘 다 무한하니 내가 더 많이 가지게 되네."(2.2). John Legend의 노래에서도 비슷한 사랑이 묘사되는데, 화자는 자신이 가진 모든 것을 사랑에 바친다고 묘사합니다. 이 노래에서도 사랑은 무한합니다.
당신의 딸과 평생 함께 살아도 될까요? 안타깝지만, 내 대답은 안 돼야. MAGIC! 〈Rude〉	로미오와 줄리엣의 금지된 사랑을 잘 표현한 노래가 바로 MAGIC!의 〈Rude〉입니다. 1막 5장에서 줄리엣은 자신의 "유일한 사랑은 [자신의] 유일한 증오에서 비롯되었다."고 말하며 로미오는 자신의 "혐오스러운 적"이라고 말합니다. 이것은 줄리엣이 아버지의 축복을 바라지만 아버지가 그들의 결혼을 허락하지 않는다는 점에서 〈Rude〉의 가사와 유사합니다. 두 상황 모두 커플이 함께할 수 없는 상황이고, 부모의 허락을 받지 못했음에도 불구하고 서로를 사랑합니다.
만약 우리가 운명을 다시 쓴다면 어떻게 될까? 널 만나는게 나의 운명이야. Zac Efron 〈Rewrite the stars〉	〈Rewrite the Stars〉라는 노래는 로미오와 줄리엣의 운명적인 사랑과 비슷합니다. 연극 초반에 코러스는 두 사람을 "별이 교차하는 연인"으로 묘사하며 그들의 사랑이 운명적임을 나타냅니다. Efron의 노래에 등장하는 화자와 코러스 모두 운명이 삶과 사랑에 미칠 수 있는 영향력을 강하게 믿습니다.

변형 전략

미디어 비유 전략을 다음과 같이 변형하여 활용할 수 있다.

- ✔ 학년 초에 학생을 알아가는 방법으로 이 전략을 사용한다. 예를 들어, 자신을 소개하는 노래를 선택하게 하는 등 학생 자신을 비유의 소재로 활용하게 한다. 이 과제는 학생들이 비판적으로 생각하면서 자신을 묘사하도록 한다.
- ✔ 소설 속 등장인물이나 유명한 역사적 인물의 분위기를 표현하기 위해 노래의 특정 부분에 맞춰 춤 동작을 만들도록 한다.
- ✔ 생각을 정리하기 위해 학생들이 〈표 5-4〉와 같은 표 등을 만들도록 한다.

교과별 활용 예시

다양한 교과 수업에서 미디어 비유 전략을 활용할 수 있는 방법은 다음과 같다.

☑ 언어

학생들에게 노래에는 플롯 다이어그램(plot diagram)이 포함되어 있다고 설명한다. 노래에서 플롯 다이어그램의 모든 요소가 어떻게 표현되는지 가사를 인용하여 설명하도록 한다. 학습을 확장하기 위해 그룹별로 전체 텍스트의 가장 중요한 줄거리 포인트를 표현하는 사운드트랙을 만들게 한다.

☑ 과학

지구에는 다양한 생태계가 있다고 설명한 후, 노래를 찾아 그 노래가 특정 생태계를 어떻게 나타내는지 설명하도록 한다.

☑ 수학

결합법칙과 분배법칙을 공부한 후 이러한 특성과 관련된 미디어를 찾게 한다.

☑ **지리**

지형이 사람들의 생활 방식을 형성한다고 설명한 후 이 개념에 맞는 2개의 영화 클립을 찾게 한다.

☑ **경제**

예산 책정에 대해 배운 후 현명한 예산 책정 실행과 관련 있는 노래를 찾게 한다.

🔒 전략 10: 인용하기! 암호풀기!

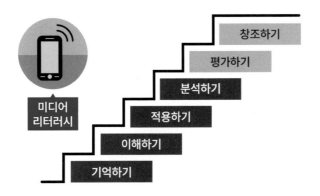

'전략 9: 미디어 비유'와 유사하게 인용하기! 암호풀기! 전략은 교사가 선택한 노래의 가사를 사용하여 개념(암호)과 연결한 다음 그 의미나 해석을 비판적 사고력을 발휘하여 설명하게 한다. 이 전략은 학생들이 정보를 분류하는 동안 하나의 미디어 자료에서 여러 개념을 찾도록 할 수 있다는 점이 특징이다. 예를 들어, 학생들은 비유적 언어 또는 원인과 결과의 예를 찾을 수 있다. 〈표 5–5〉의 그래픽 오거나이저를 예로 들 수 있다.

활용 예시

교사는 학생들에게 <Rocky Top>(Bryant & Bryant, 1967) 노래 가사에서 지리 학습 주제를 찾도록 한다. 학생들은 자신의 생각을 설명하기 위해 그래픽 오거나이저(〈표 5–5〉, p. 94 참조)를 사용하여 노래 가사를 분석하고 지리와 관련된 주제를 개념화하고 설명한다.

표 5-5 인용하기! 암호풀기! 그래픽 오거나이저 예시

초점: 지리적 테마 분석

노래 이름: Rocky Top

작사: Felice, Boudleaux Bryant (1967)

인용하기	암호풀기(개념화하기)	의미 또는 해석
	장소	이 어구는 장소를 나타낸다. 왜냐하면 산은
	장소	
	인간-환경의 상호작용	

※go.SolutionTree.com/instruction에 방문하면 무료로 사용할 수 있는 양식을 다운받을 수 있다.

🔍 전략 실행 단계

인용하기! 암호풀기! 전략을 실행하는 5단계는 다음과 같다.

1. 특정 부분에 초점을 맞추어 분석할 수 있는 곡을 선택한다.
2. 학생들에게 노래를 듣는 목적을 알려 준다.
3. 그래픽 오거나이저를 제공한다(〈표 5-5〉 참조). 오거나이저 사용 방법을 설명한다. 첫 번째 열에서 학생들은 노래의 가사를 인용한다. 두 번째 열에 정보를 분류하고 카테고리를 기록한다. 마지막으로, 인용문과 분류한 개념 사이의 연관성을 설명한다.
4. 노래를 재생하고 참고 자료로 미디어 자료의 인쇄본을 제공한다(또는 그룹에서 미디어를 재생할 수 있는 자료를 제공).
5. 짝 활동 또는 그룹 토론으로 학생들이 생각을 교류하도록 한다.

⚱ 변형 전략

인용하기! 암호풀기! 전략을 다음과 같이 변형하여 활용할 수 있다.

✔ 학생들이 자신의 생각을 차트에 기록하게 한다. 종이나 디지털 방식으로 기록하고 학급 학생들과 공유하게 한다.

✔ 학생들에게 미디어 내의 문구와 암호 카테고리를 메모지에 적게 한다. 각 그룹에게 미디어 문구와 암호 카테고리가 적힌 봉투를 주고 문구에 알맞은 코드를 맞추게 한다. 왜 그렇게 생각했는지 설명하게 한다.

📖 교과별 활용 예시

다양한 교과 수업에서 인용하기! 암호풀기! 전략을 활용할 수 있는 방법은 다음과 같다.

☑ 언어

영화 클립을 보여 주고 학생들이 자신이 읽은 소설이나 텍스트의 주요 인물과 연결되는 영화 속 대사를 찾게 한다.

☑ 과학

〈로켓맨〉(John & Taupin, 1972) 노래를 들려주며 우주 여행의 주요 결과를 파악하게 한다.

☑ 수학

노래를 들려주고 학생들이 3가지 기하학적 도형을 연결하는 단어 또는 어구를 선택하게 하고 왜 그렇게 생각했는지 근거를 들도록 한다.

☑ 사회

〈롤러 스케이트〉(Crow & Trott, 2017)라는 노래를 들려주고 기술이 문화를 어떻게 변화시켰는지 파악하게 한다.

☑ 미술

여러 소셜 미디어 게시물을 제시하고 학생들이 각각을 다른 미술 시대와 연결하게 한다. 학생들은 그렇게 연결한 근거를 들어야 한다.

전략 11: 비주얼씽킹

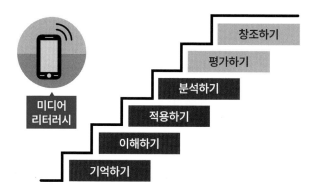

비주얼씽킹 전략은 시각적 리터러시, 사고력, 의사소통 능력을 기르기 위해 학생들이 의견을 듣고 표현하는 과정에서 미술을 사용하는 이미지 토론에 중점을 둔다(Yenawine, 2013). 이 전략을 반복하면 학생들이 이 과정을 내면화하여 다른 이미지를 분석하는 데에도 비판적 사고 전략을 활용할 수 있다. 이를 통해 새롭고 복잡하며 구체적인 연결과 이해를 통해 더 깊이 있는 학습을 할 수 있다. 비판적 사고 전략은 다양한 수준에서 학생들의 사고를 자극하기 때문에 활발한 참여와 수준 있는 질문을 유도한다. 따라서 수업을 시작하거나 새로운 학습의 연결고리를 만들려고 할 때 학생들의 관심을 끌 수 있는 좋은 방법이다.

활용 예시

정치학 수업에서 식민지 시대의 정부에 대해 배우고 있다. 교사는 정치 만화를 제시하고 그림을 살펴보면서 질문을 한다. 학생들은 작품을 활용하여 식민지 시대의 정부에 대해 배우고 있는 내용과 작품의 목적을 연결한다.

전략 실행 단계

비주얼씽킹 전략을 실행하는 4단계는 다음과 같다.

1. 학생들에게 학습과 관련된 예술 작품, 지도, 만화, 연대표 또는 이미지를 살펴보게 한다.

2. "이 그림에서 무슨 일이 일어나고 있나요?"와 같은 질문을 던져 학생이 관찰한 것을 이야기 나눈다. "무엇을 보고 그렇게 생각했나요?" "무엇을 더 찾을 수 있나요?"와 같은 질문을 한다. 첫 번째 질문은 토론을 촉진하되 이해를 돕기 위한 개방형 질문이어야 한다. 후속 질문은 학생의 추론과 근거를 검토하는 질문일 수 있다. 학생들은 관찰한 것과 관련된 이미지의 부분들을 확인한다.

3. 각 학생들이 제시하는 다른 관점을 경청하고 살펴본 다음, 학생들을 소그룹으로 나누어 추가 토론을 진행한다. 학생들이 가능한 한 많은 해석을 하도록 한다. 더 깊이 탐구할 수 있도록 다음과 같은 질문을 할 수 있다.

   - 어떤 결론을 내릴 수 있나요? 그 결론을 뒷받침하는 증거는 무엇인가요?
   - ＿＿＿＿＿＿＿에 대한 여러분의 의견은 무엇입니까?
   - 가장 흥미로운 부분은 무엇인가요?
   - ＿＿＿＿＿＿＿의 목적은 무엇입니까?
   - ＿＿＿＿＿＿＿ 두 부분을 비교하세요.
   - 무엇이 문제인가요?

4. 전체 그룹 토론을 하며 학생들이 서로 자신이 쓴 답을 나눈다. 목표는 가능한 한 많은 해석을 제시하는 것이다.

🏛 변형 전략

비주얼씽킹 전략을 다음과 같이 변형하여 활용할 수 있다.

✔ 실생활 수학 문제를 풀 때 적용하거나 인용문 또는 지문을 분석하는 데 적용할 수 있다(Yenawine, 2013).

✔ 초등학생일 경우, 2단계에서 질문을 할 때 "이 그림에서 무엇이 보이나요?"와 같이 좀 더 구체적으로 질문할 수 있다. 그런 다음 학생들은 미술 작품을 활용해 자신의 생각을 뒷받침할 수 있다.

✔ 전략의 전 단계를 완료한 후에는 미국의 서부 개척을 묘사하는 지도의 다양한 관점을

비교하는 에세이 쓰기 같은 관련 글쓰기 과제를 줄 수 있다.

📖 교과별 활용 예시

다양한 교과 수업에서 비주얼씽킹 전략을 활용할 수 있는 방법은 다음과 같다.

☑ 언어

교사가 선택한 이미지와 함께 읽게 될 소설의 인용문들을 제시한다. 학생들은 인용문과 이미지를 연결한다. 이 과정에서 학생들은 인용문의 맥락과 읽을 텍스트에 대한 예측을 하게 된다.

☑ 과학

공부하고 있는 주제와 관련된 주요 과학적 발견의 연대표를 살펴보게 한다. 교사는 "그 발견을 한 사람들에게 전환점이 된 것은 무엇이었나요?" "무엇이 가장 중요했나요?"라고 묻는다. 학생들이 2가지 발견과 그 발견이 사회에 미친 영향을 비교하게 한다.

☑ 수학

학생들에게 300년 동안의 세계 인구수가 포함된 연표를 분석하게 한다. 학생들은 데이터에 대한 수학적 분석을 바탕으로 관찰한 내용, 가장 흥미로운 점, 발견한 문제, 해당 문제에 대한 해결책을 뒷받침할 수 있는 근거에 대해 토론한다.

☑ 사회

그림 〈The Landing of William Penn〉(Ferris, 1920)을 살펴보게 한다. 교사는 그림에서 무슨 일이 일어나고 있는지 질문한다(예: 무엇이 흥미롭습니까?). "그림의 목적은 무엇일까요?" "그림이 역사를 정확하게 표현하고 있나요?" 등을 질문한다.

☑ 인문학

같은 역사적 시대의 시각 예술 작품과 음악을 제시한다. 학생들이 특정 역사적 시대의 주요 요소에 대해 토론하게 한다. 그런 다음, 결론을 바탕으로 그 시대를 대표한다고 생각되는 그림을 만든다.

🔓 전략 12: 개념 지도   ○○○

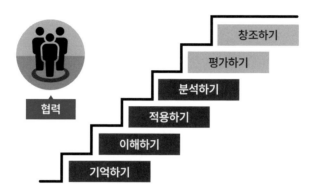

  개념 지도 전략은 학생들이 텍스트를 읽고 학습한 정보를 정리하는 데 유용하다. 일반적으로 이러한 지도는 [그림 5-1]과 같은 나무 구조를 활용할 수 있다. 연구에 따르면 개념 지도는 지식을 기억하고(Nesbit & Adesope, 2006) 메타인지를 정확하게 활용하는 데(Redford, Thiede, Wiley, & Griffin, 2012)에 긍정적인 효과가 있는 것으로 나타났다. 이 전략을 통해 학생들은 중요한 정보를 파악하는 방법을 배운다. 교사는 학생들의 이해를 돕기 위해 그래픽 오거나이저를 자주 개발하지만, 학생이 정보를 가장 잘 나타내는 개념 지도 유형을 선택한 다음 스스로 만들 수 있다면 사고력을 더욱 확장할 수 있다. 좀 더 복잡한 텍스트 읽기를 통해 학생들은 개념과 아이디어 간의 상호작용을 나타내는 다이어그램을 만들 수 있다. 다양한 개념 지도는 계층 구조 또는 원인과 결과 등 정보를 구성하는 다양한 방법을 나타낼 수 있다. Lucidchart(www.lucidchart.com) 또는 MindMeister(www.mindmeister.com)와 같은 웹 기반 개념도를 사용하여 가능한 한 많은 연결 고리를 만들도록 할 수도 있다.

활용 예시

　교사는 4~5명씩 그룹을 이룬 초등학생들에게 다람쥐원숭이와 같은 흥미로운 동물 읽기 자료를 제시한다. 그룹은 [그림 5-1]과 같이 동물을 설명하는 개념 지도를 활동지에 작성하고 학급 친구들과 공유한다. 개인 개념도를 만들고 모든 생각과 아이디어를 연결하여 더 큰 개념도를 함께 만든다.

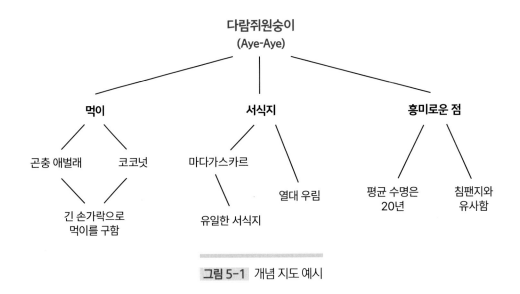

그림 5-1 개념 지도 예시

🔍 전략 실행 단계

개념 지도 전략을 실행하는 5단계는 다음과 같다.

1. 학생이 사용할 종이, 화이트보드 또는 디지털 도구와 같은 그리기 매체를 선택한다. Microsoft(https://microsoft.com/ko-us), Bubbl.us(https://bubbl.us), Lucidchart(https://lucidchart.com)의 스마트 아트, 기타 그리기 도구를 비롯하여 학생들이 활용할 수 있는 여러 디지털 도구가 있다. 디지털 도구 사용의 장점은 학생들이 쉽게 편집하고 공유할 수 있다는 것이다.
2. 학생들에게 주제 또는 주제에 대한 중심 아이디어를 정하게 한다. 5분 정도 브레인스토밍을 하여 주요 개념을 구체화할 시간을 준다.

3. 학생들이 중심 개념을 정했으면 관련 개념을 선택하게 한다. 관련 개념은 중심 아이디어를 뒷받침해야 한다. 학생의 나이와 개념의 복잡성에 따라 중심 개념을 뒷받침하는 10~25개의 관련 개념을 결정해야 한다. 정보를 수집하기 위해 개념에 대한 조사를 해야 할 수도 있다.

4. 이후 관련 주제를 정리한다. 예를 들어, 일반적인 아이디어가 맨 아래에서 더 구체적인 아이디어로 이어지는 계층 형식을 선택할 수 있다. 도형과 선을 사용하여 유사한 관련 개념을 그룹화할 수도 있다. 더 큰 텍스트 크기, 다양한 색상 또는 모양으로 연결 관계를 묘사할 수 있다.

5. 학생들이 개념 지도를 정리할 수 있도록 약 5분 정도 시간을 준다. 연결 관계를 검토하여 개념 또는 아이디어를 정확하게 나타내는지 확인하게 한다.

🏛 변형 전략

개념 지도 전략을 다음과 같이 변형하여 활용할 수 있다.

- ✔ 저학년 학생(유치원~2학년)은 개념 지도에서 텍스트 대신 이미지를 사용하여 핵심 내용과 관련 아이디어를 표현할 수 있도록 한다.
- ✔ 협동학습을 늘리려면 학생들이 1명 이상의 친구와 개념도를 교환하여 피드백을 받고, 받은 피드백을 바탕으로 5분 정도 개념도를 수정할 수 있게 허용한다. 또는 그룹 프로젝트로 개념도를 제작하게 하고 각 그룹이 토론 활동을 통해 자신의 개념도를 발표하게 할 수도 있다.

📖 교과별 활용 예시

다양한 교과 수업에서 개념 지도 전략을 활용할 수 있는 방법은 다음과 같다.

☑ 언어

미국의 현재 식습관에 대한 정보 텍스트를 제공한다. 학생들은 주요 아이디어와 이를 뒷받침하는 세부 사항을 구분하는 개념 지도를 작성한다.

☑ **과학**

물질의 변화를 학습한 후 학생들을 짝지어 물질의 다양한 변화 유형과 물질의 변화와 관련된 개념 지도를 만들게 한다.

☑ **수학**

도형 단원을 시작하기 전에 개념 지도를 만들도록 하여 학생의 사전 이해도를 평가한다.

☑ **사회**

독립 전쟁 단원에서 독립 선언과 영국에 대한 전쟁으로 이어진 식민지 주민들의 신념 변화를 나타내는 개념 지도를 만들게 한다.

☑ **음악**

음악사 단원을 시작할 때 호두까기 인형 모음곡의 〈사탕 요정의 춤〉(Tchaikovsky, n.d.)과 같은 유명한 음악곡을 들려준다. 그룹을 이루어 음악의 유형(악기, 템포, 강약 등)에 대한 설명과 해석(작곡가의 의도, 가능한 스토리라인, 이 곡이 음악사 내에서 어디에 속하는지에 대한 추론 등)을 브레인스토밍하여 개념 지도를 작성한다.

🔒 전략 13: 마인드맵   ○○○

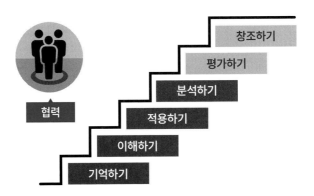

개념 지도(Concept Maps) 전략과 마찬가지로 마인드맵 전략은 개념을 시각적으로 표현한 것이다. 여러 개념을 포함할 수 있는 개념 지도와 달리 마인드맵은 중앙에 하나의 핵심 아이디어로 시작하여 구체적인 예시나 아이디어를 연결하며 바깥쪽으로 뻗어 나간다([그림 5-2] 참조). 학생들은 단어, 기호 또는 이미지를 사용하여 각 아이디어를 설명한 다음 추가 가지를 통해 아이디어를 더욱 정교화할 수 있다. 마인드맵은 학생이 다양한 정보를 연결하도록 유도하기 때문에 학생의 이해 정도를 시각적으로 평가하는 데 유용하다. 이를 통해 학생들은 기존의 선형적인 형식과 노트 필기보다 개념을 더 잘 배울 수 있다(Farrand, Hussain, & Hennessy, 2002).

활용 예시

과학 수업에서 학생들은 동물들 간의 차이점을 파악하고 있다. 학습 활동으로 학생들은 차트 용지 한가운데에 '분류'라고 적는다. 다음으로 교사가 제공한 카드에 있는 15개의 다른 단어를 꼼꼼하게 읽은 후, 그룹 활동을 통해 카드에 적힌 단어와 '분류'라는 용어 사이의 관계를 정확하게 묘사하기 위한 마인드맵(예: 파충류, 무척추동물 등)을 그리기 위해 카드를 어떻게 배치할지 논의한다([그림 5-2] 참조).

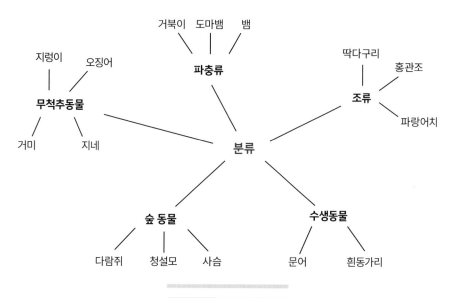

그림 5-2 마인드맵 예시

🔍 전략 실행 단계

마인드맵 전략을 실행하는 5단계는 다음과 같다.

1. 학생들이 탐구할 중심 생각을 선택하고, 그것을 종이나 커다란 차트 용지 중앙에 배치한다.

2. 학생들에게 그룹 활동으로 브레인스토밍을 하고 단어, 문구 또는 그림을 사용하여 중심 생각에서 가지를 디자인하도록 안내한다. 그런 다음 각 가지에는 개념을 정교화하는 하위 가지가 있을 수 있다.

3. 학생들은 중요한 부분에 색상을 추가하고 텍스트 크기를 변경하거나 개념 간의 연결을 부각시켜 그 관계를 명확히 할 수 있다. 예를 들어 파란색 화살표를 사용하여 용어 간의 긍정적 관계를 나타내거나, 빨간색 화살표를 사용하여 부정적인 관계를 나타낼 수도 있다.

4. 학생들은 다른 그룹에게 자기 그룹의 마인드맵을 발표하고 설명해야 한다.

5. 질문을 주고받으며 최종 토론을 진행한다. 질문 예시는 다음과 같다. "다른 사람의 설명을 듣는 것이 주제를 더 깊이 이해하는 데 어떻게 도움이 되었나요?" "어떤 용어를 가지에서 추가하거나 삭제해야 한다고 생각하나요? 그 이유는 무엇인가요?"

🛠 변형 전략

마인드맵 전략을 다음과 같이 변형하여 활용할 수 있다.

✔ 저학년 학생(유치원~2학년)들도 이 전략을 활용할 수 있게 하려면 단어와 중심 생각 간의 관계를 보여줄 수 있도록 중심 생각과 가지 요소로 하나의 카드 세트를 만들어 줄 수 있다. 카드들을 평평한 표면(예: 차트 용지, 바닥, 큰 책상 또는 자석과 자석 보드 사용)에 펼쳐둔다. 2~4명으로 구성된 그룹에서 학생들이 화살표 카드를 사용하여 모든 가지치기 아이디어를 정렬함으로써 중심 생각에 대한 후속 설명을 표시하게 한다. 학급 단위에서 학생들이 자신의 마인드맵이 정보를 정확하게 묘사하고 있는지에 대해 설명하게 한다.

- ✔ 인덱스 카드를 사용하는 대신 단어를 인쇄하여 조각으로 자르거나 Padlet(https://padlet.com), Lino(https://linoit.com) 또는 Coggle(https://coggle.it)과 같은 디지털 도구를 사용하여 온라인 담벼락을 만들 수 있다.
- ✔ 학생들에게 마인드맵에 그림을 추가하고 색상과 글자 크기를 달리하여 용어 간의 관계를 더 명확하게 표시하게 한다. 예를 들어 빨간색 화살표는 용어 간의 긍정적인 관계를 나타내고, 검은색 화살표는 부정적인 관계를 나타낼 수 있다.
- ✔ 학생들에게 다른 그룹의 마인드맵을 살펴보고 스티커 메모를 사용하여 해당 그룹에게 하고 싶은 질문을 남기게 한다.

📖 교과별 활용 예시

다양한 교과 수업에서 마인드맵 전략을 활용할 수 있는 방법은 다음과 같다.

☑ 언어

다양한 유형의 텍스트 구조에 대해 학습한 후, 교사는 학생들에게 관련된 다양한 텍스트를 제공하고 이해한 내용을 자세히 설명할 수 있는 마인드맵을 디자인하도록 안내할 수 있다.

☑ 과학

학생들에게 다양한 천체(별, 행성, 달, 혜성 등)를 학습하도록 안내하고 관련 용어가 적힌 카드 15장을 준비한다. 학생들은 차트 용지 가운데에 분류라는 단어를 적는다. 교사로부터 카드를 받은 후 학생들은 제공된 카드의 15가지 용어를 살펴보고 마인드맵에 어떻게 배치할지 그룹별로 의논한다.

☑ 수학

학생들에게 다양한 수학 이론과 증명을 가르친다. 학생들에게 마인드맵을 그려 학습한 이론을 분류하고 이들 간의 관계를 파악하여 이해도를 높일 수 있도록 한다.

☑ 사회

학생들에게 한 단원에서 배운 15개의 주요 경제 용어가 적힌 카드를 제공하고, 학생들이 이해한 내용을 마인드맵으로 정리하는 활동을 안내할 수 있다.

☑ 진로

학생들에게 대학이나 직업을 준비하는 데 필요한 요소를 나타낸 마인드맵을 그리도록 지도할 수 있다.

🔓 전략 14: 듣기-생각하기-궁금해하기   ○○○

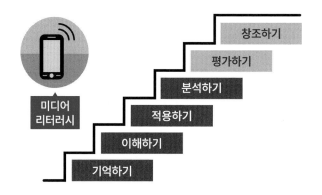

듣기-생각하기-궁금해하기 전략은 학생들이 노래 가사를 깊이 있게 분석하도록 장려하는 전략이다(Connell, 2014). 학생이 노래를 듣고 처음 생각을 기록한 후, 교사는 학생에게 노래를 복습한다는 목적을 안내하고, 노래를 한 번 더 들려준다. 학생이 노래를 두 번째로 들을 때는 가사를 면밀하게 분석하는 데 집중하게 한다. 음악과 가사를 함께 분석함으로써 학생들은 곡의 주제나 분위기, 상징, 추론 등을 배울 수 있다. 교육과정 내용과 관련된 곡에 이 전략을 사용하면 학생들이 학습 내용과 자연스럽게 연결되도록 돕고, 음악에 대한 학생들의 개인적 관심사와도 연결될 수 있다. 전략 활용에 도움이 되도록 학생들이 〈표 5-6〉과 같은 정리 도표를 사용하게 한다.

활용 예시

학생들이 〈보헤미안 랩소디(Bohemian Rhapsody)〉(Mercury, 1975)를 들으며 각자의 가사를 읽는다. 학생들은 듣기-생각하기-궁금해하기 그래픽 오거나이저의 첫 번째 줄을 완성한다. 짝이나 그룹을 만들어 활동하면서, 가사를 읽고 생각하여 이해한 내용을 메모하여 그래픽 오거나이저의 두 번째 줄을 완성한다(〈표 5-6〉 참조). 학생들은 자신의 노트를 공유하여 그룹별로 노래에 대한 토론을 시작한다.

표 5-6 듣기-생각하기-궁금해하기 그래픽 오거나이저 예시

학습 목표: 노래 속 화자가 변화하는 이유와 방식을 분석할 수 있다.

듣기	생각하기	궁금해하기
Anyway the wind blows, doesn't really matter to me, to me (Queen의 〈보헤미안 랩소디〉中)	화자는 평온한 표정으로 아무것도 중요하지 않다고 말하지만, 현실과는 거리가 멀어 보여요.	그는 왜 아무것도 중요하지 않다고 말하는 걸까? 그는 왜 현실에서 벗어나지 못하는 것일까?
읽기	**생각하기**	**이해하기**
Mama, life had just begun. But now I've gone and thrown it all away. (Queen의 〈보헤미안 랩소디〉中)	화자는 끔찍한 무언가(살인)를 했어요. 그리고 그것으로 인해 목숨을 잃을 것 같아요.	화자는 자신이 살인을 저질렀기 때문에 자신을 불쌍히 여깁니다. 그는 이 끔찍한 결정으로 인해 자신의 삶이 망가졌고 이제 더 이상 살 이유가 없다고 믿습니다.

※go.SolutionTree.com/instruction에 방문하면 무료로 사용할 수 있는 양식을 다운받을 수 있다.

🔍 전략 실행 단계

듣기-생각하기-궁금해하기 전략을 실행하는 4단계는 다음과 같다.

1. 수업과 관련된 곡을 선택하고 학생들에게 곡 전체를 들려주며 듣기, 생각하기, 궁금해하기 정리 도표의 첫 번째 줄을 완성하도록 안내한다(〈표 5-6〉 참조). 학생들에게 들은 단어와 구절, 그 단어와 구절을 통해 생각한 것, 궁금한 것을 기록하게 한다.

2. 학생들이 짝을 지어 서로의 기록을 공유하는 활동을 하게 한다.

3. 학생들에게 주제나 개념 등 학습 목적을 인지하도록 안내한 뒤 곡을 다시 듣게 한다.

4. 학생들은 가사를 읽고 곡이 수업의 학습 목표와 어떻게 연결되는지 생각해야 한다. 읽기 칸을 사용하여 학습 목표와 연결되는 곡의 가사 일부를 기록해야 한다. 그리고 생각하기 칸에서 학생들은 가사가 학습 목표와 어떻게 관련되어 있는지 설명해야 한다. 마지막으로, 이해하기 칸에서 학생들은 곡의 주제에 대한 결론을 도출하고 이것이 학습 목표와 어떻게 연결되는지 설명해야 한다.

변형 전략

듣기–생각하기–궁금해하기 전략을 다음과 같이 변형하여 활용할 수 있다.

✔ 음악 대신 동영상 클립 자료를 사용한다. 예를 들어, 학생들이 작가, 국회의원 또는 세계적인 지도자와의 인터뷰를 분석하게 할 수 있다. 또한, 학생들은 영화의 한 장면을 분석하여 문학이나 역사적 사건의 주제를 파악할 수도 있다.

✔ 음악 대신 이미지를 사용할 수 있다. 정리 도표 듣기 칸을 두는 대신 관찰로 대체한다. 이미지를 분석한 후 학생에게 주제에 대해 자세히 읽게 하고 두 번째 줄에 이미지와 읽은 내용이 어떻게 관련되어 있는지에 대한 정보를 기록하게 한다.

교과별 활용 예시

다양한 교과 수업에서 듣기–생각하기–궁금해하기 전략을 활용할 수 있는 방법은 다음과 같다.

☑ 언어

Shakespeare(1935)의 비극 『로미오와 줄리엣』과 관련하여, 교사는 학생들에게 Swift의 2008년 발매곡인 〈Love Story〉의 가사를 안내하고 노래를 들려준다. 학생들은 듣고, 생각하고, 궁금한 내용을 정리 도표에 기록하여 첫 번째 줄을 완성한다. 다음으로 학생들은 짝을 이루거나 그룹을 만들어 가사를 읽고, 생각하고, 마지막으로 이해한 내용을 기록함으로써 두 번째 줄을 완성한다. 끝으로 학급 전체 단위에서 기록지를 공유하여 노래에 대한 학급 토론을 시작하고 로미오와 줄리엣과의 연관성을 이끌어 낸다.

☑ 과학

정전기를 학습하기 위해 교사는 학생들에게 Livingston의 1983년 발매곡인 〈Electric Boogie〉를 들은 뒤, 듣기-생각하기-궁금해하기 정리 도표를 사용하여 가사를 실제 정전기 발생 과정 및 특성과 비교하게 한다.

☑ 수학

방정식의 해를 구하는 단원에서 교사는 학생들에게 Bernard의 2007년 발매곡 〈Cupid Shuffle〉을 듣고, 듣기-생각하기-궁금해하기 정리 도표를 사용하여 가사가 방정식 풀이 과정과 어떻게 연결되는지 파악하게 한다.

☑ 사회

대공황을 학습하기 위해 교사는 학생들에게 Grant의 1982년 발매곡인 〈Electric Avenue〉를 듣고, 듣기-생각하기-궁금해하기 정리 도표를 사용하여 가사가 미국 역사에서 대공황 시기의 특정 측면을 어떻게 반영하는지 파악하게 한다.

☑ 음악

1900년대 또는 1920년대 초 미국 남부 음악의 특성을 배우는 단원에서 교사는 학생들에게 Grainger의 1927년 곡인 〈Homeless Blues〉를 듣고 듣기-생각하기-궁금해하기 그래픽 오거나이저를 사용하여 당시의 역사적 요소가 노래 가사에 어떻게 반영되어 있는지 파악하게 한다.

🔒 전략 15: 예상하기 가이드   ∘∘∘

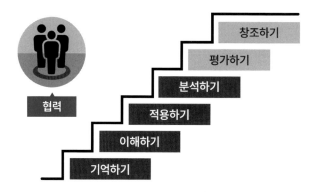

예상하기 가이드 전략을 사용하면 읽기 주제에 대한 학생의 호기심을 키우는 동시에 학생의 사전 지식을 활성화하는 데 도움이 될 수 있다. 학생의 사전 지식을 활용하는 교수전략은 학생이 새로운 학습을 습득하는 데 도움을 준다(Marzano, 2004). 학생들은 읽기 전 단계에서 이 전략을 사용하여 가이드 문장에 대해 참 또는 거짓으로 표시한 다음, 읽은 후 단계에서 답을 검토하고 필요에 따라 답을 수정한다. 답을 수정하든 그렇지 않든, 학생은 자신의 답을 뒷받침하는 근거도 읽기 자료에서 찾아 기록한다. 이 과정을 용이하게 하려면 예상하기 가이드(〈표 5-7〉 참조) 도표를 사용한다. 읽기 전에 문장에 대한 참, 거짓을 표시하기 때문에 학생들이 사전 지식에 의존하도록 자극함으로써 흥미를 유발하고 읽기 활동에 대한 목적을 내면화할 수 있다.

 활용 예시

교사는 학생들에게 미국의 헌법 개정에 관한 독서와 관련된 예상하기 가이드를 제공한다(〈표 5-7〉 참조). 학생들은 교사가 제공한 헌법 개정에 관한 3가지 진술문을 읽고 '읽기 전' 칸에 참 또는 거짓을 표시한다. 수정안을 읽은 후, 학생들은 그 진술문을 다시 검토하고 그 진술문이 참이라고 생각하는지 거짓이라고 생각하는지를 '읽은 후' 칸에 기록한다. 또한, 학생들은 근거 칸에 읽기 자료에서 찾은 근거를 기록한다. 그룹 활동에서는 참, 거짓과 이에 대한 근거에 대해 토론하여 학생들이 추가적인 근거를 보충하거나 생각을 수정할 시간을 갖도록 한다. 전체 학급 단위 토론에서는 학생들이 빨간색 카드(거짓) 또는 녹색 카드(참)를 들어 자신의 입장을 표시한다. 즉, 각 진술문에 대한 입장을 표시하고 근거를 공유한다.

표 5-7 예상하기 가이드 그래픽 오거나이저 예시

참 또는 거짓		제시문	근거
읽기 전	읽은 후		
거짓	참	1. 가장 중요한 수정안이 먼저 제시된다.	모든 수정안이 각기 다른 방식으로 중요하지만 수정 헌법 제1조는 개인의 자유의 근간이 되는 종교, 언론, 집회, 청원에 대한 자유를 보장한다.
참	참	2. 대부분의 수정안은 개인의 권리를 보장한다.	수정안 제1조에서 제9조까지는 국민의 기본적 자유에 대한 개괄적인 내용을 담고 있다. 수정안 제13~제15조는 노예제를 폐지하고, 적법 절차를 확립하며, 투표권을 확대하는 내용을 담고 있다. 이 15개 수정안 중 절반 이상이 시민의 권리를 확장하는 내용이다. 수정헌법 제24조는 투표세를 금지하고, 수정헌법 제19조와 수정헌법 제26조에서는 여성과 18세 청소년에게 투표권을 부여한다.
참	거짓	3. 현재 상황과 맞지 않기 때문에 삭제할 수 있는 개정안이 많다.	미국 헌법은 200년이 넘었지만 실제로는 3가지 수정안만 시대에 뒤떨어진 것처럼 보인다. 수정헌법 제3조는 미국 건국 이래로 문제가 되지 않았던 군대 숙영 금지 문제를 다루고 있으며, 수정헌법 제18조와 수정헌법 제21조는 각각 노예 매매를 금지했다가 그 규정을 폐지했다. 다른 수정안들은 절차의 명료화와 같은 중요한 변화를 보여 주는 조항들이다.

※ go.SolutionTree.com/instruction에 방문하면 무료로 사용할 수 있는 양식을 다운받을 수 있다.

🔍 전략 실행 단계

예상하기 가이드 전략을 실행하는 8단계는 다음과 같다.

1. 읽기 텍스트를 선택하고 해당 텍스트의 정보를 바탕으로 몇 가지 진술문이 포함된 예상하기 가이드를 설정한다. 한 문장 이상은 참이어야 하고 적어도 한 문장은 거짓이

어야 한다. 높은 수준의 진술문은 텍스트에 포함된 사실이 아니라 텍스트로부터 도출할 수 있는 추론 또는 오개념을 나타내는 문장이어야 한다. 또한, 각 진술문은 더 높은 수준의 사고를 촉진하기 위해 그럴듯해 보여야 한다. 정답이 반드시 있는 것은 아니며, 이러한 기준에 맞는 문장은 토론과 논쟁을 유발할 수 있다.

2. 읽기 전 활동으로 개인 또는 그룹을 구성하여 진술문에 대해 서로 토론하고 각 문장에 참 또는 거짓을 표시하도록 안내한다.

3. 학생들에게 제시한 텍스트를 읽도록 안내한다.

4. 읽기 후 활동으로 학생들이 각 진술문을 다시 검토하고 '읽은 후' 칸에 진술이 참인지 거짓인지를 기록할 수 있게 한다. 마지막 칸에는 학생이 표시한 내용을 뒷받침하는 읽기 텍스트 내 근거를 적도록 한다.

5. 학생들이 그룹 활동을 통해 약 5~10분 동안 자신의 판단 및 근거에 대해 토론할 수 있도록 한다.

6. 학생들에게 빨간색 카드와 녹색 카드를 제공한다. 첫 번째 진술문을 읽은 다음, 학생들이 읽기 전에 해당 문장이 거짓이라고 생각했으면 빨간색 카드를, 참이라고 생각했으면 녹색 카드를 들게 한다. 학생들에게 다시 카드를 내려놓게 한 다음, 읽은 후에 어떤 색깔의 카드가 자신의 생각을 나타내는지 보여 달라고 요청한다.

7. 읽은 내용에 대해 학급 전체 토론을 진행하여, 학생들이 진술문에 대한 판단과 판단 근거를 변경하거나 변경하지 않은 이유를 공유할 수 있도록 한다.

8. 나머지 진술문에 대해서 6단계와 7단계를 반복한다.

🎂 변형 전략

예상하기 가이드 전략을 다음과 같이 변형하여 활용할 수 있다.

- ✔ 이 전략을 개인 또는 그룹 단위로 수행하게 하되, 그룹 토의를 통해 다른 관점 및 추론이 노출될 수 있다는 점에 유의할 필요가 있다.

- ✔ 빨간색 카드와 녹색 카드를 사용하는 대신 학생들에게 교실의 한쪽 면 또는 다른 쪽 면으로 이동하여 참 또는 거짓을 나타내게 한다. 학생들이 토론하고 자신의 판단에 대한 근거를 공유한 후, 마음이 바뀐 학생은 반대편으로 이동할 수 있다.

- ✓ 예상하기 가이드 도표의 근거 칸에 학생들이 자신의 생각을 뒷받침할 수 있는 구체적인 문구를 읽기 텍스트 내에서 인용하게 한다.
- ✓ 유치원에서 초등학교 저학년 학생의 경우, 참이라고 생각하는 문장에는 일어나게 하고 거짓이라고 생각하는 문장에서는 앉게 하는 방식으로 자신의 생각을 표현하도록 안내할 수 있다. 텍스트를 소리 내어 읽은 후, 학급 단위에서 각 진술문이 참이거나 거짓으로 판단할 수 있는 근거에 대해 토론하고 그 진술문이 정말 참인지 거짓인지 결정할 수 있다.
- ✓ 학생들에게 각 진술문에 대해 읽기 전 판단을 요청할 때(2단계), 개별 또는 그룹이 읽기 전 판단과 그 이유를 공유할 수 있도록 학급 단위 설문 조사를 실시할 수도 있다.

📖 교과별 활용 예시

다양한 교과 수업에서 예상하기 가이드 전략을 활용할 수 있는 방법은 다음과 같다.

☑ 언어

교사는 소설 『반딧불이(Brinckloe)』(1986)를 활용하여 다음과 같은 진술문을 제시한다. "사람의 행동은 환경에 긍정(또는 부정적)으로 영향을 미친다." 학생에게 진술을 참 또는 거짓으로 표시하게 한다. 학생들은 책을 읽은 다음, 읽은 내용에 따라 읽은 내용을 바탕으로 초기 사고를 검토하고 수정한다.

☑ 과학

에너지와 물리 단원에서 교사는 학생들에게 언덕 아래로 공을 굴릴 때 운동 에너지와 위치 에너지가 발생한다는 첫 번째 진술문을 제시한다. 그런 다음 학생들에게 이 진술문이 참이라고 생각하는지 거짓이라고 생각하는지 예상 가이드 도표에 기록하게 한다. 그 후, 학생들은 주제에 대해 조사하고 배운 내용을 바탕으로 자신의 생각을 검토하고 수정한다.

☑ 수학

교사는 학생들이 낱말 문제를 빨리 읽게 한다. 예상 가이드 도표에서 교사는 학생들에게 "이 낱말 문제를 풀려면 먼저 부피를 계산해야 한다."라는 진술문에 대해 참 또는 거짓으로 표시하게 한다. 그런 다음 학생들이 문제를 주의 깊게 살펴보고 필요에 따라 초기 판단을 수정한다.

☑ 사회

정부에 관한 학습 단원에서 교사는 학생들에게 의회의 권력이 가장 강력하다는 등 정부 기관에 관한 논쟁의 여지가 있는 진술문을 제시하고, 예상 가이드를 사용하여 주제에 대한 초기 생각을 기록하게 한다. 그런 다음 학생들이 정부 기관에 대해 조사하고 자신의 생각을 검토하고 수정한다.

☑ 음악

음악 시간에 바로크 시대 작곡가에 대한 학습을 하기 위해 교사는 학생들에게 음악에 대한 논쟁의 여지가 있는 진술문을 가지고 예상 가이드 도표를 제공한다. 예를 들어, "Bach는 바로크 시대에 가장 영향력 있는 작곡가 중 1명이다."라는 진술문에 대해 학생들은 초기 생각을 기록한 다음 해당 주제를 조사하고 자신의 생각을 검토 및 수정한다.

🔒 전략 16: 주사위 활용   ○○○

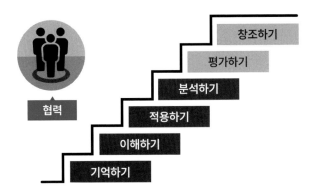

주사위 활용 전략은 라벨이 붙은 주사위를 사용하여 학생들에게 무작위로 특정한 주제를 할당함으로써 학생들이 다양한 관점에서 주제를 조사하도록 도전하게 하는 전략이다. 문구점이나 교구 판매점에서 폴리우레탄으로 된 주사위를 구입하거나 종이로 직접 만들거나

(인쇄 가능한 디자인은 www.fortheteachers.org 참조) 일반 주사위를 사용하여 번호가 매겨진 면에 특정 행동을 할당하여 사용할 수 있다.

주사위를 구입하거나 만들었으면 6개의 면에, ① 설명하기, ② 비교 및 대조하기, ③ 연관 짓기, ④ 분석하기, ⑤ 적용하기, ⑥ 찬성 또는 반대하기 등의 항목명 또는 과제명을 표시한다. ①~③면은 Bloom 분류의 '이해하기' 수준에서 학습을 강화하는 반면, ④~⑥면은 '분석하기' 수준까지 사고를 확장한다. 이러한 항목명은 과제의 맥락에 맞게 필요에 따라 조정할 수 있다(다른 교과에 적용하는 예 참조, p. 117).

활용 예시

학생들은 지구의 날을 앞두고 재활용을 수업 주제로 하여 공부하고 있다. 교사는 학급을 그룹으로 나누고 학생들에게 주사위의 설명이 적힌 면을 사용하여 주제에 대해 글을 쓰게 한다. 그룹 구성원 중 1명이 주사위를 굴려 다음 지시문을 결정하고, 이 과정을 두 번 더 반복한다. 성찰을 위해 교사는 가장 어려웠던 지시문, 가장 쉬웠던 지시문, 가장 재미있었던 지시문에 대한 질문을 중심으로 전체 토론을 진행한다.

🔍 전략 실행 단계

주사위 활용 전략을 구현하는 7단계는 다음과 같다.

1. 학생들과 이 전략을 처음 사용하는 경우 큐브의 각 면이 나타내는 6가지 사고 유형을 먼저 설명한다. 다음은 각 면의 항목명을 설명하는 데 사용할 수 있는 몇 가지 특성 목록이다.
   - 설명하기-속성, 세부 사항 또는 특성 제공
   - 비교 및 대조하기-공통점과 차이점 구분
   - 연결하기-다른 대상이나 아이디어와 연결
   - 분석하기-다양한 관점을 구분
   - 적용하기-활용 방법을 설명

● 찬성 또는 반대 주장하기-장점과 단점을 구분

2. 학생들이 개별적으로 사용하거나 공유할 수 있도록 주사위를 충분히 준비한다. 1단계의 6가지 항목을 각 면에 기록한다.

3. 학생들을 3~4명씩 그룹으로 나누고 주사위를 나눠 눈다. 주사위를 1이 있는 면 또는 '설명하기'가 쓰여진 면이 보이게 두라고 말한다.

4. 주제를 발표하고 학생들이 주제에 대한 설명을 작성할 수 있도록 약 5분의 시간을 제공한다.

5. 주어진 시간이 지나면 학생들에게 돌아가면서 그룹과 자신의 글을 공유하게 한다. 다른 학생의 이야기를 들음으로써 스스로 이해력을 키울 수 있다.

6. 주사위를 굴려서 각 그룹의 다음 항목을 결정하게 한다. 주사위를 굴려서 이미 완료한 항목이 나오면 주사위를 다시 굴려야 한다. 원하는 만큼 이 과정을 반복한다.

7. 쓰기와 토론을 마무리하면서 학급 전체로 다음과 같은 질문을 그룹별로 이야기해 보게 한다(Nessel & Graham, 2007).

● 어떤 면이 가장 쉬웠나요?

● 어떤 면이 가장 어려웠나요?

● 어떤 면이 가장 즐거웠나요?

● 어떤 면이 새로운 정보를 배우는 데 가장 유익했나요?

● 주제에 대한 지식이 어떻게 발전했는지 설명해 볼까요?

변형 전략

주사위 활용 전략을 다음과 같이 변형하여 활용할 수 있다.

✔ 수학 수업에서 항목명을 정의할 때는 교육자 Fried(2010)의 프레젠테이션에서 발췌한 다음 가이드라인을 사용하도록 학생들에게 안내할 수 있다.

● 문제를 어떻게 해결할 것인지 설명하시오.

● 이 문제가 수학적 사고와 문제 해결 능력을 어떻게 발전시키는지 분석하시오.

● 이 문제를 다른 문제와 비교하거나 대조하시오(다른 문제를 명시하기).

● 이 문제 또는 이와 유사한 문제를 자신의 과제나 생활에 어떻게 적용할 수 있는지

보여 주시오.

- 문제의 한 속성(숫자, 원소 또는 부호 등)을 변경하고 이 변경이 문제에 어떤 영향을 미치는지 설명하시오.
- 도전 단어 문제를 만들거나 문제에 대한 해결책을 도표 또는 그림으로 표시하고 시각적으로 설명하시오.

✔ 글을 쓰는 대신 학생들에게 자신의 생각을 그룹과 공유하고 다른 학생으로부터 들은 내용을 메모하게 한다.

✔ 학생의 학습 준비도에 따라 차별화할 때는 다양한 사고 수준에서 다양한 질문이 있는 큐브를 사용한다.

교과별 활용 예시

다양한 교과 수업에서 **주사위 활용** 전략을 활용할 수 있는 방법은 다음과 같다.

☑ 언어

시 분석과 관련된 6가지 제목을 주사위에 붙인다. ① 묘사하기, ② 흉내 내기, ③ 비평하기, ④ 비교하기, ⑤ 질문하기, ⑥ 연결하기. 시를 읽은 후 학생들은 주사위를 굴려서, ① 묘사하기, ② 자신이 쓴 척하기, ③ 비평하기, ④ 다른 시와 비교하기, ⑤ 질문 만들기, ⑥ 자신의 삶과 연결하기 중 하나를 선택한다. 학생들은 주사위를 세 번 굴려서 3가지 과제를 완료한다.

☑ 과학

학생들에게 자연 현상(토네이도, 지진, 눈보라 등)의 개요를 설명하고 주사위 전략을 사용하여 ① 설명하기, ② 다른 자연 현상과 비교 및 대조하기, ③ 다른 과학 개념과 연관 짓기, ④ 우리가 사는 곳에 이 자연 현상이 있는 이유 또는 없는 이유 분석하기, ⑤ 자신을 보호하는 최선의 방법 결정하기, ⑥ 그룹 구성원에게 1가지 현상에 대해 사려 깊은 질문 제기하기를 수행하도록 한다.

☑ **수학**

학생들에게 대수 문제를 제시하고 주사위를 세 번 굴려서 접근 방법을 결정하도록 한다. 이 전략에는 '변형' 섹션의 수학 수업 예시를 사용한다.

☑ **사회**

로마 공화국에 대한 학습을 한 후 그룹별로 학생들에게 주사위를 굴려 기본 주사위 레이블을 사용하여 지시문에 대해 토론하게 한다.

☑ **미술**

학생들에게 유명한 예술 작품을 보여 주며 그 작품의 주목할 만한 특징과 역사적 맥락을 설명한다. 그룹은 이 전략에 대해 설명된 표준 주사위 프롬프트를 사용하여 작품에 대한 자신의 생각을 기록하고 토론한다.

🔒 전략 17: 컨센서그램   ooo

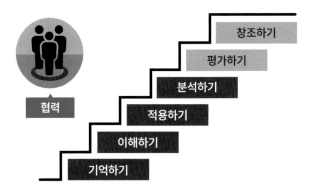

컨센서그램 전략을 활용할 때 교사는 학생들에게 설문조사 스타일의 질문을 던지고, 학생들은 합산된 데이터를 종합하여 막대그래프로 나타낸다([그림 5-3] 참조). 이 질문은 0에서 10까지 1단위의 평가 척도 또는 '전혀 중요하지 않음' '약간 중요함' '보통' '매우 중요함' '중요하지 않음' '다소 중요함' '매우 중요함' 등의 일련의 등급과 같은 다양한 답변을 학생에게

제공해야 한다. 이 막대그래프를 그룹 토론의 기초로 활용하여 학생들이 자신의 관점을 공유하고 다른 관점을 고려할 수 있게 해 준다. 또한 학생들에게 자신의 평점을 게시하기 위해 직접 움직일 수 있는 기회를 줄 뿐만 아니라 데이터를 분석하고 결론을 도출할 때 더 높은 수준의 사고력을 발휘할 수 있게 해 준다. 교사 툴킷(https://bit.ly/1BHbKha)에서 컨센서그램 템플릿을 추가로 다운로드하여 사용할 수 있다.

 활용 예시

학생들에게 경제에 관한 질문과 함께 '매우' '대체로' '어느 정도' '전혀'라는 4단계 척도 등급이 표시된 기록지를 제공한다([그림 5-3] 참조). 질문은 마을에 새로 들어선 월마트가 지역 경제에 어느 정도 긍정적인 영향을 미치는지에 대한 내용이다. 학생들이 답안지를 작성한 후, 교사는 학생들에게 스티커 메모를 사용하여 평점을 기록하도록 하여 학급 막대그래프를 만든다. 그룹별로 이 자료에 대해 토론하고 결론을 도출한다.

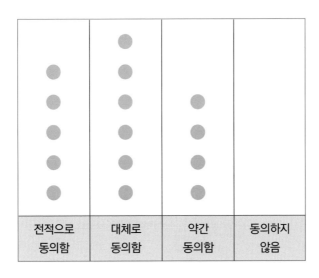

그림 5-3 컨센서그램 전략 막대그래프

🔍 전략 실행 단계

컨센서그램 전략을 실행하는 4단계는 다음과 같다(Stobaugh & Love, 2015).

1. 워크시트를 준비하여 학생들에게 배포하고 답을 해야 하는 질문과 사용할 평가 척도를 기록하게 한다. 학생들은 개별적으로 워크시트를 작성하고 각 질문에 평점을 기록한다.

2. 큰 차트 용지에 0~10점 단위와 같은 평가 척도 또는 기타 평가 지표를 설정하고, 스티커 메모 또는 원형 스티커를 사용하여 모든 학생의 평점을 차트 용지에 기록하여 수업에 대한 데이터를 명확하게 나타내는 막대그래프를 만든다.

3. 짝 활동을 하면서 다음과 같은 방법으로 데이터를 검토하게 한다. '데이터에서 무엇을 발견했는가?' '어떤 패턴이 눈에 띄는가?' '놀라운 점은 무엇인가?' '어떤 결론을 도출할 수 있는가?'와 같은 질문을 교실 둘레에 게시해 두고 짝과 함께 질문에 대해 토론하게 한다.

4. 데이터에 대한 반응을 공유하는 전체 그룹 토론을 진행한다.

⚙️ 변형 전략

컨센서그램 전략을 다음과 같이 변형하여 활용할 수 있다.

✔ 학생들에게 다양한 색의 스티커 메모나 원형 스티커를 사용하여 그룹이 구분되도록 한다. 예를 들어, 남학생과 여학생이 지시문에 어떻게 다르게 반응하는지 살펴보는 것도 흥미로울 수 있다. 또한 학급마다 다른 색의 스티커 노트를 사용하여 학급 간에 다양한 의견을 조사할 수 있다.

✔ 컨센서그램 전략을 사전 평가로 사용하여 학생들이 각 단원 학습 목표에 대해 자신감이 없는지, 자신감이 있는지, 매우 자신감이 있는지 표시하게 할 수도 있다. 학습 목표를 알려 준 후에는 학생들에게 다른 색을 사용하여 동일한 차트에 표시하고 바뀐 모습을 비교하게 한다. 교사는 이 데이터를 사용하여 수업의 방향을 조정하고, 데이터를 기반으로 차별화된 교육을 제공할 수 있다.

✔ 학생들에게 상황에 따라 다른 출처의 증거를 사용하여 자신의 평가를 적절히 뒷받침하게 한다.

📖 교과별 활용 예시

다양한 교과 수업에서 컨센서그램 전략을 활용할 수 있는 방법은 다음과 같다.

☑ 언어

학생들에게 컨센서그램을 사용하여 최근에 완성한 작문을 얼마나 열심히 했는지 자기 평가를 하게 한다.

☑ 과학

학생들에게 공학이 사회에 미치는 영향과 관련된 컨센서그램 질문에 답하게 한다.

☑ 수학

학생들에게 문제 해결을 위한 최선의 다음 단계를 결정하게 한다. 학생들은 더하기, 동류항 계산, 소거, 빼기 등의 옵션 중에서 선택한다.

☑ 사회

학생들에게 미국 독립 혁명의 촉매로써 보스턴 차 사건의 중요성을 분석하게 한다. 학생들은 가장 중요한 원인, 원인 중 하나, 사소한 원인 중에서 답을 선택하고, 그룹으로 협력하여 합의를 도출한다.

☑ 체육

학생들에게 춤이 미국 문화를 형성하는 데 어느 정도 영향을 미쳤는지에 대해, 크게, 약간 또는 전혀 영향을 미치지 않았다는 구체적인 기준에 따라 설문조사를 실시한다. 그런 다음 학생들은 왜 자신의 답을 선택했는지 학급에서 토론한다.

🔓 전략 18: 피쉬본 인과관계 분석   ○○○

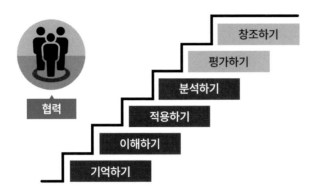

문제와 해결책을 중심으로 한 인과관계는 매우 많다. 학생들이 문제의 원인을 찾을 수 있도록 돕는 것은 학생들이 문제의 내용을 이해하고 자신의 삶에서 문제를 해결하게 하는 데 효과적인 도구가 될 수 있다. 비즈니스, 의학, 교육 또는 기타 분야에 진출하고자 하는 학생에게 문제 해결 능력은 21세기의 필수적인 역량이다(Watanabe-Crockett, 2016a). 피쉬본 인과관계 분석 전략을 통해 학생들은 피쉬본 다이어그램을 사용하여 문제 해결 능력을 개발할 수 있다. 물고기의 입은 문제 또는 이슈를 나타내고 등뼈는 여러 갈래로 갈라져 문제 또는 이슈의 여러 원인을 나타낸다([그림 5-4] 참조).

 활용 예시

학생들은 수학 과제를 하면서 풀어 본 문제를 검토하여 자신의 실수를 확인하고 원인을 찾아 결론을 도출한다. 학생들은 [그림 5-4]와 같은 피쉬본 다이어그램에 자신의 실수를 요약 정리한다.

🔍 전략 실행 단계

피쉬본 인과관계 분석 전략을 실행하는 5단계는 다음과 같다.

1. 학생들이 문제나 이슈의 원인을 파악하는 데 도움이 되는 자료를 찾게 한다. 영상, 글, 시나리오 또는 수정이 필요한 학생의 과거 과제를 사용할 수 있다.

2. 학생들이 문제 또는 이슈를 이해하고 있는지 확인하고 사용 가능한 정보를 검토하게 한다.

3. 그룹 또는 개별적으로(학생이 자신의 과제에서 실수를 찾고 있는 경우) 학생에게 문제의 주요 원인을 몇 가지 파악하게 한다. 각 원인에는 피쉬본 다이어그램에서 촉발되는 선행 원인이 있을 수 있다. 학생들은 [그림 5-4]의 빈 버전, 스티커 메모 또는 차트 용지를 사용하여 원인을 기록한다.

4. 학생들에게 도표의 각 단계를 학급 친구들에게 설명하게 한다.

5. 학급 전체가 개별 학생 또는 그룹이 제시한 원인 또는 실수 간의 차이점과 유사점을 비교한다.

변형 전략

피시본 인과관계 분석 전략을 다음과 같이 변형하여 활용할 수 있다.

- ✔ 일부 문제는 학생에게 최종 문제 또는 쟁점에 대한 각 원인의 중요도를 평가하게 할 수 있다.
- ✔ 학생들에게 문제의 원인이 될 수 있는 자료 읽기 또는 자료에 나열되지 않은 추가 문제 또는 이슈를 브레인스토밍하게 한다.

교과별 활용 예시

다양한 교과 수업에서 피쉬본 인과관계 분석 전략을 활용할 수 있는 방법은 다음과 같다.

☑ 언어

학생들에게 『동방 박사의 선물(The Gift of the Magi)』(Henry, 2005)에서 문제를 파악하게 한다. 학생들은 그룹으로 피쉬본 다이어그램 도구를 사용하여 문제를 일으키는 일련의 원인에 대해 브레인스토밍한다.

Adair는 오트밀 건포도 쿠키 4개, 설탕 쿠키 2개, 초코칩 쿠키 5개를 굽습니다. Adair는 친구들과 나누기를 좋아하여 오트밀 건포도 쿠키 한 더즌(dozen), 설탕 쿠키 1.5 더즌, 초코칩 쿠키 2.5 더즌을 나눠 줍니다. 이제 총 몇 개의 쿠키를 가지고 있을까요?

1. 쿠키 개수를 찾습니다: 오트밀: 4 X 12 = 48, 설탕: 2 X 12 = 24, 초코칩: 5 X 12 = 60

2. Adair가 몇 개를 나눠 줬는지 구합니다: 오트밀: 2 X 12 = 24; 설탕: 12 + 5 = 17; 초코칩: 12 X 2 = 24

3. 오트밀: 48 + 24 = 72; 설탕: 24 + 17 = 41; 초코칩: 60 + 29 = 89

4. 합계: 72 + 41 + 89 = 192

피쉬본 다이어그램

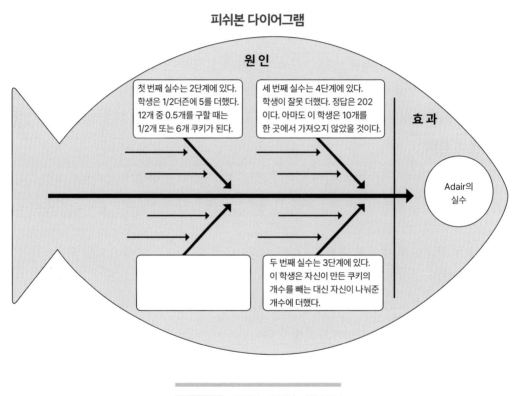

그림 5-4 피쉬본 다이어그램 예시

※go.SolutionTree.com/instruction에 방문하면 무료로 사용할 수 있는 양식을 다운받을 수 있다.

☑ **과학**

학생들을 그룹으로 나누고 사람 또는 동물의 생물학적 이상현상을 선택하게 한다. 학생들은 피쉬본 다이어그램을 사용하여 원인을 파악한다.

☑ 수학

학생들에게 신학기 쇼핑에 필요한 돈이 부족한 시나리오를 조사하게 한다. 학생들은 피쉬본 다이어그램을 사용하여 자신이 내린 재정적 결정을 검토하고 과소비를 초래한 실수를 파악한다.

☑ 사회

〈인도의 지리 문제〉(2017) 동영상을 본 후, 학생들은 그룹별로 피쉬본 그래픽 오거나이저를 활용하여 지리 기반으로 인도의 5가지 주요 과제가 무엇이라고 생각하는지 파악한다. 그런 다음 학생들은 각 과제에 대한 자세한 정보를 찾기 위해 조사를 수행한다.

☑ 인문학

로큰롤의 역사 단원에서 Johnny Cash와 Elvis Presley를 주제로 수업을 진행한 후, 학생들에게 피쉬본 다이어그램을 사용하여 두 아티스트가 직면했던 문제, 특히 한 아티스트는 60년 가까이 음악을 계속한 반면, 다른 아티스트의 경력은 비극으로 끝난 이유를 분석하게 한다.

🔒 전략 19: 안내된 읽기-사고 활동 ००০

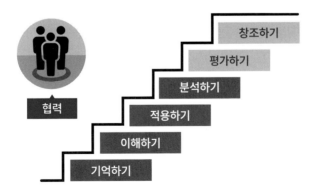

안내된 읽기-사고 활동 전략은 학생이 예측을 한 다음 읽기를 하면서 자신의 가설을 확증하거나 반박하는 증거를 찾는 능동적 읽기 전략이다(Stauffer, 1975; TeacherVision, nd). 이

전략을 사용하여 교사는 글에서 학생의 이해도를 평가하는 데 도움이 되는 질문을 할 지점을 정한다. 다음 섹션의 글을 읽기 전에 학생에게 다음에 무슨 일이 일어날지 가설을 세우고 예측하게 한 다음 그 예측을 평가한다. 이 전략은 읽기 목적을 설정하고, 호기심을 자극하고, 이해력을 강화하고, 텍스트에 적극적으로 몰입하도록 장려하는 데 도움이 된다.

활용 예시

Shakespeare(1935)의 『로미오와 줄리엣』을 읽기 전, 학생들에게 본문과 이미지를 훑으며 예측해 보게 한다. 교사는 흥미를 유발하기 위해 "이 고전 이야기는 어떤 내용인가요?" "사랑하는 사람을 부모님이 결정해도 되나요?" "이 이야기의 결말이 해피엔딩이라고 생각하나요? 그 이유는 무엇인가요?" 등의 질문을 던진다.

학생들은 읽기 전에 학급 전체 토론에 참여한다. 그런 다음 학생들은 1막의 발췌문을 읽고 줄거리와 등장인물에 어떤 변화가 있을지 추측한다. 학생들은 지금까지 읽은 내용과 사전 지식을 바탕으로 자신의 이론을 뒷받침하는 증거를 제시한다. 1막의 나머지 부분을 읽은 후, 학생들은 자신의 예측을 검토하고 평가하면서 다음 섹션에 대한 새로운 예측을 한다. 학생들은 연극의 각 발췌 부분에서 이 과정을 반복한다. 마지막에는 교사가 요약 질문을 던져 이해도를 확인한다.

🔍 전략 실행 단계

안내된 읽기-사고 활동 전략을 실행하는 9단계는 다음과 같다.

1. 읽을거리를 선택하고 학생들이 예측 활동을 할 수 있는 다양한 기회를 제공하는 서너 개의 중단점을 찾아낸다. 학생들이 읽기 활동을 하기 전에 물어볼 몇 가지 깊이 있는 질문을 계획한다.
2. 학생들에게 제목, 도표 등을 살펴보고 글의 특징을 파악하게 한다.
3. 학생들에게 글의 내용과 관련된 몇 가지 질문을 던져 흥미를 유발한다.
4. 학생들에게 앞으로 일어날 일에 대해 예측하게 하고 학급 전체 토론을 통해 예측을 공유하게 한다.

5. 학생들에게 다음 중단점에 도달할 때까지 조용히 읽게 한다.

6. 학생들에게 자신의 예측을 검토하게 하고 처음의 생각이 옳았는지 토론하게 한다. 교사는 다음 질문을 사용하여 토론을 안내한다.

- 자신의 예측에 대해 어떻게 생각하나요?

- 여러분의 예측을 증명하기 위해 본문에서 무엇을 찾았나요?

- 예측을 바꾸게 만든 부분에서 어떤 내용을 읽었나요?

7. 학생들에게 다음 몇 단원에서 무엇을 배우거나 발견하게 될지 예측해 보게 하거나 새로운 증거를 바탕으로 기존 예측을 수정하게 한다.

8. 필요에 따라 5단계에서 7단계까지 반복하여 읽기를 완료한다.

9. 다음과 같은 몇 가지 요약 질문으로 마무리한다.

- 저자가 이 이야기나 기사에서 말하고자 하는 요점은 무엇인가요? 여러분의 답변을 뒷받침하는 근거는 무엇인가요?

- 저자의 생각이나 등장인물의 행동에 동의하나요? 동의하는 이유 또는 동의하지 않는 이유를 설명할 수 있나요?

- 이 이야기나 기사를 읽을 시간이 없는 사람에게 이 이야기에 대해 어떻게 소개할 수 있을까요?

- 이전에 읽었던 다른 책과 비슷한 내용인지 설명할 수 있나요?

🎂 변형 전략

안내된 읽기-사고 활동 전략을 다음과 같이 변형하여 활용할 수 있다.

✔ 초등학생의 경우, 학생이 혼자서 읽게 하는 대신 이야기를 큰 소리로 읽어 주는 것이 좋다.

✔ 4단계에서 각 그룹의 학생들에게 '① 요약자, ② 질문자, ③ 설명자, ④ 예측자'와 같이 역할을 부여한다. 요약자가 지문을 읽은 후 요약한다. 그런 다음 질문자가 그룹에 질문을 던진다. 다음으로 설명자가 오해할 수 있는 부분을 해결한다. 마지막으로, 예측자가 다음에 일어날 일에 대해 합리적인 추측을 한다. 학생들이 다음 지문을 읽은 후 역할을 바꾸게 한다.

📖 교과별 활용 예시

다양한 교과 수업에서 안내된 읽기–사고 활동 전략을 활용할 수 있는 방법은 다음과 같다.

☑ 언어

학생들에게 소설의 한 부분을 읽게 하고, 교사는 학생들에게 잠시 멈춰서 앞으로 일어날 사건에 대해 예측해 보게 한다. 읽은 후 학생들은 줄거리를 간단하게 요약한다.

☑ 과학

학생들에게 Benjamin Franklin의 전기 발견에 대해 읽게 하면서 Franklin의 실험에서 중요한 순간에 독서를 멈추고 결과를 예측해 보게 한다.

☑ 수학

계산을 시작하기 전에 학생들에게 계산의 각 단계에서 어떤 결과가 나올지 예측해 보게 한다.

☑ 사회

학생들에게 미국의 서부 개척에 대해 읽게 한 후, 사람들이 서부로 이주하게 된 동기, 대륙 횡단의 어려움, 노예제도 확장의 영향 등 이 기간 동안의 주요 순간이 등장하는 지점에서 읽기를 멈추고 예측해 보게 한다.

☑ 음악

학생들에게 ABA(또는 세도막) 형식의 노래를 B섹션까지만 들려준다 B섹션이 끝날 때 학생들은 다음에 나올 곡을 예측한다. 교사는 "작곡가가 A섹션으로 돌아갈까요?, 아니면 ABA 형식이 아닌 론도 형식의 새로운 섹션을 만들까요?"라고 묻는다. 학생들은 마지막 섹션까지 들은 후 각 형식이 곡을 어떻게 변화시키는지 토론한다.

🔓 전략 20: 인용문 주워듣기　○○○

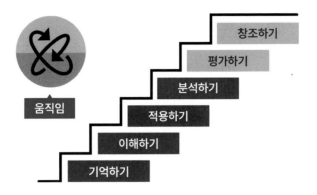

　　인용문 주워듣기 전략은 학생들이 다양한 아이디어를 듣고 거기서 얻은 정보로부터 의미 있는 결론을 도출하도록 유도하는 전략이다(Guillaume et al., 2007). 이 전략은 학생들이 교실을 돌아다니며 친구들의 인용문을 들으면서 주제를 파악하기 위한 단서를 수집하기 때문에 주제에 집중하면서 관심을 끌 수 있는 효과적인 방법이다. 학생들은 주제를 해독하기 위한 도전뿐만 아니라 반 친구들과 함께 돌아다니며 이야기할 수 있는 기회를 좋아한다.

활용 예시

　　교사는 선과 악을 주제로 여러 노래에서 음악 가사를 선택한다. 교사는 다양한 아티스트의 가사를 여러 장의 카드에 적어서 학생들에게 나눠 준다. 학생들은 교실을 돌아다니며 다양한 가사를 서로 공유한다. 그런 다음, 소그룹으로 모여 가사에서 찾은 공통 주제, 결론 및 질문에 대해 토론한다. 전체 토론에서 학생들은 각 그룹의 아이디어와 질문을 공유한다. 마지막으로 교사는 이 수업의 초점이 선과 악이라는 문학적 주제를 가진 여러 문학 작품을 탐구하는 것임을 밝힌다.

🔍 전략 실행 단계

인용문 주워듣기 전략을 구현하는 7단계는 다음과 같다.

1. 주제와 관련된 인용문 목록을 생성한다. 각 학생에게 다른 인용문을 제공할 수 있을 만큼 충분히 수집한다. 각 인용문은 다른 아이디어나 관점을 표현해야 한다. 하지만 각각의 인용문은 중요한 주제와 일치해야 한다.
2. 개별 인용문을 인쇄하거나 카드에 적고, 카드를 뒤집어 학생에게 한 장씩 나누어 준다.
3. 인용문을 읽고 인용문에 대한 첫 번째 생각을 적도록 안내한다.
4. 학생들이 친구들 사이를 돌아다니며 인용문을 공유하게 한다. 학생들은 인용문을 공유만 하되 토론해서는 안 된다.
5. 친구 5명과 인용문을 교환한 후, 소그룹으로 모여 다음 질문에 대해 토론하게 한다.
   - 인용문에는 어떤 공통된 아이디어가 있는가?
   - 어떤 결론을 도출할 수 있는가?
   - 어떤 질문이 있는가?
6. 그룹에서 생각해 낸 아이디어와 결론으로 학급 전체 토론을 진행한다.
7. 학생들이 학습해야 할 중요한 테마 또는 주제와 인용문을 연결한다.

🎂 변형 전략

인용문 주워듣기 전략을 다음과 같이 변형하여 활용할 수 있다.

✔ 학생들에게 공유할 인용문 카드를 나눠 주는 대신 벽에 인용문을 게시하고 교실을 돌아다니며 인용문을 읽도록 한다.
✔ 인용문을 사용하는 대신 사진, 특정 시대의 역사적 물건 또는 연극 소품과 같은 실제 물건을 제공하여 살펴볼 수 있도록 한다.
✔ 교실 곳곳에 학생들이 듣거나 볼 수 있도록 오디오 및 비디오 자료를 혼합하여 제공한다. 학생들이 단서를 찾으면 주제에 대한 결론을 도출해 보게 한다.

📖 교과별 활용 예시

다양한 교과 수업에서 인용문 주워듣기 전략을 활용할 수 있는 방법은 다음과 같다.

☑ 언어

교사는 비슷한 문법 실수가 있는 인용문을 정리하여 학생들에게 제공한다. 학생들은 인용문을 서로 공유하고, 소그룹 활동을 통해 인용문에서 실수를 찾아내고 공통점을 정리한 다음, 결론을 학급과 공유한다.

☑ 과학

교사는 학생들에게 지구 온난화에 대한 다양한 관점을 나타내는 인용문 카드를 제공한다. 학생들은 인용문을 서로 공유하고, 소그룹 활동을 통해 인용문에서 비슷한 특징을 찾아내며, 결론을 학급과 공유한다.

☑ 수학

학생들에게 사람들이 흔히 잘못 해석하는 일반적인 통계가 적힌 카드를 제공한다. 교사는 학생들에게 통계를 서로 공유하고, 소그룹 활동을 통해 유사점을 파악한 후 결론을 학급과 공유하게 한다.

☑ 사회

학생들에게 타협에 관한 영화 속 인용문이 적힌 일련의 메모 카드를 나눠 눈다. 학생들은 인용문을 서로 공유하고, 소그룹 활동을 통해 인용문에서 공통점을 찾은 다음, 결론을 학급과 공유한다.

🔒 전략 21: 수수께끼　　　　　　　　　　　　　○○○

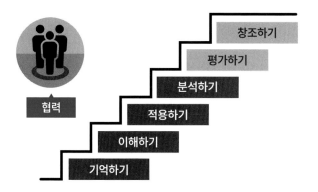

학생이 주제에 대해 비판적으로 생각하기 위해서는 참여가 중요하다(Jensen, 2019). 수수께끼 전략은 예상치 못한, 당황스러운 또는 놀라움을 주는 전략인데, 학생들의 즉각적인 참여를 유도하고 학생들이 궁금한 점을 이해하려고 노력하면서 생각을 하게 만드는 활동이다. 예를 들어, 과학 교사가 폭발을 일으킬 수도 있고, 사회 교사가 미국 독립 선언서의 주장과 유사한 연애 결별 쪽지를 읽을 수도 있다. 이러한 활동은 학생들의 주의를 빠르게 사로잡고 탐구 기반 학습을 통해 상충되는 이유를 밝히고자 하는 비판적 사고에 참여하도록 유도한다. 교사는 시연, 비디오 클립, 흥미로운 지문 또는 과학 실험과 같은 다양한 도구를 사용하여 수수께끼를 만들 수 있다.

 활용 예시

　　교사가 학생들에게 왕꿈틀이가 살아 있는지 묻는다. 학생들은 살아 있지 않다는 데 동의하지만, 컵 안에서 자연스럽게 움직이는 왕꿈틀이를 목격하게 된다. 학생들은 그룹을 지어, 왜 왕꿈틀이가 움직이는 것처럼 보이는지 추측해 본다. 일부 학생들은 컵에서 화학 반응이 일어나서 왕꿈틀이가 움직인다고 생각하면서 여러 가지 가능성에 대해 토론한다. 그런 다음 그룹 활동을 하면서 반응을 일으킬 수 있는 잠재적인 화학 물질을 찾아낸다. 각 그룹이 가설을 공유한 후 왕꿈틀이를 베이킹소다에 담근 다음 식초를 넣어 표면으로 올라오는 기포를 형성하는 반응을 일으키면 왕꿈틀이가 움직이게 된다는 비밀을 밝혀낸다.

🔍 전략 실행 단계

수수께끼 전략을 구현하는 6단계는 다음과 같다.

1. 학생들이 탐구 기반 학습을 하도록 촉발시키는 내용을 브레인스토밍하거나 자료 조사를 하여 수수께끼를 결정한다.
2. 관찰할 내용에 학생의 주의를 집중시키되, 너무 많은 것을 공개하지 않도록 한다. 학생들이 놀라움이나 충격을 느껴야 하기 때문이다.
3. 학생들이 경험할 수 있도록 수수께끼 전략을 실행한다.
4. 그룹별로 학생들은 수수께끼를 이해하려고 시도하고 해결을 위한 질문을 만들면서 그 사례가 나타날 수 있는 이유에 대해 토론한다.
5. 각 그룹에서는 대표를 선정하여 그룹의 생각을 공유하게 한다.
6. 수수께끼의 원인을 찾아낼 수 있는 그룹이 없는 경우, 실제로 무슨 일이 일어났는지 밝힌다. 모든 그룹이 발표할 기회를 가진 후에만 원인을 밝힌다. 원인을 파악하는 데 성공한 그룹에게 축하를 전한다.

🎂 변형 전략

수수께끼 전략을 다음과 같이 변형하여 활용할 수 있다.

✔ 학생들에게 최선의 추측을 발표하게 하는 대신, '예' 또는 '아니요'로 답할 수 있는 질문을 만들어 교사에게 물어보게 함으로써 학생들이 사건을 이해하는 데 도움을 줄 수 있다. 예를 들어, 교실 예시의 왕꿈틀이 시연에서 학생들은 교사에게 화학 반응이 일어나고 있는지 물어볼 수 있다. 교사는 맞다고 확인해 주고, 다른 그룹에게도 가설을 세우는 데 도움이 되는 추가 질문을 해 보도록 권장한다.

✔ 수수께끼를 사용하여 학생들이 오해하고 있는 내용(예: 더 긴 글이 더 짧은 글보다 항상 좋은 것은 아니라는 생각)을 바로잡을 수 있다. 학생에게 짧은 글(최고 점수를 받은 글)과 긴 글(낮은 점수를 받은 글) 두 편을 보여 줄 수도 있다. 이어지는 토론에서는 짧은 작품이 더 우수한 이유는 무엇인지에 대해 집중적으로 논의해 본다.

📖 교과별 활용 예시

다양한 교과 수업에서 수수께끼 전략을 활용할 수 있는 방법은 다음과 같다.

☑ 언어

학생들에게 10대의 관점에서 쓴 무도회 밤에 관한 2개의 다른 편지를 읽어 준다. 한 편지는 '꿈같은' 데이트 상대와 함께한 10대 소녀의 신나는 밤에 대해 자세히 설명한다. 다른 편지는 친구들과 함께 보낸 즐거운 시간을 언급하고 그녀의 바람직한 행동을 강조한다. 교사는 학생들에게 두 편지의 목적을 파악하게 한다. 교사는 학생들이 두 편지가 서로 다른 두 대상, 즉 친구와 할머니를 위해 쓰였다는 결론을 내리기를 기대한다. 이 활동에 참여함으로써 학생들은 청중을 파악하는 것의 중요성에 대해 알게 된다.

☑ 과학

교실 벽에 풍선을 붙인다. 풍선에 헬륨이 채워져 있지 않은데도 풍선이 벽에 달라붙어 떠 있다. 학생들에게 풍선이 떠 있는 이유에 대해 토론하게 한다. 교사는 학생들이 풍선을 문질러 정전기가 발생했기 때문에 풍선이 벽에 달라붙는다고 정확하게 파악하기를 기대한다.

☑ 수학

밑이 같은 양의 지수와 음의 지수를 곱하는 학생의 계산을 예시로 보여 준다. 학생들은 계산 과정의 문제점을 검토하여 수학 문제 풀이 과정을 작성한다.

☑ 사회

학생들이 수업에 들어가면 사회 교사가 학생 몇 명을 한 그룹으로 지정한다. 교사는 이 그룹에게 수업에서 무엇을 할 것인지 선택할 수 있도록 허용하고 원하는 경우 언제든지 교실을 돌아다닐 수 있다고 말하지만, 교실 규칙은 지키면서 활동하라고 당부한다. 수업 첫 몇 분 동안 이 활동을 계속하게 하고, 다른 학생들에게는 학습지를 작성하라고 한다. 그런 다음 교사는 학생들에게 소그룹을 구성하여 지금까지 일어난 일에 대한 자신의 느낌을 토론하게 한다. 마지막에, 교사는 선택된 학생은 로마 평민을 대표하고 다른 학생들은 귀족 사회 계층을 대표한다고 말한다.

☑ **드라마**

학생들에게 한 코미디언의 영상을 보여 준다. 학생들은 그룹에서 토의하며 사람들을 웃기는 코미디언의 트릭을 알아내기 위해 노력한다.

🔒 전략 22: 눈금 표시기   ∘∘∘

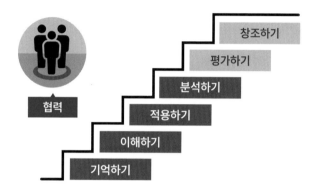

학생의 분석 및 사고력을 향상시키는 또 다른 방법은 〈표 5-8〉과 같은 그래픽 오거나이저를 사용하여 여러 관점에서 상황이나 주제를 검토하도록 하는 것이다. 이렇게 하면 문제를 더 깊이 이해하는 데 도움이 되며 '분석하기' 수준에 부합한다. 이 수준에서 귀인 인지 과정(attributing cognitive process)을 사용하여 학생들은 정보의 편견, 가정 및 관점을 파악한다. **눈금 표시기** 전략은 학생들로 하여금 이슈의 장단점을 파악한 후, 해당 관점이나 아이디어에 대한 동의 수준을 평가하도록 한다.

활용 예시

NASA와 행성에 대한 학습을 진행한 한 후, 교사는 학생들에게 "미국 정부는 화성에 대한 우주 탐사에 자금을 지원해야 한다."라는 주제에 대한 구체적인 관점을 생각해 보게 한다. 학생들은 그룹별로 3가지 관점을 브레인스토밍한다. 한 그룹은 NASA, 납세자, 미국 국회의원의 관점을 조사하기로 결정한다.

그룹별로 그래픽 오거나이저에 각 관점에 대한 찬성과 반대 의견을 기록한다(〈표 5-8〉 참조). 내용을 기술한 후, 각 관점별로 토론을 촉발하기 위한 질문을 생성한다. 각 그룹은 다른 그룹에게 질문을 던지고 해당 그룹에 할당된 관점에서 답을 찾는다. 토론이 끝나면 학생들은 수집한 모든 증거와 주장을 고려하여 온도계 모양의 그래픽 오거나이저에 1부터 5까지의 척도로 동의하거나 동의하지 않는 정도를 평가한다. 예를 들어, 한 학생은 우주 미션에 자금을 지원해야 한다는 증거가 명확하다고 생각하여 NASA의 관점에 대해 모든 척도 눈금에 색을 칠한 반면, 납세자의 입장에 대한 논거가 약하다고 생각하여 눈금 한 칸만 색을 칠했다.

표 5-8 찬반 그래픽 오거나이저

질문 또는 진술: 미국 정부는 화성 탐사를 위한 자금을 지원해야 한다.

관점	찬성	반대	질문	척도
NASA	새로운 아이디어를 발견하고 개발을 하는 잠재력에 대한 믿음으로 우주 탐험을 향한 아메리칸 드림을 실현할 수 있음.	지구 미생물에 의해 화성이 오염될 가능성을 우려함. 부족한 재정 자원을 소진하여 다른 탐사(예: 달 탐사)를 제한할 수 있음.	우리가 가지 않으면 중국이 우주 미션에서 미국을 추월할 수 있을까?	
납세자	화성에 생명체가 존재할 가능성에 대해 궁금증을 가짐.	탐사 비용이 비싸고 그 돈을 주요 사회 문제를 해결하고 환경을 정화하는 데 더 잘 쓸 수 있음을 고려함.	우리나라가 합리적인 예산으로 우주여행을 계속할 수 있는 가장 좋은 방법은 무엇인가?	
미국 국회의원	탐사를 통해 전 세계적으로 미국의 위상을 높일 수 있다는 믿음을 가지고 있음.	탐사는 비용이 많이 들고 잠재적으로 가치 있는 보상이 없다고 생각함.	어느 정당이 주도권을 가지는가?	

※go.SolutionTree.com/instruction에 방문하면 무료로 사용할 수 있는 양식을 다운받을 수 있다.

🔍 전략 실행 단계

눈금 표시기 전략을 구현하는 5단계는 다음과 같다.

1. 학생이 분석할 주제를 확인한다. 학생이 다양한 관점에서 볼 수 있는 주제를 선택하는 것이 중요하다.

2. 그룹별로 주제에 대한 여러 가지 다른 관점을 파악하여 〈표 5-8〉과 같은 찬성, 반대 그래픽 오거나이저에 기록하게 한다.

3. 그룹별로 학생들에게 이 문제의 찬성, 반대를 파악하게 하고, 이 관점에 대해 궁금한 점이 있으면 질문하게 한다.

4. 교실 토론을 주최하고 각 그룹에 관점을 할당한다. 각 그룹은 다른 그룹에게 질문하고 자신의 관점을 옹호할 준비를 해야 한다.

5. 제시된 모든 아이디어를 숙고한 후, 학생들은 동의 여부를 표시하기 위해 척도에 색을 칠하여 눈금 표시기 전략을 완성한다. 예를 들어, 척도의 다섯 칸에 모두 색을 칠하면 해당 관점에 강한 동의를 나타내는 반면, 한 칸에만 색을 칠하면 해당 관점에 거의 동의하지 않는다는 것을 나타낸다.

🏛 변형 전략

눈금 표시기 전략을 다음과 같이 변형하여 활용할 수 있다.

- ✔ 토론이 끝난 후, 학생들에게 주제에 대한 설득력 있는 에세이를 쓰게 하거나 멀티미디어 프레젠테이션을 만들어 학급에 발표하게 한다.
- ✔ 찬반 그래픽 오거나이저를 사용하는 대신, 〈표 5-9〉와 같은 데이터 기반 그래픽 오거나이저를 사용하게 한다. 이 버전에서는 학생들이 각 관점을 뒷받침하는 데이터를 기록한 다음 각 관점에 대한 동의 여부를 차트로 표시할 수 있다.

📖 교과별 활용 예시

다양한 교과 수업에서 눈금 표시기 전략을 활용할 수 있는 방법은 다음과 같다.

☑ 언어

학생들에게 소셜 네트워크가 사회에 좋은지 생각해 보라고 한다. 학생들은 그룹을 이루어 사람들이 소셜 미디어를 사용하는(또는 사용하지 않는) 다양한 방식과 이 질문에 어떻게 접근할지 생각해 본다.

☑ 과학

학생들에게 사람들이 채식을 해야 하는지 생각해 보라고 한다. 학생들은 그룹을 이루어 의료 전문가, 영양사, 육식 애호가, 채식주의자의 관점을 고려하고 이 질문에 어떻게 접근할지 생각해 본다.

☑ 수학

문제를 푸는 다양한 방법을 보여 주는 여러 학생의 풀이 방법을 전시한다. 학생들은 각 학생의 풀이 방법에 대해 장 · 단점을 파악한다.

표 5-9 데이터 기반 그래픽 오거나이저

질문 또는 진술:		
관점	데이터	척도

※go.SolutionTree.com/instruction에 방문하면 무료로 사용할 수 있는 양식을 다운받을 수 있다.

☑ **사회**

학생들에게 모든 시민에게 인터넷 서비스를 제공하는 것이 정부의 책임인지 묻는다. 학생들은 그룹을 이루어 인터넷 서비스에 접근하거나 비용을 지불하는 데 어려움을 겪는 사람, 인터넷 서비스에 쉽게 접근할 수 있는 사람들, 인터넷 서비스 제공업체, 선출직 공무원의 관점을 고려하고 이 질문에 어떻게 접근할 것인지 생각해 본다.

☑ **미술**

학생들에게 다른 시대의 사람들이 그림을 어떻게 보았을지 질문한다. 학생들은 그룹을 이루어 역사적 시대를 파악하고 해당 시대의 사람들이 문제의 그림에 대해 어떻게 반응할지 평가한다.

🔓 전략 23: SWOT 분석　　ㅇㅇㅇ

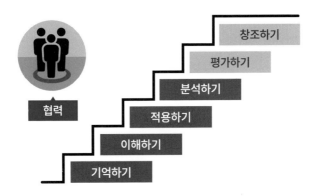

기업에서 실태를 조사하거나 프로젝트를 계획하거나 경쟁을 탐색하기 위해 SWOT(강점, 약점, 기회 및 위협) 분석 전략을 사용하는 경우가 많다. 학생이 목표를 정의하고, 목표 달성에 영향을 줄 수 있는 모든 관련 요소를 고려하고, 목표 달성이 가능한지 판단하여 문제 또는 상황을 분석하도록 하려는 경우에도 이 전략을 수업에 맞게 적용할 수 있다. 이를 통해 학생은 상황이나 문제를 여러 각도에서 분석하는 방법을 배운다. 교사는 〈표 5-10〉과 같은 간단한 그래픽 오거나이저를 학생이 작성해 보도록 안내한다.

활용 예시

　　학급의 지난 분기 성적이 평소보다 낮았기 때문에 교사는 학생들에게 수업과 자신의 진전 정도에 대해 생각해 보고 앞으로의 성취도 향상 목표를 달성하기 위한 SWOT 분석을 준비하게 한다. 학생들은 개별적으로 한 분기를 되돌아보고 SWOT 그래픽 오거나이저를 작성한다(〈표 5-10〉 참조). 그런 다음 개선 기회에 초점을 맞춰 짝과 분석 내용을 공유한다. 교사는 학생들이 앞으로 수업 결과를 개선하기 위한 방법으로 나열한 기회 중 몇 가지를 공유하게 한다. 학생의 피드백을 바탕으로 교사와 학생 모두 학생의 성취도를 높이기 위해 수업과 학습을 조정한다.

🔍 전략 실행 단계

SWOT 분석 전략을 구현하는 5단계는 다음과 같다.

1. 교사는 학생들이 SWOT 분석 전략을 사용하여 조사할 수 있는 문제 또는 상황을 제시한다. 이는 학생에게 명확한 목표로 인식되어야 한다.
2. 학생들을 그룹으로 나누어 강점, 약점, 기회, 위협의 4가지 렌즈를 통해 문제 또는 상황을 분석하게 한다.
3. 각 그룹은 SWOT 그래픽 오거나이저(〈표 5-10〉 참조)를 사용하여 강점, 약점, 기회 및 위협을 설정한다.
4. 완료되면 학생들은 자신의 그래픽 오거나이저를 한 스테이션에 두고 다른 그룹의 결론과 성찰을 보기 위해 스테이션 사이를 순환한다. 학생들은 통찰력 있는 아이디어와 결론에 체크 표시를 하고, 궁금한 점이 있으면 스티커 메모에 적어 각 그룹의 그래픽 오거나이저에 남겨 둔다.
5. 다른 그룹의 차트를 본 후, 자기 그룹 산출물에 새로운 아이디어를 추가하고, 다른 그룹이 남긴 질문에 답하고, 결론을 다시 작성하여 SWOT 분석을 구체화한다.

표 5-10 SWOT 분석 예시

목표: 전체 학생의 성취도 향상시키기	
강점(S)	약점(W)
그룹 활동, 흥미로운 내용	수업 속도, 시험 전 복습 필요
기회(O)	위협(T)
진행 상황을 측정할 수 있는 연습 퀴즈 제공	내용을 이해하지 못해서

결론: 시험 전에 더 많은 복습 기회를 제공하고 학습 진행 상황을 평가할 수 있도록 연습 퀴즈를 제공함으로써 성취도를 향상시킬 수 있을 것임.

※go.SolutionTree.com/instruction에 방문하면 무료로 사용할 수 있는 양식을 다운받을 수 있다.

⚒ 변형 전략

SWOT 분석 전략을 다음과 같이 변형하여 활용할 수 있다.

- ✔ 각 그룹이 SWOT 분석 차트를 수정하는 작업을 할 때, 각 항목에서 가장 중요한 아이디어가 무엇인지 살펴 우선순위를 정해 보게 한다.
- ✔ 그룹 활동을 할 때 기존의 A4 사이즈 종이가 충분하지 않은 경우, 더 큰 차트 용지에 정리 자료를 만드는 것이 좋다.

📖 교과별 활용 예시

다양한 교과 수업에서 SWOT 분석 전략을 활용할 수 있는 방법은 다음과 같다.

☑ 언어

학생들에게 SWOT 분석을 사용하여 『위대한 개츠비(The Great Gatsby)』(Fitzgerald, 2018)에 나오는 인물인 Jay Gatsby를 탐구하게 한다. Gatsby가 영웅인지 아니면 근본적인 결함이 있는 인물인지 파악하는 것이 목표다.

☑ **과학**

학생들에게 그룹별로 날씨 관련 위험의 영향을 줄이기 위한 해결책을 제안해 보게 한다. 그룹별로 해결책을 발표하고 SWOT 분석을 사용하여 다른 그룹의 해결책을 검토하여 설계에 대한 피드백을 제공한다.

☑ **수학**

학생들에게 그룹별로 통계 프로젝트를 위한 데이터를 수집하게 한다. 각 그룹이 결과를 발표하는 동안 다른 그룹은 SWOT 분석을 사용하여 평가하고 최종 수정에 도움이 되는 피드백을 제공한다.

☑ **사회**

학생들에게 제1차 세계 대전에 참전한 국가를 선택하고 SWOT 분석을 사용하여 전쟁에 참전한 목적과 그 목적이 현실적으로 달성할 수 있는 목표였는지를 판단해 보게 한다.

☑ **음악**

학생들에게 로큰롤 시대의 음악가 또는 밴드를 선정하고 SWOT 분석을 사용하여 해당 개인 또는 밴드의 음악이 동시대 사람들에게 영향을 미쳤는지 판단해 보게 한다.

🔓 전략 24: 갤러리 워크　　　　　　　　○○○

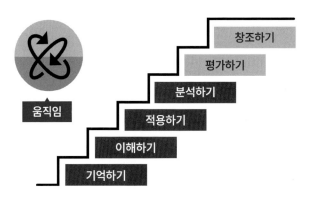

갤러리 워크 전략은 소그룹으로 구성된 학생들이 교실을 돌아다니며 다양한 스테이션을 찾아 문서, 이미지, 텍스트 또는 상황에 대해 묻고 답하는 전략이다. 이 전략은 사전 평가 활동, 새로운 아이디어 브레인스토밍, 새로운 콘텐츠 소개, 선행 학습 복습 등에 사용할 수 있다. 갤러리 워크 전략의 장점은 학생들이 교실을 돌아다니며 친구들과 집중적으로 토론하여 다양한 관점을 살펴보고 자신의 아이디어도 돌아볼 수 있다는 점이다. 소그룹을 활용하면 더 많은 학생이 참여할 수 있고 소심한 학생들도 더 많이 참여할 수 있다. 갤러리 워크는 정보 요약과 같은 낮은 수준의 사고 활동에도 사용할 수 있지만 분석 수준에서 복잡한 정보를 정리하고 정확한 결론을 도출하는 데 활용할 수 있다.

활용 예시

한 초등학교 교실에서 다양한 아메리카 원주민 부족과 전통에 대해 토론하고 있다. 학급을 소그룹으로 나누고 그룹이 각 스테이션을 돌게 한다. 각 스테이션에는 다양한 이미지와 다른 부족의 유물 그리고 학생들이 기록할 수 있도록 활동지가 있다. 그룹은 각 스테이션을 돌면서 활동지에 자신의 아이디어, 궁금한 점, 이미지에 대한 질문, 이전에 기록했던 내용과의 연관성 등을 기록한다.

🔍 전략 실행 단계

갤러리 워크 전략을 실행하는 5단계는 다음과 같다(Stobaugh & Love, 2015).

1. 학생들이 고려해야 할 주요 주제 또는 개념을 파악하여 활동지를 만들어(학생들도 사용할 수 있도록) 스테이션에 활동지를 둔다. 학생들의 탐구력과 이해를 높이는 데 도움이 되는 자료라면 무엇이든 괜찮으므로 주요 주제에 대한 설명, 정치, 만화나 그림과 같은 이미지, 소설이나 주요 정보의 인용문 또는 녹음 자료를 사용해도 좋다. 텍스트 읽기나 교실 주변에 제시된 정보를 종합하는 데 필요한 몇 가지 상위 수준의 질문도 포함될 수 있다. 예를 들어, "이 글을 바탕으로 우리나라에서 평등이 실현되었나요?" 같은 질문이 있다.

2. 4명 내외로 소그룹을 구성한다. 각 그룹에게 스테이션에서 응답을 기록할 때 사용할 수 있는 다른 색의 마커를 제공한다(그룹마다 명확히 하기 위해). 각 그룹은 기록할 사람을 정하고 스테이션에서 역할을 바꾸면서 활동한다.

3. 기록할 사람을 정하면 그룹이 첫 번째 스테이션으로 이동하도록 신호를 준다. 브레인스토밍 프롬프트를 사용하는 경우 학생이 자신의 생각을 기록하는 데 1~2분 정도밖에 걸리지 않을 수 있지만 더 높은 수준의 질문에 답해야 하는 경우 생각을 처리하고 기록하는 데 시간이 더 걸릴 수 있다. 이 경우 3~4분이 더 적절할 수 있다. 그룹원들은 자신의 아이디어와 질문을 활동지에 기록해야 한다.

4. 지정된 시간이 지나면 그룹이 다른 스테이션으로 이동하도록 한다. 원하는 이동 패턴을 정하여 학생에게 설명해 준다. 학생이 다른 그룹의 코멘트를 읽고 질문이 있는 경우 차트에 물음표를 표시하여 나중에 해당 항목에 대해 학급 토론을 한다. 학생들은 새로운 아이디어를 추가해야 하며 이전 그룹에서 이미 작성한 아이디어를 반복해서는 안 된다. 학생들이 모든 스테이션을 돌 때까지 반복한다.

5. 학생들의 학습 내용을 요약하고 질문을 다루고 작성한 아이디어 중 좋은 아이디어를 살펴보는 전체 그룹 토론 또는 자기 성찰을 시작한다.

변형 전략

갤러리 워크 전략을 다음과 같이 변형하여 활용할 수 있다.

- ✔ 각 스테이션의 활동지에, ① 개인의 의견 또는 생각, ② 질문, ③ 예측을 적게 한다.
- ✔ 수학 문제, 정치 만화 또는 이미지를 교실 벽 여러 스테이션에 게시할 수도 있다. 활동지를 사용하는 대신 학생들의 노트에 자신의 생각을 기록해도 된다.
- ✔ 모든 그룹이 순환한 후에는 다른 그룹이 활동지에 기록한 것을 살펴볼 수 있도록 각 스테이션을 빠르게 한 번 더 순환하게 한다.
- ✔ 갤러리 워크의 마무리를 위해 학생들에게 그래픽, 정리 요약, 단락 또는 각 차트에서 핵심 정보를 찾아 동그라미를 쳐서 학습 내용을 종합하게 한다(Simon, n.d.).

📖 교과별 활용 예시

다양한 교과 수업에서 갤러리 워크 전략을 활용할 수 있는 방법은 다음과 같다.

☑ 언어

최근 빅토리아 시대의 책에 나오는 다양한 인용문을 살펴보게 한다. 학생들은 교실의 여러 스테이션에 있는 활동지에 있는 명언을 살펴보고 선택하여 그 명언이 시대를 어떻게 반영하는지 활동지에 표시하고 그 명언이 마음에 드는 이유를 쓴다(Guillaume et al., 2007). 그룹이 돌아가면서 인용문에 대한 질문이나 설명을 추가한다.

☑ 과학

각 스테이션에서 '우리 지역 사회의 천연 자원을 어떻게 보존할 수 있는가'와 같은 개방형 질문을 하여 학생들에게 자원의 종류에 대한 단원의 핵심 주제를 살펴보게 한다.

☑ 수학

교실 곳곳의 활동지에 다양한 수학 문제를 놓아두고 그룹이 돌아가며 문제 해결 방법을 확인하도록 하여 해결 방법에 도달하는 다른 방법을 보여 준다.

☑ 사회

활동지에 있는 정치 만화를 살펴보고 만화를 이해하는 데 중요한 1가지 핵심 요소를 찾게 한다. 학생들은 자신이 파악한 내용을 활동지에 기록한다. 그룹은 교실을 돌며 다른 만화를 보고 각 만화에서 중요한 정보를 추가로 찾아낸다.

☑ 인문학

미술 작품, 음악, 춤, 영상이 포함된 스테이션을 돌아가며 살펴보게 한다. 그룹은 각 스테이션이 문화 탐험의 재탄생을 어떻게 보여 주는지 노트에 작성한다.

🔓 성찰하기   ○○○

5장에 소개된 내용을 되돌아보면서 다음의 5가지 질문에 답해 보자.

1. 이 장의 어떤 전략이 기존의 수업에 이미 반영되고 있는가? 학생의 분석적 사고력을 향상시키도록 수업 방법을 개선하기 위해서 어떤 노력을 할 수 있을까?
2. '분석하기' 기술을 구축하기 위해 다음 달에 사용해 보고 싶은 4가지 전략은 무엇인가?
3. 이 장에서 미디어 리터러시를 기반으로 한 전략 중 가장 마음에 드는 것은 무엇인가? 이 전략이 학생들에게 적합한 이유는 무엇인가?
4. 이 장에서 제시하는 전략을 더 향상시키기 위해 어떻게 변형해 볼 수 있을까?
5. 이 장의 전략을 특정 교육과정에 맞게 조정할 수 있는 방법에는 무엇이 있는가?

🔓 실천하기   ○○○

5장의 개념을 교실에서 활용하기 위해 다음 3가지 활동을 해 보자.

1. 학생들과 함께 사용하고 싶은 전략 하나를 골라 가르치는 내용에 맞는 계획을 세운다.
2. 학생들과 함께 전략을 적용한 후, 학생들이 그 전략을 즐겁게 활용했는지 다음번에는 어떻게 개선할 수 있는지 물어본다.
3. 분석적 능력을 길러 주는 비판적 사고 전략을 사용하는 다른 교사를 관찰한다. 관찰한 내용을 자신의 수업에 어떻게 적용할 수 있는지에 대한 성찰과 아이디어를 적는다.

'평가하기' 수준 전략 실천하기

어떤 생각을 받아들이지 않고 즐길 수 있는 것은
교양 있는 마음의 표식이다.

-Aristotle

이 장에서는 개정된 Bloom의 교육목표분류법(Anderson & Krathwohl, 2001)의 '평가하기' 수준에 초점을 맞춘 19가지 전략을 살펴볼 것이다. 각 전략에는 콘텐츠 확인, 비평과 같은 '평가하기' 수준의 인지적 응용능력이 필요하다.

일부 전략은 '기억하기' '이해하기' '적용하기' 또는 '분석하기' 수준의 인지적 능력을 활용하기도 한다. 각 전략의 아이콘은 해당 활동이 분류 체계의 어느 단계(수준)에 해당하는지, 그리고 참여를 위한 주요 도구(움직임, 협력 또는 미디어 리터러시)를 나타낸다.

각 전략에는, ① 개념과 목적을 설명하는 간단한 소개, ② 수업 예시, ③ 전략을 실천하기 위한 단계, ④ 구현하기 위해 선택할 수 있는 변형 전략, ⑤ 다양한 교과에서 활용할 수 있는 예시를 자세히 설명하는 5가지 섹션으로 구성되어 있다.

🔓 전략 25: 4개의 코너　　　ooo

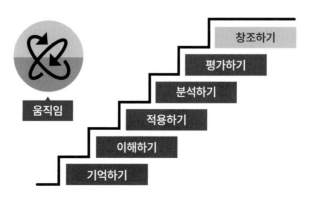

4개의 코너 전략은 학생들이 수업 주제에 대해 깊이 생각한 다음 함께 활동하면서 움직이는 방식이다. 학생들에게 질문을 던지고 학생들은 답을 생각한 후 자신이 선택한 답이 있는 교실 코너로 이동한다. 그런 다음 학생들은 소그룹으로 주제에 대해 토론하고 전체 학급에서 결론을 발표한다. 이 전략은 많은 장점이 있다. 학생들은 질문에 대해 자신과 비슷한 생각을 가진 다른 학생들과 대화를 나눌 수 있다. 이 전략에 참여하면서 다양한 관점에 귀를 기울이고 자신의 생각을 성찰하고 다른 사람의 생각을 비평하면서 비판적 사고를 촉진할 수 있다. 이 전략은 학생이 주제에 대한 지식을 바탕으로 소그룹에서 함께 활동하고 의견을 표현할 수 있으므로 충분한 의사소통이 이루어진다. 또한 학생을 평가하는 데 이 전략을 사용할 수도 있다. 이 전략을 사용하여 주제에 대한 학생의 사전지식을 평가하고, 토론을 준비할 수 있게 하며, 텍스트를 읽은 후 사고 및 대화를 촉진시킨다. 그리고 학생에게 학습할 충분한 시간을 줄 수도 있다. 이 전략의 활동이 끝나고 각 소그룹이 제시한 근거에 피드백을 제공하고 오류를 수정하게 할 수도 있다.

활용 예시

물 순환에 대해 배운 후, 물 순환의 각 단계와 물 순환이 가지는 환경에서의 역할에 대해 토론한다. 구체적으로 먼저, 학생들이 물 순환의 어느 단계가 가장 중요한지 생각해 보게 한다. 교사는 각 순환 단계를 교실 곳곳에 표시하고 학생들은 자신의 의견과 일치하는 코너로 이동한다. 이런 방식으로 학생들은 그룹을 구성하고 근거를 바탕으로 전체 학급 앞에서 자신의 주장을 발표한다.

🔍 전략 실행 단계

4개의 코너 활동 전략을 실행하는 5단계는 다음과 같다.

1. 정답은 없지만 논란의 여지가 있고 토론으로 이어지며 여러 가지 답변을 할 수 있는 사고 촉진 질문을 선택한다.
2. 그래픽 오거나이저나 메모 카드에 질문에 대한 사전 아이디어를 적도록 하여 학생들

이 그룹 토의를 할 수 있도록 안내한다. 학생들이 3~4분 동안 자신의 생각을 정리하여 다음 단계에서 더욱 진지하게 참여할 수 있도록 한다.

3. 학생들에게 자신의 생각과 일치하는 코너로 이동하게 한다. 그런 다음 학생의 참여도를 높이기 위해 2~3개의 소그룹으로 나누어 자신의 생각을 설명하게 한다. 그룹에서는 다른 그룹을 설득하기 위해 근거를 바탕으로 자신의 주장이나 사례를 작성해야 한다. 한 사람만 코너에 있다면 혼자 선택한 용기를 격려하고 다른 소그룹이 논의하는 동안 그 학생이 자신의 생각을 스스로 성찰해 보게 한다.

4. 그룹별로 발표자를 뽑거나 각 그룹에서 무작위로 학생을 불러 그룹의 생각을 발표하게 한다. 이후 그룹별로 서로 질문하고 답변하는 시간을 약 5분 동안 갖는다.

5. 토론 후 관점이 바뀐 학생들이 있다면 학생들에게 코너를 바꿔 새로운 그룹과 추가 토론을 하고 그들의 생각 변화를 설명하게 한다.

🎖 변형 전략

4개의 코너 전략을 다음과 같이 변형하여 활용할 수 있다.

- ✔ 4개보다 더 많거나 적은 코너를 사용할 수 있다. 예를 들어, 이분법적 문제와 관련된 질문을 던진 후 동의하는 학생들은 교실의 한 쪽 코너에 가도록 하고 동의하지 않는 학생들은 다른 코너로 이동하게 한다.
- ✔ 이 전략을 읽기 전후 활동으로 사용하여 학생들이 새로운 정보를 받아들인 후 사고가 어떻게 변화했는지 살펴본다. 예를 들어, 학생들이 아직 읽지 않은 기사에서 기존 지식과 가정을 바탕으로 핵심 내용을 파악하고 코너를 선택하게 한다. 기사를 읽은 후 활동을 반복하고 그들의 생각이 어떻게 발전했는지 토론을 진행한다.
- ✔ 수업에서 몇 가지 주요 주제를 뽑아 각 주제를 코너에 둔다. 학생들은 가장 어려웠던 주제에 해당하는 코너로 이동하여, 해당 주제에 대해 아직 가지고 있는 질문을 활동지에 적거나 다른 그룹에서 질문할 수 있다. 그룹에서 질문을 공유한 후 학생들은 그 다음으로 어려운 주제로 이동할 수 있으며 이를 통해 교사는 어떤 영역에 더 많은 교육적 개입이 필요한지 알 수 있다.

📖 교과별 활용 예시

다양한 교과 수업에서 4개의 코너 전략을 활용할 수 있는 방법은 다음과 같다.

☑ 언어

학생들이 이야기를 읽은 후 친구가 되고 싶은 캐릭터를 선택하게 한다. 교실의 코너마다 책에 나오는 주요 인물 중 1명으로 정하고 학생들은 이야기에 근거해 자신이 왜 인물을 선택했는지 뒷받침할 수 있어야 한다.

☑ 과학

기후 위기 보고서의 데이터를 살펴보고 해당 데이터가 기후 변화가 주로 인간이 유발한 것이라는 주장을 뒷받침하는지 판단하게 한다. 교실의 각 코너에는 4단계 척도를 표시한다(매우 동의함, 동의함, 동의하지 않음, 매우 동의하지 않음).

☑ 수학

새로운 주제에 대한 이해도를 사전 평가하기 위해 학생들에게 익명의 학생이 푼 실생활 문제의 단계별 풀이를 살펴보고 몇 가지 실수가 있는지 파악하게 한다. 교사는 평가 척도로 각 코너를 정한다(모두 정답, 1개 실수, 2~3개 실수, 4개 이상 실수).

☑ 사회

미국 권리 장전의 10개 수정안을 골라 개인 또는 집단의 자유에 큰 영향을 주지 않고 삭제할 수 있는 수정안을 선택하게 한다. 활동을 준비하기 위해 학생들은 각 수정안 삭제의 긍정적인 측면과 부정적인 측면을 확인하고 중요도에 따라 순위를 매긴다. 교사는 교실에 10개의 코너를 정한다.

☑ 음악

학생들에게 비틀즈가 명성을 얻게 된 요인을 미디어 보도, 재능, 역사적 맥락 및 성격 등으로 나누어 조사하게 한다. 네 코너에 교사는 각 요소의 명칭이 붙은 큰 종이를 그룹에게 제공한다. 학생들은 자신의 생각을 종이에 적는다. 그런 다음 자신의 생각을 학급과 공유하고 간단한 토론을 통해 다른 사람을 설득시킨다(TeachRock, n.d.).

🔒 전략 26: 순위 매기기   ○○○

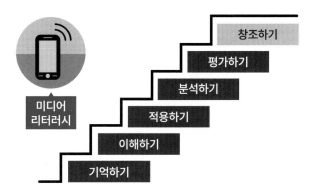

순위 매기기 전략은 '전략 9: 미디어 비유(p. 90)'의 아이디어를 바탕으로 한다. 학생들에게 학습한 개념과 관련하여 여러 음악 작품을 분석한 다음 순위를 매기고 그 이유에 대한 논의를 통해 음악에 대한 이해를 보여 주게 한다. 미디어 비유 전략은 공통점을 찾기 위해 두 항목을 비교한 반면, 이 전략은 학생들이 여러 음악과 개념 간의 비교를 면밀히 조사하고 어떤 음악이 주제를 가장 효과적으로 표현하는지 평가해야 하는 추가적인 과제를 제공한다.

🎵 활용 예시

학생들은 〈Taxman〉(Harrison, 1966), 〈Take the Money and Run〉(Miller, 1976), 〈She Works Hard for the Money〉(Summer & Omartian, 1983)를 듣고 어떤 노래가 판매세 개념을 가장 잘 표현하는지 결정한다. 학생들은 개별적으로 노래의 순위를 매긴 후 소그룹에서 노래 가사를 활용하여 자신의 의견을 뒷받침하며 토론한다. 교사는 학급 전체를 대상으로 투표하고 그룹에게 이 결과를 지지하거나 반대하는 이유를 발표하게 한다.

🔍 전략 실행 단계

순위 매기기 전략을 실행하는 6단계는 다음과 같다.

1. 학생들에게 문학적 성격, 개념, 역사 속 시기 등을 나타내는 세 곡을 선택하게 한다.
2. 노래를 들려주고 각 노래의 가사를 나누어 준다.
3. 학생들에게 주제에 가장 잘 맞는 노래 순으로 순위를 매기게 한다.
4. 소그룹 내에서 자신이 정한 순위를 발표하고, 순위를 정한 이유를 가사와 연관시켜 토론하게 한다. 그룹원들 간에 논의하여 최종 순위를 결정한다.
5. 학급 투표를 실시한다. 그룹은 최종 순위를 표시해야 한다. 학생들은 자신이 선택한 순위를 손가락으로 표시한다. 각 노래를 선택하는 데 몇 개의 그룹이 투표했는지 칠판에 기록한다.
6. 왜 그렇게 선정했는지 전체 그룹 토론을 진행한다.

🗄 변형 전략

순위 매기기 전략을 다음과 같이 변형하여 활용할 수 있다.

- ✔ 각 노래의 요점을 시각적으로 표현하게 한 후, 주제를 가장 잘 나타내는 노래를 결정하게 한다.
- ✔ 노래를 사용하는 대신 학생들에게 매체, 물건, 그림 등의 순서를 매기게 할 수 있다.

📖 교과별 활용 예시

다양한 교과 수업에서 **순위 매기기** 전략을 활용할 수 있는 방법은 다음과 같다.

☑ 언어

학생들에게 『위대한 개츠비(The Great Gatsby)』(Fitzgerald, 2018)를 읽게 한 후, 교사는 〈Firework〉(Perry, Eriksen, Hermansen, Wilhelm, & Dean, 2010), 〈I'm Only Me When I'm With You〉(Swift, 2006), 〈Stronger(What Doesn't Kill You)〉(Elofsson, Gamson, Kurstin, & Tamposi, 2012) 중 어떤 노래가 가장 Jay Gatsby를 연상시키는지 생각해 보게 한다. 학생들은 노래를 듣고 가사를 살펴본 후 노래의 순위를 매기고 투표한다.

☑ **과학**

자석에 대해 수업을 한 후 과학 교사는 학생들에게 〈Can't Help Falling in Love〉(Peretti, Creatore, & Weiss, 1961), 〈We Are Never Ever Getting Back Together〉(Swift, Martin, & Shellback, 2012), 〈Stuck Like Glue〉(Nettles, Bush, Griffin, & Carter, 2010) 중 자석의 특징과 가장 관련이 있는 노래를 듣고 결정하게 한다.

☑ **수학**

다양한 기하학적 모양에 대한 겉넓이 계산을 수업을 한 후 수학 교사는 학생들에게 〈Wide Open Spaces〉(Gibson, 1998) 등의 몇 가지 노래 중 이 주제와 가장 관련이 있는 노래를 선택하게 한다.

☑ **사회**

학생들에게 〈Baby Bumblebee〉, 〈I'm a Little Teapot〉 또는 〈The Eensy Weensy Spider〉와 같은 동요의 순위를 매겨 보게 하여 영국과 식민지 관계에 대한 이해를 잘 할 수 있게 돕는다.

☑ **가정**

학생 그룹이 권위주의적 양육 스타일이 담긴 노래를 브레인스토밍하게 한다. 그룹이 선택한 노래가 이 주제와 관련된 이유를 말하게 한 후, 〈Run the World(Girls)〉(Knowles & Nash, 2011)가 주제와 가장 밀접하게 관련되어 있음을 알려 준다.

🔓 전략 27: 질문 프로토콜　　ооо

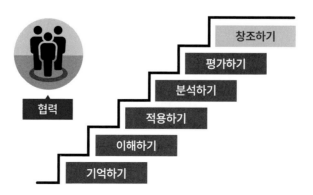

질문 프로토콜 전략은 생각하는 힘을 기르는 데에 중요하다고 볼 수 있는 다양하고 유용한 방법으로 학생들을 참여시킬 수 있다. 왜냐하면 학생들은 질문을 할 때 높은 수준의 사고가 활성화되기 때문이다(Jensen, 2019; Watanabe-Crockett, 2019). 하지만 선행연구(Fisher et al., 2018)에 따르면 학생들은 오직 58% 정도만 질문할 때 편안한 감정을 느낀다고 응답했다. 다행히도, 질문에 어려움을 겪는 학생들을 도와줄 수 있는 방법이 있다. 질문을 개발하고 구체화할 수 있는 충분한 시간을 제공하고 질문하는 과정을 안내하는 프로토콜을 안내하거나 질문하는 것에 대해 지지적이고 긍정적인 환경을 조성하는 방법도 있다. 또한, 질문 프로토콜은 학생들이 질문을 구성할 때 도움을 줄 수 있다. 학생들이 질문 만드는 것을 돕기 위해 "( )에 대한 근거는 무엇입니까?"나 "( )에 대한 또 다른 측면은 무엇입니까?"와 같은 일련의 질문을 제공할 수 있다.

또한, 질문의 출처가 중요하다. 교사가 주도하여 질문하고 학생들은 침묵하는 방법 대신 학생들이 만들어 낸 질문으로 대체할 수 있다. 또한, 생각을 자극하는 질문을 통해 고등 사고에 중점을 둔 활발한 토론을 유도할 수 있다. 『학습과 사고력 향상을 위한 질문과 이해하기(Questioning and Understanding to Improve Learning and Thinking: QUILT)』의 저자이자 공동 개발자인 Walsh와 Sattes(2017)는 다음과 같이 주장한다.

> 진정한 토론에서 교사는, ① 중요한 질문을 유발하고 제기하는 일, ② 모든 학생이 적극적으로 참여하여 자신의 목소리를 내도록 하는 일, ③ 서로의 생각을 파악하기 위해 주장에 대한 근거나 설명을 요청하도록 하는 일, ④ 형성적 피드백을 주고받도록 하는 일, ⑤ 자신의 사고와 이해를 스스로 평가하고 모니터링하기 위해 지속적인 자기 성찰을 하도록 하는 일, ⑥ 열린 아이디어 교환이 이루어질 수 있도록 하는 일을 학생들에게 제공한다(p. 177).

물론 토론 중에 교사가 피드백을 제공하고 싶은 유혹이 있을 수 있지만, 교사는 학생들이 질문을 하도록 격려하거나, 자신의 요점을 자세히 설명하도록 안내하거나, 학생의 말을 다시 설명해 주는 방식으로 토론에 기여하는 것을 고려해야 한다(Dillon, 1988).

교사는 학생들에게 문장, 사진, 텍스트, 미디어 클립과 같은 도움 자료를 제공하여 학생들이 질문하는 것을 촉진할 수 있다.

✓ 문장

- 다음 문장을 읽고, 질문을 만들어 보세요.-"좋은 이야기는 해피엔딩으로 끝난다."
- 다음 문장에 대해 생각해 보고, 질문을 만들어 보세요.-"우리는 반드시 과학적인 방법을 따라야 한다."
- 다음 문장을 평가하고 질문을 구상해 보세요.-"모든 사람은 평등하다."
- 다음 문장을 읽고 자신이 가지고 있는 질문에 대해 생각해 보세요.-"모든 시민은 자유로울 권리를 가진다."

✓ 사진

- 다음 동물 사진 네 장을 자세히 살펴보고, 내가 과학자라면 물어볼 만한 질문을 만들어 보세요(모든 사진은 동물들이 어떻게 위장을 사용하는지 보여 주고 있다.).
- 만화 평론 분석하기-이 만화가 의미하는 바를 이해하는 데 도움이 될 수 있는 질문을 만들어 보세요.

✓ 텍스트

- 논평 읽기-서로 다른 관점에 관한 토론에 활용될 수 있는 질문을 만들어 보세요.
- 이야기의 일부를 읽고, 삽화가가 이야기의 세부 내용을 표현할 수 있도록 질문을 만들어 보세요.

✓ 미디어 클립

- 직장 내 행동과 관련된 클립 영상 시청하기-관련 영상을 찾아 적절한 직장 내 행동에 대한 질문을 만들어 보세요.
- 실험과 관련된 클립 영상 시청하기-관련 영상(예: YouTube 채널 '홈 사이언스'의 놀라운 과학 실험 에피소드, https://bit.ly/1yEcAYr)을 찾아 영상에 나온 실험 중 1가지에 대한 질문을 만들어 보세요.
- 인문학과의 융합-시각 예술 작품을 살펴보거나, 음악 선곡을 듣거나, 같은 시대에 유행한 춤에 대한 영상을 시청하세요. 그 시대와 관련하여 각각에 대한 질문을 만들어 보세요.

다음은 학생의 질문을 촉진하는 데 활용할 수 있는 다양한 유형의 질문 프로토콜이다(각 전략은 학생이 질문할 주제를 선택하는 것으로 시작된다.).

✔ 생각-짝-그룹-전체(Think-Pair-Square-Share)

이 전략에서는 학생들이 개별적으로 질문을 만들어 짝과 공유하고, 다른 그룹과 합쳐서 학급 전체와 공유할 하나의 질문을 선택한 다음, 각 그룹의 최종 질문에 대한 전체 학급 토론으로 마무리한다(Stobaugh, 2016).

✔ 10×10

이 전략은 학생들이 질문하는 기술을 연습하고 개선하기 위한 수단으로 많은 양의 질문을 생성하도록 유도한다(Stobaugh, 2016). 학생들은 개별적으로 또는 소그룹으로 활동하며 한 주제에 대한 10개의 질문을 생성한다. 그런 다음, 전체 토론을 위해 가장 좋은 질문이라고 생각되는 질문을 선택한다.

✔ 우선순위 질문

이 질문 프로토콜에서는 학생들이 생각할 수 있는 기능한 한 많은 질문을 학급 전체에 게시하도록 한다. 그렇게 하면서 각 질문을 기록한 다음 그룹 토론을 통해 각 질문의 우선순위를 정한다. 브레인스토밍 과정에서 교사는 다음과 같은 역할을 해야 한다. 질문의 예시를 제시하거나 학생들이 생성한 질문을 평가하는 행위를 삼가야 한다. 그렇게 해야 아이디어가 자유롭게 오가는 지지적 환경을 조성하고, 부정적인 의견이 질문의 흐름을 방해하는 것을 방지할 수 있다. 전체 학급 토론 및 우선순위 결정 과정의 일환으로, 폐쇄형 질문(한두 마디로 대답할 수 있는 질문)과 개방형 질문(정교함이 필요한 질문)의 차이점을 강조하고 학생들이 각 범주에 속하는 질문을 세분화하도록 안내한다. 그룹에서는 추가 토론을 위해 가장 중요한 3가지 질문(우선순위 질문)을 선택해야 한다.

✔ DIG[Detail(세부사항), Inference(추론) and Global(종합)]

이 전략은 학생들에게 질문을 생성하는 구조(structure)를 제공한다. 학생들은 문장, 텍스트, 사진 또는 미디어를 검토한 후 세부사항-추론-종합을 연계하는 질문을 만든다. 세부사항 질문은 텍스트 내 정보에서 직접 답을 구할 수 있다(예: 텍스트에 따르면 다음에 무슨 일이 일어났습니까?). 추론 질문은 독자가 텍스트와 관련하여 결론을 내릴 것을 요구한다(예: 주어진 정보를 바탕으로 어떤 추론을 할 수 있습니까?). 종합 질문은 독자들이 시사적인 사건이나 개인적인 경험을 연결하도록 요구한다(예: 이 텍스트가 당신의 삶과 어떤 관련이 있나요?). 각 학생은 짝을 지어, 한 학생이 질문을 하면 다른 학생이 답하는 활동을 한다. 이후 역할을 바꾸어 답을 했던 학생이 자신의 질문을 던지고 나머지 학생이 답을 한다. 2가지 질문에 대해 서로 토론한 후 각자 다른 파트너를 찾아 이 과정을 반복한다(하나 주고, 하나 받고, 계속 진행하는 방식).

이러한 질문 프로토콜을 다음과 같은 단계로 사용할 수 있다. 전략 실행 절차에 따라 학생들이 토론하기 전에 질문을 구체화할 수 있도록 도와준다.

🔍 전략 실행 단계

질문 프로토콜 전략을 실행하는 4단계는 다음과 같다.

1. 학생에게 교사가 제시하는 미디어 클립, 시각 자료, 인용문, 텍스트 자료를 검토하게 한다. 해당 자료는 학생들의 생각을 자극해야 한다.
2. 질문 프로토콜을 선택하고 학생에게 설명한다. 이 프로토콜을 처음 사용하는 학생에게는 구체적인 과정에 대해 직접 시범을 보여 주어야 한다.
3. 선택한 질문 프로토콜에 따라 학생이 질문을 구성할 수 있는 시간을 제공한다.
4. 선택한 질문 프로토콜에 따라 학생 또는 그룹이 생각해 낸 질문을 발표하거나 기록하는 과정을 설정하고, 토론을 진행하여 결과를 평가하고 피드백을 제공한다.

⚱ 변형 전략

질문 프로토콜 전략을 다음과 같이 변형하여 활용할 수 있다.

- ✔ 질문 연속선(Continuum)은 학생들이 자기가 생성한 질문이 인지적인 요구 수준에 부합하는지, 토론을 유발할 수 있는지를 검토하게 함으로써 질문의 질을 개선할 수 있

도록 지원하는 진보된 질문 프로토콜이다. 이 프로토콜은 화면이나 패들렛(https://padlet.com)을 사용하여 질문이 새로운 아이디어를 불러일으키거나 토론을 촉발하는 정도를 보여 준다. 구체적으로 관심도가 높고 낮음, 복잡도가 높고 낮음으로 구성된 질문 연속선을 게시하는 것을 포함한다. 최적의 질문은 높은 관심도와 높은 복잡도를 모두 갖춘 질문이다. 이러한 전략 변형에 대한 자세한 내용은 학생 질문 촉발하기와 관련된 선행연구(Stobaugh, 2016)에서 확인할 수 있다.

✔ 우선순위 질문 프로토콜을 사용하는 경우, 학생들을 그룹으로 나누어 3가지 우선순위 질문을 결정하도록 할 수 있다. 학생들이 프로토콜을 완료하면 전체 학급 토론을 진행한다.

📖 교과별 활용 예시

다양한 교과 수업에서 **질문 프로토콜** 전략을 활용할 수 있는 방법은 다음과 같다.

☑ 언어

학생들에게 갈등에 관한 영화 속 명대사 4개를 읽게 한 후, '생각-짝-그룹-전체' 전략을 사용하여 질문을 만들도록 안내한다. 학생들은 짝을 지어 질문을 공유하고, 답변하며 토론 활동을 진행한다. 그런 다음, 가장 좋은 질문 2개를 선택하여 다른 그룹과 합쳐 질문을 공유하고 다시 토의한다. 교사는 4명으로 구성된 각 그룹에서 가장 좋은 질문을 발표할 학생 몇 명을 선정하여 전체 학급 단위에서 토론을 진행한다.

☑ 과학

학생들에게 특정 지역에 더 불빛이 집중된 미국의 야간 항공사진을 보여 준다. 학생들은 짝과 함께 10분 이내에 사진에 대한 10가지 질문을 만든다.

☑ 수학

학생들에게 다양한 인종 집단의 소득 분포를 보여 주는 인구 조사 데이터를 질문 연속선을 활용하여 조사하게 한다. 학생들은 짝을 지어 데이터에 대한 2가지 질문을 2개 이상 작성한다. 하나는 관심도가 높거나 복잡한 질문이다. 교사는 학생의 질문 중 몇 가지를 선택하여 전체 학급 토론을 진행한다.

☑ 사회

역사적 갈등에 관한 단원을 진행하면서 교사는 '폭력은 때때로 필요하다.'라는 문장을 제시한다. 학생들은 그룹별로 우선순위 질문 프로토콜을 사용하여 이 문장과 관련하여 가능한 한 많은 질문을 만든다. 각 그룹은 질문을 검토하고 학급 단위에서 토론할 가장 중요한 질문 3가지를 선택한다.

☑ 기술

학생들이 동영상 제작 방법을 설명하는 비디오 클립을 시청하도록 안내한다. 이후 학생들은 짝을 지어 DIG 프로토콜을 사용하여 영상과 관련된 세부사항, 추론 및 종합 질문을 만든다. 교사가 교실을 돌아다니며 질문과 답변을 이어 간다.

🔒 전략 28: 추론하기　　　○○○

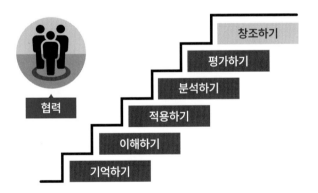

Marzano(2010)는 추론이 고차원적 사고의 기반이 되는 과정이라고 말한다. 추론이라 함은 증거와 논리를 사용하여 결론에 도달하는 것을 의미한다. 추론은 학생들이 평소에 의식하지 않고 항상 하는 일이다. 예를 들어, 학생들은 과거에 비슷한 이야기를 접한 경험을 바탕으로 주어진 이야기에서 다음에 일어날 일에 대해 예상을 한다. 학생들은 근거가 되는 사실, 예시, 과거 경험, 논리를 사용하여 자신의 추론을 방어할 수 있다. 추론은 '이해하기'

수준의 과제일 수 있지만, 텍스트와 그림이 더 복잡한 경우에는 학생이 정보의 신뢰도를 판단해야 하는 '평가하기' 수준에 도달할 수 있다. 〈표 6-1〉과 같은 도표를 사용하면 학생의 사고력을 높일 수 있도록 도와줄 수 있다.

활용 예시

한 학급에서 학교 급식에 대한 학생 선호도 데이터를 수집한다. 학생들은 시각화 도표(〈표 6-1〉 참조)를 사용하여 사실을 기록한 다음, 이를 바탕으로 급식 메뉴가 어떻게 바뀌어야 한다고 생각하는지 추론을 도출한다.

표 6-1 추론하기 시각화 도표

사실 (명시적 정보)	추론 (암시적 또는 묵시적 정보)	의견 (우리의 생각)
● 우리 반에서 10명이 피자를 가장 좋아함. ● 우리반에서 5명은 샌드위치를 가장 좋아함. ● 우리 반에서 4명은 타코를 가장 좋아함. ● 우리 반에서 2명은 도시락을 싸 오는 것을 선호함.	1. 대부분 학생들이 학교 급식을 선호하며 피자가 가장 인기 있는 메뉴이다. 2. 도시락을 싸 오는 학생은 그리 많지 않다. 3. 우리 반에서 피자와 샌드위치에 비해 타코를 가장 좋아하는 학생이 더 적다.	학생들은 피자를 좋아하지만, 그들이 가장 좋아하는 포도와 쿠키가 항상 함께 제공되기 때문에 이 옵션을 선택하기도 한다.

※go.SolutionTree.com/instruction에 방문하면 무료로 사용할 수 있는 양식을 다운받을 수 있다.

🔍 전략 실행 단계

추론하기 전략을 실행하는 3단계는 다음과 같다.

1. 학생들은 평가할 텍스트, 사진, 삽화, 막대그래프, 미디어 클립 또는 기타 해석 자료를 선택한다.
2. 학생들을 그룹으로 구성하고 〈표 6-1〉과 유사한 사실 및 추론 도표를 만들게 한다. 이 도표를 사용하여 학생들은 명시적인 정보를 나열하고 추론을 도출할 수 있다.

3. 각 그룹이 추론의 신뢰도에 따라 순위를 매기게 한다. 그룹은 신뢰할 수 있는 상위 3가지 추론을 도표에 기록하고 학급 전체 토론에서 공유해야 한다.

🔔 변형 전략

추론하기 전략을 다음과 같이 변형하여 활용할 수 있다.

- ✔ 추론하기 시각화 도표에서 추가 의견란을 만들어 학생에게 내용에 대한 자신의 생각을 기록하게 한다.
- ✔ '전략 27: 질문 프로토콜'에서 제시된 방법 중 하나를 사용한다. 질문 프로토콜(p. 153) 전략을 사용하여 학생들이 도출한 추론을 바탕으로 주제에 대한 질문을 만들게 한다.

📖 교과별 활용 예시

다양한 교과 수업에서 추론하기 전략을 활용할 수 있는 방법은 다음과 같다.

☑ 언어

학생들에게 단편 소설 일부를 읽게 한다. 각 문단이 끝날 때마다 학생들은 "등장인물이 왜 그러한 결정을 내렸다고 생각하십니까?" "그가 다음에 무엇을 할 것이라고 생각하십니까?"와 같은 일련의 질문에 답한다. 학생들은 읽기 자료를 바탕으로 이러한 질문에 답하고 추론한 내용을 도표에 기록한다.

☑ 과학

학생들에게 고장의 향후 열흘간 날씨를 보여 주는 도표를 제시한다. 학생들은 추론하기 시각화 도표에 사실을 기록한 다음, 지역 날씨에 대해 이미 알고 있는 내용과 그것이 일상의 의사 결정에 미치는 영향을 바탕으로 추론을 도출한다.

☑ 수학

통계 단원에서 교사는 학생들에게 자신이 좋아하는 스포츠에 대해 설문조사를 하게 한다. 학생들은 사실을 기록하고 수집한 데이터를 사용하여 추론을 도출한다.

☑ 사회

6.25 전쟁에 관한 단원에서 교사는 학생들에게 인구, 농장 면적, 농지의 가치, 철도 주행 거리, 제조업 시설, 은행의 자본금 등 전쟁이 시작되기 전 남북한 간의 차이에 대한 통계를 조사하게 한다. 학생들은 사실을 파악하고 지역 간의 차이점에 대한 추론을 발전시킨다. 의견란에 학생들은 사실과 추론 정보를 사용하여 북쪽 또는 남쪽을 성공적으로 이끌 수 있는 방법을 기록한다.

☑ 인문학

학생들에게 가장 좋아하는 장르의 음악이나 좋아하는 댄스 스타일에 대한 설문조사를 실시하게 한다. 학생들은 데이터를 기록하고 이를 통해 친구들의 예술에 대한 관심사를 추론하는 데 활용한다.

🔒 전략 29: 직소 사례 연구

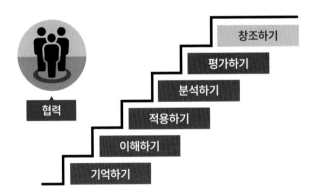

직소(Jigsaw) 사례 연구 전략은 수업 내용을 작은 조각으로 나누고 학생들이 그룹으로 나뉘어 한 조각에 대해 협업하도록 유도한다는 점에서 높은 수준의 학생 참여를 지원하는 협력 학습 전략이다. 그런 다음, 모든 그룹이 전체 퍼즐의 각 조각을 이해할 때까지 학생들은 새로운 학습 내용을 다른 그룹과 공유한다. 사례 연구와 함께 하는 직소 전략은 전통적인 직소 전략을 약간 수정한 것으로, 학생들이 논쟁의 여지가 있는 문제를 가지고 다양한 관점을 탐구하도록 유도한다(Brislin, 1999). 학생들은 배경 정보를 읽고 1가지 관점의 렌즈를 통해 문제를 분석하고 자신의 관점에서 아이디어를 발표한다. 결론적으로 학생들은 자신의 주장, 해석 및 가정의 타당성을 검토하게 된다.

활용 예시

한 초등학교 교실에서 작가 Kevin Henkes에 대한 단원을 마무리하고 있다. 교사는 학급을 여섯 그룹으로 나누고 각 그룹에 각기 다른 Henkes의 책을 배정한다. 각 그룹은 선택한 책을 읽고 책에 공통적으로 나타나는 글과 삽화의 특징을 기록한다. 그룹에서 1명씩 다른 그룹의 학생들과 만나 각 그룹의 결론을 공유한다. 그런 다음 학습 내용을 종합하여 Henkes 출판물의 공통점을 파악한다.

🔍 전략 실행 단계

직소 사례 연구 전략을 실행하는 6단계는 다음과 같다.

1. 학생들이 다양한 관점에서 검토할 수 있는 주제를 선택한다.

2. 각 그룹이 고유한 관점을 키우는 데 사용할 수 있는 읽기 자료나 기타 컨텐츠를 찾아 서로 광범위한 주제를 집중적으로 다룰 수 있게 한다.

3. 학생들에게 더 광범위한 주제와 사례 연구를 안내한다. 예를 들어 비디오 클립을 보여 주거나, 시를 읽거나, 주제에 대한 배경을 설명하는 타임라인을 표시해 줄 수 있다.

4. 같은 규모의 그룹을 만들고 각 그룹에 서로 다른 관점을 부여한다. 각 그룹에게 자신들의 관점에서 전문가가 되는 것이 목표라고 안내한다. 학생들이 전문가가 되기 위해 필요한 추가 정보나 자료를 제공한다. 이후 10분 동안 그룹 토론을 진행한다(이 시간을 연장하여 그룹이 설득력 있는 프레젠테이션 자료를 만들 시간을 더 줄 수도 있다.).

5. 새 그룹을 만들어 각자가 원래 그룹의 전문가 관점을 대표할 수 있게 한다. 학생들에게 약 20분의 시간을 주어 새 그룹 구성원과 함께 자기 관점의 장점을 확인하게 한다.

그룹 구성원은 발표자에게 질문을 던져 자신의 입장을 명확히 하거나 주장, 해석, 가정, 신념 또는 이론에 대한 검증을 얻어야 한다.

6. 학생들이 각 관점에 대해 배운 내용과 각 주장의 장점에 대해 학급 토론을 진행한다.

🏛 변형 전략

직소 사례 연구 전략을 다음과 같이 변형하여 활용할 수 있다.

- ✔ 전체 학급 토론 대신, 학생들이 전문가 그룹 토론을 마친 후 원래의 그룹으로 돌아가 새로운 생각을 공유하도록 할 수 있다.
- ✔ 이 활동 후에 완료해야 할 평가로, 교사는 학생에게 특정 관점을 제시하고 그 관점과 다른 관점을 바탕으로 에세이를 작성하게 한다.

📖 교과별 활용 예시

다양한 교과 수업에서 직소 사례 연구 전략을 활용할 수 있는 방법은 다음과 같다.

☑ 언어

시 단원이 끝나면 교사는 학생들을 3~4명의 그룹으로 나눈다. 각 그룹은 서로 다른 시를 받는다. 시를 분석한 후, 학생들은 새로운 그룹으로 나뉘어 분석 결과를 다른 그룹과 공유한다.

☑ 과학

학생들에게 한 도시가 다리를 건설하고자 하는 가상의 시나리오를 제공한다. 교사는 각 그룹에 사용할 수 있는 특정 모양 내지 기존 다리의 과거 디자인을 제시한다. 그룹은 할당된 디자인 설계에 대한 장점을 파악한 다음, 그 장점을 다른 그룹에게 설명해야 한다.

☑ 수학

학생들을 전문가 그룹으로 나누어 각각 실제 수학 문제를 풀기 위한 서로 다른 해결 방법을 검토하게 한다. 전문가 그룹에서 학생들은 자신의 방법이 올바른지 판단하고 수학 문제 해결에 도달하는 가장 효율적인 방법인지에 대해 토론한다. 새로운 그룹에서는 각자가 자신의 방법을 공유한 다음, 어떤 학생의 해결 방법이 가장 좋은지 결정한다.

☑ 사회

학생들을 전문가 그룹에 배정하고 멕시코, 아일랜드, 일본 등 미국으로 많이 이민 온 주요 인종에 대해 배우고 이해하는 과제를 제시한다. 각 그룹은 해당 인종이 미국 문화에 가장 큰 영향을 미친 이유에 대해 조사하고 설득력 있는 프레젠테이션을 만든다.

☑ 음악

학생들은 새로운 커뮤니티 뮤직홀의 갈라 이벤트에서 연주할 새로운 곡으로 선정되기 위해 경쟁하고 있다. 교사는 그룹을 지정하여 멜로디를 작곡하도록 안내한다. 그런 다음 그룹을 섞고, 학생들이 자신의 작곡이 커뮤니티를 가장 잘 나타내는 이유에 대해 설득하게 한다.

🔓 전략 30: 생각-짝-공유 연속선 ⚬⚬⚬

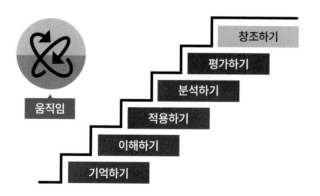

생각-짝-공유 연속선 전략은 학생들이 자신의 입장을 뒷받침할 증거를 활용하면서 문제에 대한 개인별 의견을 생각할 수 있는 기회를 제공한다. 학생들은 실제로 연속선 위에 서서 각자의 관점을 공유하게 되는데, 이 과정을 통해 학생들은 이동하면서 각자가 믿는 바를 시각적으로 표현할 수 있는 기회를 얻게 된다.

활용 예시

학교에서 휴대전화 사용의 문제점에 대한 기사를 읽은 후, 교사가 학생들에게 초등학생이 학교에서 휴대전화를 소지해야 하는지 여부에 대한 입장을 물어본다. 교사는 교실 앞쪽에서부터 매우 동의, 다소 동의, 다소 동의하지 않음으로 시작하여 가장 먼 구석에 매우 동의하지 않음으로 이어지는 연속선이 있다고 설명한다. 학생들은 자신의 의견과 이유, 근거를 종이에 기록한 후 자신의 신념과 일치하는 연속선상의 자리로 이동한다. 옆에 서 있는 학생들과 소그룹을 만들어 자신의 추론과 다른 학생이 언급하는 새로운 아이디어를 기록하면서 토론한다. 전체 그룹 토론에서는 각 그룹의 대표자가 자기 그룹의 입장에 대한 이유를 밝히고 공유한다.

전략 실행 단계

생각-짝-공유 연속선 전략을 실행하는 7단계는 다음과 같다(Stobaugh & Love, 2015).

1. 역사적 자료, 문학 작품, 최신 뉴스, 기타 정보가 담긴 지문 또는 도발적인 문구를 사용하여 논쟁의 여지가 있거나 논란이 될 만한 주제를 선별한다.

2. 주제를 소개하고 학생들에게 교실을 가로지르는 연속선에 대해 설명한다. 연속선의 각 끝 점은 주제와 관련하여 극과 극의 반대 입장(강하게 동의함 및 강하게 동의하지 않음)을 나타낸다.

3. 학생들의 생각을 유도하려면 학생들에게 연속선에서 각자 어느 위치에 설 것인지 판단하게 한다. 그런 다음 자신의 입장과 뒷받침하는 몇 가지 이유 또는 증거를 종이에 기록하게 한다(이 전략의 구성 요소 중 '생각'에 해당함).

4. 학생들에게 자신의 생각을 나타내는 연속선상의 위치로 이동하게 한다.

5. 이동한 위치 근처에서 다른 학생 2~3명을 찾아 그 위치를 선택한 이유를 서로 공유하게 한다. 이 과정에서 학생들은 새로운 아이디어나 증거를 메모한다(이 전략의 구성 요소 중 '짝'에 해당함).

6. 각 위치의 대표자가 그룹에서 수집한 증거를 인용하여 자신의 입장을 설득력 있게 발표할 수 있는 시간을 제공하면서 전체 그룹 토론을 진행한다(이 전략의 구성 요소 중 '공유'에 해당함).

7. 동료가 제시한 증거에 따라 자신의 입장을 바꾸고자 하는 경우, 학생들이 연속선의 다른 지점으로 이동할 수 있도록 허용한다.

🏛 변형 전략

생각-짝-공유 연속선 전략을 다음과 같이 변형하여 활용할 수 있다.

- ✔ 학생들에게 자신의 신념에 관계없이 논증을 구성하도록 도전하게 하려면 학생들에게 문제에 대한 자신의 입장을 지정하는 카드를 뽑게 한다. 그런 다음 비슷한 입장을 가진 다른 학생들과 함께 그 입장을 뒷받침하는 논거를 개발한다.
- ✔ 이 전략을 사전 또는 사후 평가의 일부로 사용할 수 있다. 예를 들어, 학생들에게 그날의 수업 주제에 대해 얼마나 알고 있는지 확인하는 데 활용할 수 있다. 연속체의 한쪽 끝은 '나는 이것에 대해 많이 알고 있다.'를 나타내고 다른 쪽 끝은 '이것은 나에게 새로운 것이다.'를 나타낼 수 있다.

📖 교과별 활용 예시

다양한 교과 수업에서 **생각-짝-공유 연속선** 전략을 활용할 수 있는 방법은 다음과 같다.

☑ 언어

학생들에게 프랑스 소설가 Gustave Flaubert가 "글쓰기는 자신이 믿는 것을 발견하는 예술이다."라고 말한 적이 있다고 소개한다(BrainyQuote, n.d.). Flaubert의 진술에 동의하거나 동의하지 않는 정도에 따라 연속선상의 위치로 이동하게 한다.

☑ 과학

학생들에게 사회가 인간복제를 허용해야 한다고 생각하는지 묻는다. 학생들은 자신의 생각에 따라 연속선상의 위치로 이동한다.

☑ **수학**

학생들에게 전날 학생들이 풀었던 실생활과 관련된 확률 문제를 검토하게 한다. 그런 다음 학생들이 자신의 문제 해결 전략이 효과적이었다고 생각하는지 여부에 따라 연속선상의 위치로 이동하게 한다. 학생들은 자신의 입장을 뒷받침할 증거를 제시해야 한다.

☑ **사회**

학생들에게 소셜 미디어가 사회에 미치는 영향에 관한 영상을 시청하게 한다. 교사는 학생들에게 소셜 미디어가 긍정적인 영향을 미친다고 생각하는지 부정적인 영향을 미친다고 생각하는지에 따라 연속선상의 위치로 이동하게 한다. 학생들은 자신의 입장을 뒷받침할 증거를 제시해야 한다.

☑ **진로**

"모든 학생이 대학에 가야 하나요?"라고 질문한다. 교사는 학생들에게 자신의 생각에 따라 연속선상의 위치로 이동하게 한다. 학생들은 합리적인 근거로 자신의 입장을 뒷받침해야 한다.

🔓 전략 31: 의사 결정   ○○○

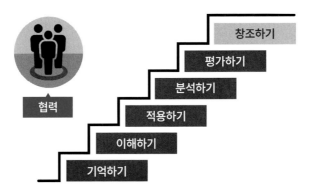

의사 결정 전략은 교사가 제시한 질문, 상황 또는 딜레마를 바탕으로 학생들이 실제 사고 과정에 참여하여 평가하고 선택하는 활동을 통해 최선의 결정을 내림으로써 높은 인지 수

준에서 생각하도록 하는 전략이다. 〈표 6–2〉의 그래픽 오거나이저는 학생들이 자신의 사고를 보여줄 수 있는 방법의 예를 보여 준다. 이 전략에 참여함으로써 학생들은 실생활에서 의사 결정에 접근하는 인지적/구체적 방법을 배울 수 있다(Silver, Strong, & Perini, 2007). 이 전략은 학생들이 선택할 수 있는 요소들을 브레인스토밍할 때 발산적 사고를 장려할 뿐만 아니라 최선의 선택을 해야할 때는 수렴적 사고를 장려한다. 또한 학생들은 친구들과 협력하고 주제에 대한 입장을 취하는 등 자신이 좋아하는 방식으로 학습할 수 있다.

활용 예시

학기 초에 교사는 그룹별로 급훈을 만들어 보게 한다. 학생들은 몇 가지 급훈의 예를 살펴본 후 학급 토론을 하면서 '동기 부여' '짧은 길이와 간결함' '기억을 잘 할 수 있음'과 같은 효과적인 급훈의 핵심 요소를 찾아낸다. 학생들은 그룹별로 브레인스토밍하여 잠재적인 여러 안을 종이에 적어 본다. 각 그룹은 최고의 급훈을 선정하여 학급에 발표한다. 학생들은 그래픽 오거나이저(〈표 6–2〉 참조)를 사용하여 각 급훈이 3가지 기준을 어떻게 충족하는지 평가한다. 모든 그룹 발표가 끝나면 학생들은 자신이 메모한 내용을 바탕으로 어떤 급훈이 가장 좋았는지 순위를 기록한다.

🔍 전략 실행 단계

의사 결정 전략을 구현하는 6단계 방법은 다음과 같다.

1. 학생들에게 개방형 질문, 실제 상황 또는 딜레마에 대해 브레인스토밍하여 수용할 수 있는 여러 가지 답을 제시하고 타당한지 살펴보게 한다.

2. 학생들에게 교사가 선정한 항목을 평가하여 가장 중요하거나, 영향력이 크거나, 필수적이거나, 많이 바뀌거나, 영향을 많이 받는 항목을 결정하게 한다. 가능하면 실제 상황을 활용하고 학생의 관심사와 연결하여 과제를 완료하려는 동기를 높인다. 예를 들어, "제안된 3가지 특성 중 훌륭한 리더에게 가장 중요한 특성은 무엇입니까?"라고 질문할 수 있다.

3. 학급 전체 또는 그룹별로 해결책을 평가하는 데 필요한 기준을 개발하게 한다. 이를 위해 학생에게 적절한 기준을 결정하기 위해 조사를 하도록 요구할 수도 있다. 전략 2단계에서 학생들은 인도주의적 노력, 지속적인 영향력, 혁신 또는 기타 여러 측면을 기준으로 리더를 평가하는 것이 가장 좋다는 것을 알게 된다.

4. 학생들에게 자신이 선택한 기준에 맞는 3~6개의 가능한 주제, 개념, 전략 등을 브레인스토밍하고 조사하게 한다. 여러 리더의 예를 활용하여 학생들은 기준에 따라 세계에 큰 영향을 끼친 리더의 목록을 생성한다.

5. 학생들에게 〈표 6-2〉와 같은 그래픽 오거나이저를 사용하여 각 선택지가 기준에 얼마나 부합하는지를 평가하게 하고, 그 결과에 따라 각 선택지의 순위를 매긴다.

6. 학생의 과제를 평가하는 방법을 결정한다. 예를 들어, 그래픽 오거나이저를 제출하게 하거나 학급 토론을 준비할 때 사용하게 할 수 있다. 학생들은 그래픽 오거나이저를 사용하여 개별적으로 설득하는 글을 작성하거나 자신이 생각하는 최고 순위의 내용으로 주장하는 발표를 할 수도 있다.

표 6-2 의사 결정 그래픽 오거나이저

급훈	동기	간결함	기억에 남음	순위
1	포기하지 않고 열심히 일하도록 격려한다.	12개의 단어로 매우 짧고 간단하다.	기억에 남는 명언이지만 다른 좌우명만큼 '멋지다.'고 할 수는 없다.	2
2	모든 단어는 긍정적이고 우리가 되고자 하는 것을 요약한다.	네 단어로 이루어진 약어이다.	"#SWAG"를 사용하면 쉽게 기억할 수 있다.	1
3	우리가 취해야 할 행동이 적혀 있지만 저학년을 위한 내용인 것 같다.	기억하기에는 너무 긴 20개 단어이다.	학급 규칙 목록처럼 보인다.	3

※go.SolutionTree.com/instruction에 방문하면 무료로 사용할 수 있는 양식을 다운받을 수 있다.

🗃️ 변형 전략

의사 결정 전략을 다음과 같이 변형하여 활용할 수 있다.

- ✔ 학생들에게 과거의 개인 또는 그룹이 했던 역할을 맡게 한 다음(또는 주제와 관련된 다른 방식으로), 의사 결정 그래픽 오거나이저를 사용하여 그 개인이나 그룹이 했던 결정을 내릴지 평가하게 한다. 예를 들어, 학생들에게 "만약 여러분이 Isabel 여왕과 Ferrando 왕이라면 Columbus의 여행을 지원할지 여부에 대해 어떤 선택을 하겠습니까?"라고 질문한다. 그런 다음 학생들에게 기준을 정하고 선택 사항을 브레인스토밍하게 한다.
- ✔ 나이나 능력에 따라 일부 학생을 다르게 지원하려면 그에 맞는 기준이나 대안을 제시하고 그래픽 오거나이저에서 평가와 순위를 매기게 할 수 있다.
- ✔ 실제 생활에서는 결정을 내릴 때 한 기준이 다른 기준보다 더 중요한 경우가 많다. 성취도가 높은 그룹에게는 특정 기준에 다른 기준보다 더 큰 비중을 두게 할 수 있다. 예를 들어, 학생회에서 최고의 기금 모금 행사를 개최하고자 하는 경우, 학생들은 가장 많은 기금을 모을 수 있는 가능성과 창의성의 중요성, 얼마나 많은 시간을 할애할 수 있는지 등의 기준을 만들어 볼 수 있다. 그러나 순위를 평가할 때는 모금액 창출을 가장 중요한 기준으로 삼을 것이다.

📖 교과별 활용 예시

다양한 교과 수업에서 의사 결정 전략을 적용할 수 있는 방법은 다음과 같다.

☑ 언어

출판사에서 일하고 있으며, 50년 전에 처음 출판된 책을 선택해야 하는 시나리오를 학생들에게 제시한다. 이 책은 널리 알려져 있지 않아야 하지만, 현대의 청소년에게 어필할 수 있는 책이어야 한다. 학생들에게 도서 목록과 도서 평가 기준을 검토하게 한다. 그런 다음 자신의 책을 회사 사장이 선택하도록 설득하기 위해 설득력 있는 프레젠테이션을 준비하게 한다.

☑ **과학**

교사가 "어떤 동물이 학급 반려동물로 가장 좋을까요?"라는 질문을 던진다. 그런 다음 학생들은 평가할 기준과 3~6마리의 동물 목록을 결정한다. 학생들은 의사 결정 그래픽 오거나이저를 사용하여 어떤 동물이 가장 좋을지 평가한다.

☑ **수학**

학생들에게 프로 농구팀의 경영진이 되어 6명의 선수 유망주에 대한 통계를 검토하고 계약할 선수 1명을 선택해야 하는 상황을 제시한다. 학생들에게 선수와 기준을 결정한 다음 평가하고 순위를 매겨 보게 한다.

☑ **사회**

학생들에게 제1차 세계 대전 때 세계에 가장 큰 영향을 미친 지도자를 평가하게 한다. 이 과정에서 교사는 학생들에게 지도자를 평가하는 기준을 결정하게 한다.

☑ **인문학**

학생들에게 어떤 작곡가, 시각 예술가 또는 무용가가 세상에 가장 큰 영향을 끼쳤는지 질문한다. 그런 다음 평가 기준과 평가할 예술 분야의 역사적 공헌자 3~6명을 결정하게 한다.

🔓 전략 32: 동료 비평

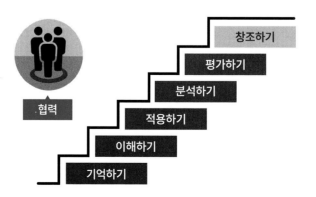

동료 비평은 학생이 자신의 과제를 다른 학생과 공유하여 건설적인 피드백을 받고, 이를 바탕으로 과제를 수정하여 완성하는 과정을 말한다. 이 프로세스는 '평가하기' 수준의 핵심이다. 동료 비평은 학생들에게 다른 사람의 성공과 실수로부터 배울 수 있는 기회를 제공할 뿐만 아니라 동료가 과제의 목표를 달성했는지 평가하기 때문에 심층 학습을 하도록 하는 방법이기도 하다(Lynch, McNamara, & Seery, 2012). 또한 동료 비평 과정은 학생들에게 교사가 성적을 주기 전에 학생들의 학습에 대한 형성적 피드백을 제공하여 과제의 질을 높일 수 있는 과정이기도 하다.

동료 비평은 언어 수업에서 작문과 함께 자주 사용되지만 수학적 과정 분석, 과학적 결론, 정치 만화 해석을 위한 프레젠테이션, 팟캐스트, 웹사이트 제작과 같은 프로젝트를 비롯하여 다양한 영역에서 사용할 수 있다. 동료 비평은 학생의 학습에 필수적인 학생 협업과 고차원적 사고를 촉진한다.

활용 예시

과학 교사가 학생들에게 중력 추진 경주용 자동차를 설계하여 트랙에서 가장 빠른 자동차를 만들어 보게 한다. 학생들은 그룹별로 자동차를 제작할 때 고려해야 할 주요 3가지 기준을 결정한다. 먼저, 학생들은 온라인 시뮬레이션 프로그램을 사용하여 자동차를 제작한다. 그런 다음, 소그룹은 트랙에서 테스트할 프로토타입을 제작하기 전에 자신의 작품을 학급에 발표하고 동료들로부터 피드백을 받는다.

전략 실행 단계

동료 비평 전략을 실행하는 8단계는 다음과 같다.

1. 학생이 완료하고 검토해야 하는 과제를 마련하고 과제의 질을 평가하는 기준을 정한다.
2. 학생의 연령 수준에 적합한 동료 비평 활동지를 만든다. 저학년 학생의 경우 과제의 수준을 평가하기 위해 동그라미를 칠 수 있는 그래픽이 포함된 체크리스트가 필요할

수 있으며, 초등 고학년 및 중등 학생은 비평의 근거를 기록하게 할 수 있으며 건설적인 피드백을 기록할 수 있는 항목을 마련하는 것이 좋다. 그리고 이 항목의 제목을 별표와 희망 사항 또는 메달과 미션(Stars and Wishes or Medals and Missions)이라고 지정하는 것이 좋다. 별 또는 메달 섹션에 학생은 구체적인 긍정적 특성을 기록하고, 희망 사항 또는 미션 섹션에는 개선할 방법을 명시적으로 나열할 수 있다. 이 워크시트의 빈 서식은 go.SolutionTree.com/instruction에서 찾을 수 있다.

3. 학생들에게 동료 비평 과정을 모델링한다. 학생들이 평가 기준과 과제를 명확하게 이해하고 있는지 확인하고 코멘트하는 방법을 가르친다. 동료 비평에는 칭찬과 개선을 위한 제안이 포함되어야 한다. 피드백은 구체적("첫 페이지의 그래픽을 제목에 맞게 수정할 수 있습니까?")이어야 하며, 모호한("그래픽을 수정할 수 있습니까?") 피드백은 피해야 한다. 또한 피드백은 도움이 되고 친절해야 한다. 학생들은 사려 깊고 건설적인 피드백을 제공하는 것이 중요하다는 것을 이해해야 한다.

4. 익명의 예시를 사용하여 학생들에게 피드백을 제공하는 연습을 하게 한다. 그리고 학생들이 신뢰할 수 있는 채점을 하고 있는지, 전체 과정을 이해하고 있는지를 확인한다.

5. 학생들이 각자의 과제를 완료하면, 동료 비평 그룹을 만들고 동료 비평 과제 워크시트를 배포한다. 학생들은 개별적으로 워크시트에 표시해야 한다.

6. 학생들에게 동료 비평을 친구와 주고받도록 한다. 학생들은 피드백을 읽을 사람이 궁금해하는 점에 대해 토론한다. 학생들이 코멘트 항목에서 자신의 생각을 효과적으로 표현할 수 있도록 TAG 프로토콜을 사용하여 문장의 시작 부분을 제공하는 것을 고려할 수 있다(〈표 6-3〉 참조). TAG 프로토콜에서는 학생이 다음과 같은 방법으로 피드백을 제공하게 한다. ① 긍정적인 표현, ② 과제 또는 수행에 대한 질문, ③ 긍정적인 제안을 하는 것이다.

7. 학생들이 동료 비평을 바탕으로 과제를 수정할 수 있도록 시간을 준다. 얼마나 많은 시간을 제공해야 하는지는 과제의 성격에 따라 다르다.

8. 학생들은 동료 비평 워크시트와 과제의 최종본을 제출한다. 이 단계에서 학생들은 동료 검토를 받은 후 수정한 부분에 강조 표시를 하여 과제를 개선할 때 피드백을 어떻게 사용했는지를 명확히 보여 주어야 한다.

표 6-3 TAG 문장

좋았던 부분을 써 보세요.

- 나는 _____ 이 정말 좋았어요.
- 나는 _____ 을 재미있게 읽었어요.

질문을 해 보세요.

- 내가 궁금한 것은 _____ 입니다.
- 왜 _____ 하게 작성했나요?
- 내가 헷갈리는 것은 _____ 입니다.

제안을 해 보세요.

- _____ 부분을 좀 더 쓸 수 없나요?
- _____ 하는 데 도움이 필요한가요?
- _____ 을(를) 하면 더 나은 방법을 생각할 수 있을 거예요.
- _____ 을 추가하는 것에 대해 어떻게 생각하나요?

※go.SolutionTree.com/instruction에 방문하면 무료로 사용할 수 있는 양식을 다운받을 수 있다.

변형 전략

동료 비평 전략을 다음과 같이 변형하여 활용할 수 있다.

✓ 학생들이 학급 블로그, 웹사이트 또는 Google 폼(www.google.com/forms/about)과 같은 온라인 서식을 통해 온라인 피드백을 제공하도록 한다. Google 문서 도구 및 Microsoft Word를 비롯한 많은 생산성 애플리케이션에는 시간이 지남에 따라 문서가 어떻게 변경되는지 확인할 수 있는 버전 기록 기능이 있다. 또한 학생(및 교수자)이 텍스트 및 오디오 피드백을 모두 제공할 수 있는 방법으로 무료 디지털 도구인 Kaizena(www.kaizena.com)를 사용해 볼 수 있다.

✔ 저학년 학습자를 위한 피드백을 구성하기 위해서는 별표(좋은 점)와 단계(다음에 해야 할 일) 또는 희망 사항(과제를 개선할 수 있는 사항)을 사용할 수 있다. 또 다른 옵션은 학생이 웃는 얼굴의 표정(잘 모르겠음, 웃음, 흥분됨)을 그려 넣어서 평가하는 것이다([그림 6-1] 참조).

✔ 이 전략은 동료 비평이 아닌 자기 평가의 목적으로도 활용할 수 있다. John Hattie(2012)는 138개의 변수로 학습효과에 관한 연구를 진행한 바 있다. 이 연구에서는 학생 자신의 지식 습득에 대한 평가가 다른 변수보다 3배 이상 큰 평균 효과 크기를 나타내어, 효과가 가장 좋은 변수 중 하나로 판명되었다. Hattie는 이를 자기보고식 성적이라고 불렀다. 학생들은 자신의 학습을 스스로 평가하면서 목표 설정을 개선하는 방법을 배울 수 있다. 수업이 끝날 때 학생들에게 학습 목표를 상기시킨 후, 학생들은 동료 비평 활동지(또는 이 목적을 위해 특별히 수정한 활동지)를 사용하여 학습 목표를 달성했는지 자기 평가할 수 있을 것이다.

📖 교과별 활용 예시

다양한 교과 수업에서 동료 비평 전략을 활용할 수 있는 방법은 다음과 같다.

☑ 언어

학생들에게 과제 체크리스트 또는 과제 기대치(예: 초점, 구성, 아이디어 개발, 언어 및 어휘, 관습)를 자세히 설명하는 루브릭을 사용하여 다른 학생의 정보적 글쓰기에 누락되었거나 불분명한 부분이 있는지 확인하게 한다.

☑ 과학

학생들에게 식물의 명칭을 기입한 과학적 그림을 그리게 한다. 그런 다음 '메달과 미션을 활용한 동료 비평 워크시트'(go.SolutionTree.com/instruction 참고)를 사용하여 다른 학생이 각 지표를 충족했는지 평가하게 한다. 평가가 완료되면 학생들은 과제와 동료 평가 워크시트를 다음 동료 평가자에게 전달한다.

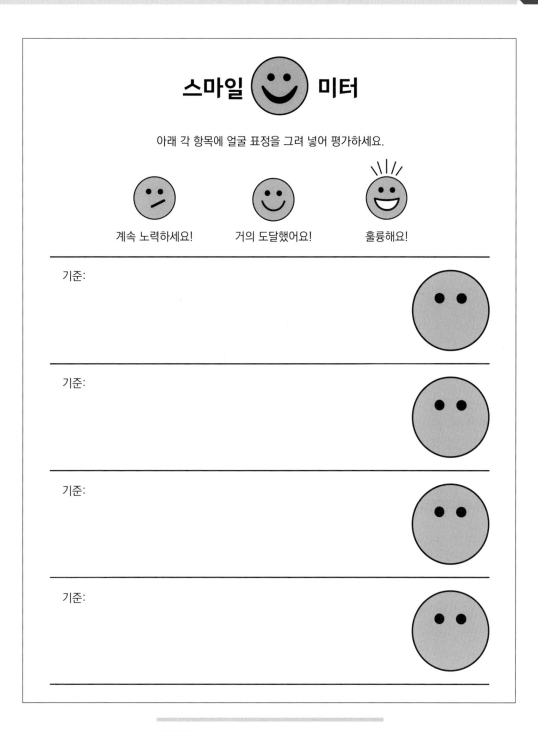

그림 6-1 동료 비평을 위한 스마일 미터 템플릿

※go.SolutionTree.com/instruction에 방문하면 무료로 사용할 수 있는 양식을 다운받을 수 있다.

☑ 수학

학생들이 '별표와 희망 사항으로 동료 비평하기 워크시트'(go.SolutionTree.com / instruction 방문)를 사용하여 복잡한 수학 문제를 해결하는 서로의 과제물을 평가하고 피드백을 제공하게 한다.

☑ 사회

학생들에게 짝과 함께 구두 발표를 연습한 후 루브릭을 사용하여 서로의 발표를 평가하고 피드백을 제공하게 한다([그림 6-2] 참조). 루브릭을 사용하여 학생들은 발표에 대한 평점을 표시하고 2가지 주요 강점과 1가지 개선 방법을 동료와 공유할 수 있다.

☑ 체육

학생들에게 수업 중 수행 능력을 자기 평가하게 한다. 〈표 6-4〉의 자기 평가 양식을 사용하여 이번 학기에 각 구성 요소를 얼마나 잘 충족했는지 평가하게 한다.

☑ 음악

학생들에게 콘서트를 준비하기 위해 연주하는 곡의 영상 또는 오디오 녹음 파일을 만들게 한다. 교사는 학생에게 자신과 자신의 학습을 개별적으로 평가할 수 있는 루브릭을 제공한다. 학생들은 최종 공연 전에 자신이 기대치를 충족하고 있는지, 개선하기 위해 무엇을 해야 하는지 평가해야 한다.

표 6-4 체육교과 자기 평가지

이번 수업에서 여러분의 수행 수준을 자기 평가해 보세요. 평가의 근거도 적어 보세요.	
요소	코멘트
선생님의 지시를 잘 따랐나요? 스포츠맨십을 보여주었나요? 긍정적인 기여를 했나요?	
모든 활동에 최선을 다했나요?	
수업 준비를 잘했나요?	

※go.SolutionTree.com/instruction에 방문하면 무료로 사용할 수 있는 양식을 다운받을 수 있다.

발표의 각 항목에 따라 친구가 해당 항목을 개선할 수 있는지 얼굴에 동그라미를 쳐서 결정한다. 기대를 충족하면 '우수'에, 기대치를 뛰어넘으면 '매우 우수'에 표시한다.

	노력 요함	우수	매우 우수
크고 명확하게 말함	☹	☺	😃
표현력이 좋음	☹	☺	😃
눈을 마주치며 말함	☹	☺	😃
손동작을 하며 말함	☹	☺	😃
시각적 보조자료를 사용함	☹	☺	😃
강점 2가지 진술하기	1. ＿＿＿＿＿＿＿＿＿＿＿＿＿＿＿＿ ＿＿＿＿＿＿＿＿＿＿＿＿＿＿＿＿ 2. ＿＿＿＿＿＿＿＿＿＿＿＿＿＿＿＿ ＿＿＿＿＿＿＿＿＿＿＿＿＿＿＿＿		
발표를 개선할 수 있는 방법 1가지			

그림 6-2 구두 발표 루브릭

※go.SolutionTree.com/instruction에 방문하면 무료로 사용할 수 있는 양식을 다운받을 수 있다.

🔒 전략 33: 원형 직소 평가   ⚬⚬⚬

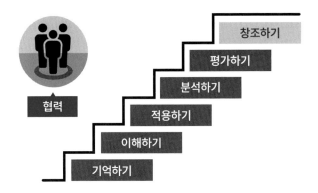

정보에는 편견이나 암묵적으로 가정이 깔린 경우가 있으므로 학생들은 정보의 신뢰성을 판단할 수 있어야 한다. 온라인에 존재하는 많은 자료가 종종 신뢰할 수 없는 정보를 제공한다. 그러므로 정보를 평가할 수 있는 능력은 개정된 Bloom의 교육목표분류법(Anderson & Karthwohl, 2001)의 '**분석하기**' 및 '**평가하기**' 단계의 핵심이다. Watanabe-Crockett(2019)은 한 걸음 더 나아가 이러한 능력이 정보 유창성에도 필수적이라고 강조한다. 정보 유창성을 갖추기 위해서 Watanabe-Crockett(2019)은 5가지를 제시한다. ① 의미 있는 질문을 하고, ② 배경 정보를 수집하고, ③ 해당 정보의 관련성과 신뢰성을 분석하고, ④ 정보를 학습 활동에 적용하고, ⑤ 정보 적용의 효과를 평가하는 것이다. **원형 직소 평가** 전략을 사용하면 학생이 검토하는 정보의 질과 해당 정보가 온라인, 친구 및 가족, 교사로부터 온 것인지 평가할 준비를 할 수 있도록 도울 수 있다.

활용 예시

학생들에게 체중 감량 프로그램의 마케팅과 관련된 광고를 시청하고 자료를 검토하게 한다. 학생들을 4명의 전문가 그룹에 배정하고 번호를 매긴다. 각 그룹은 프로그램의 신뢰도를 평가하는 질문을 만들어 광고를 평가한다. 평가를 마친 후, 학생들을 다른 번호끼리 새로운 그룹으로 재배치하여 각 구성원이 전문가 그룹의 대표 역할을 하도록 한다. 그런 다음, 각 구성원은 자신의 질문과 평가 결과를 공유한다. 마지막으로, 학급 전체가 이 체중 감량 프로그램이 신뢰할 수 있는지 토론한다.

🔍 전략 실행 단계

원형 직소 평가 전략을 실행하는 7단계는 다음과 같다.

1. 학생이 질과 신뢰성을 평가할 수 있는 텍스트, 웹 사이트 또는 미디어를 고른다.
2. 학생의 능력이나 원하는 그룹 수에 따라 학생이 고려해야 할 다음 질문 중 3개 이상을 선택한다(각 그룹은 이 질문 중 하나를 택한다.). 질문의 번호가 매겨진 유인물을 준비하고 학생들이 생각을 기록할 수 있도록 빈칸을 비워 둔다.
   - 작가 또는 화자가 이 글에서 이루고자 하는 목적이나 문제의 요점을 효과적으로 다루었는가?
   - 정보가 논리적이고 관련이 있으며 근거가 충분한가?
   - 추론에 근거하여 적절한 결론에 도달하는가? 글쓴이의 해석이 정확한가?
   - 기본 가정이 논리적인가?
   - 이 문제에 대한 다른 어떤 관점을 고려해야 하는가?
   - 이 정보를 검토할 수 있는 다른 방법에는 어떤 것이 있는가(Nosich, 2008)?
3. 학생들에게 정보를 읽거나 보게 한다.
4. 학생을 전문가 그룹으로 번호를 매기게 한다(질문의 수에 따라 그룹 수를 정한다.). 예를 들어, 4개의 문제를 선택한 경우 4개의 그룹이 있어야 한다. 그룹마다 같은 번호를 가진 학생은 해당 그룹의 구성원이 된다.
5. 각 전문가 그룹에게 자신의 질문에 대해 토론하도록 한다. 학생은 정보의 신뢰성을 뒷받침하거나 반박하는 증거를 수집하고 다른 학생들과 공유할 수 있도록 준비해야 한다.
6. 전문가 그룹이 토론을 완료하면 원 그룹으로 돌아가 모든 질문에 대해 토론한다. 원 그룹에는 각 전문가 그룹을 대표하는 대표자가 1명씩 있어야 한다. 학생들은 손가락으로 자신의 질문 번호를 들고 원 그룹에 각 전문가 그룹의 대표자가 올 때까지 서 있다가 원 그룹에 각 전문가 그룹의 대표자가 모두 오면, 그룹원은 각각의 질문에 대한 자신의 생각을 공유하고 토론한다. 학생들은 아이디어를 메모해야 한다.
7. 학급 전체로 학생들에게 출처의 신뢰성 여부에 대해 토론하게 한다.

변형 전략

원형 직소 평가 전략을 다음과 같이 변형하여 활용할 수 있다.

✔ 전문가 그룹이 주제와 관련된 독특한 질문을 준비하여 원 그룹의 구성원에게 물어보게 한다.
✔ 전략 단계 섹션의 질문을 사용하는 대신, 〈표 6-5〉의 질문과 같이 RADCAB(신뢰성, 적합성, 상세성, 통용성, 권위, 편향성) 방법에 기반한 질문을 사용하여 정보의 신뢰성에 대한 특징을 분석하게 한다.

표 6-5 신뢰성을 측정할 수 있는 효과적인 질문

신뢰성(Reliability)	적합성(Appropriateness)
• 다른 출처에서 정보를 확인할 수 있나요? • 정보는 합리적이고 믿을만한가요?	• 정보의 내용을 이해하고 있나요? • 정보가 나의 나이, 가치관에 적합한가요?
상세성(Detail)	**통용성(Currency)**
• 정보는 상세하고 깊이 있나요? • 다른 믿을 만한 자료들을 올바르게 인용하고 있나요? • 모든 사실과 수치는 인용된 것이거나 저자가 직접 작성한 것인가요?	• 언제 출판된 것입니까? • 마지막으로 업데이트된 이후 이 주제와 관련된 주요 사건이 있었나요?
권위(Authority)	**편향성(Bias)**
• 작가는 누구입니까? • 작가가 지닌 자격은 무엇이고 주제와 관련이 있나요? • 정보를 게시한 사람은 누구입니까?	• 글에 사실과 의견이 자유롭게 포함되어 있나요? • 저자나 출판사가 무엇을 팔려고 하는 것은 아닌가요? • 작가는 반대 의견을 인정하고 이를 반박하나요?

📖 교과별 활용 예시

다양한 교과 수업에서 원형 직소 평가 전략을 활용할 수 있는 방법은 다음과 같다.

☑ 언어

학생들이 2개의 설득력 있는 이슈 웹사이트를 검토하고 각 웹사이트의 신뢰도를 평가하여 주장, 이유 및 근거를 통해 논쟁을 분석하는 능력을 평가하게 한다.

☑ 과학

실험 보고서를 검토하고 결론이 정확한지 평가하게 한다. 학생들을 전문가 그룹에 배정하여 각 결론을 검토하게 한 다음, 원 그룹에서 최종 평가를 하게 한다.

☑ 수학

학생들에게 수학 문제 풀이를 살펴보게 한다. 교사는 학생들을 전문가 그룹에 넣어 주어진 풀이 또는 여러 가지 대체 풀이 중 하나를 평가하게 한다. 원 그룹에서는 학생들이 각자의 연구 결과를 토론하고 어떤 풀이가 가장 좋은지 결론을 내린다.

☑ 사회

학생들과 함께 미국 독립 혁명의 정치 연설을 선택하고 그 연설의 신빙성을 조사한다. 교사는 각 질문에 대한 전문가 그룹을 구성한다. 그런 다음, 원 그룹을 구성하는 대신 각 전문가 그룹이 자신의 생각을 학급과 공유한 다음 학급에서 출처의 신뢰성 여부에 대해 투표한다.

☑ 음악

학생들에게 작곡가 Stephen Foster에 관한 2개의 웹사이트를 조사하게 한다. 학생들은 전문가 그룹에서 각 사이트의 신뢰성에 대한 다양한 측면을 평가한 다음 원 그룹으로 돌아와 결론을 공유한다.

🔓 전략 34: 조사   ○○○

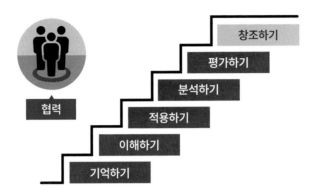

조사 전략은 학생이 주제를 자세히 조사하는 것을 의미한다. 조사 전략은 수업 시간 동안 관련 정보를 찾고 결론을 도출하기 때문에 짧을 수도 있고, 더 길고 복잡할 수도 있다. 조사 전략은 질문에서 시작되는 경우가 많다. 초등학교 과학 교사 McGough와 Nyberg(2015)는 『질문의 힘(The Power of Questioning)』에서 훌륭한 질문이 지식 쌓기에 얼마나 도움이 되는지 자세히 설명한다. 예를 들어, "우리 학교에서 괴롭힘이 발생하는 이유는 무엇일까요?"와 같은 간단한 질문을 통해 상황의 원인이나 결과를 탐구할 수 있다. 학생들은 "만약에 ……?" 같은 질문으로 예측할 수도 있다. 조사에는 개념 정의가 포함될 수 있다(Senn & Marzano, 2015). 예를 들어, "우리 사회에서 보존은 무엇을 의미할까요?"라고 질문할 수 있다. 또한 조사는 "학생들이 협업하는 것이 왜 중요한가?"와 같은 조사를 위한 질문에 초점을 맞출 수도 있고, "학교 일과에 쉬는 시간을 추가해야 하는가?"와 같은 질문으로 장단점 문제에 초점을 맞출 수도 있다.

조사 전략을 시작하려면 학생에게 조사할 만한 질문을 제시하고, 여러 정보 매체를 사용할 수 있도록 허락해야 한다. 그런 다음 학생은 질문에 답을 생각하고 이를 조사하여, 조사 결과를 바탕으로 결론을 도출해야 한다.

활용 예시

칠판에 "고대 공룡의 모든 신체적 특징이 생존에 중요했을까요?"라고 쓴다. 그런 다음, 조사를 통해 학생들이 이 질문에 답해야 한다고 설명한다. 학생들은 질문에 답을 하며 자신의 주장을 확립한다. 학생들은 "신체적 특징은 동물의 생존에 핵심적인 요소입니다."와 같이 질문에 의견을 내세울 수 있다. 교사는 학생들이 자신의 생각을 주장하거나 반박하기 위해 관련 정보를 조사해야 한다고 설명한다. 교사는 학생들이 모순이나 혼란스러운 점을 발견할 수 있다고 알려 준다. 학생들이 혼란스러워하는 점에 대해 토론한 후, "적응은 일반적으로 오랜 기간에 걸쳐 일어나며 동물의 생존을 돕는다."와 같이 주장과 관련하여 도출할 수 있는 몇 가지 결론을 제시한다.

이 과정을 모델링한 후, 교사는 학생들에게 여러 가지 다른 정보들과 메모를 기록할 수 있는 그래픽 오거나이저를 제공한다. 학생들은 개별적으로 조사 내용을 정리하고 결론을 도출한다. 학생들이 오거나이저를 완성한 후에는 그룹을 구성하여 모순되거나 혼란스러운 점에 대해 토론하고 협력하여 결론을 다듬는다.

🔍 전략 실행 단계

조사 전략을 실행하는 6단계는 다음과 같다.

1. 학생이 조사할 질문을 선택한 다음, ① 주장 결정하기, ② 관련 정보 조사하기, ③ 정보의 모순, 혼동 지점 또는 논리적 오류 찾아내기, ④ 주장, 수집한 증거 및 혼동되거나 상충하는 정보에 대응하는 결론 도출하기의 4단계 조사 프로세스를 모델링하여 학생들이 활동하도록 한다.

2. 학생의 사고를 자극할 수 있는 질문을 한다. 질문이 학생에게 사실 그 이상의 사고를 하도록 하는지 검토한다. 학생이 질문에 직접적으로 답할 수 있는 정보를 찾고 사실을 요약할 수 있다면 이는 평가하기 수준이 아니라 개정된 Bloom의 교육목표분류법 중 '이해하기' 수준에 해당한다(Anderson & Krathwohl, 2001).

   일부 질문들은 다음과 같은 문구를 포함한다(Senn & Marzano, 2015).

   - "왜 이런 일이 발생했을까요?"
   - "~에 대한 입장을 정하세요."

- "만약 …… 일이 일어난다면?"
- "~의 결정적인 특징은 무엇인가요?"

3. 학생들이 그룹을 이루어 제시문과 관련된 주장을 브레인스토밍하고 가장 좋은 주장을 선택하게 한다.

4. 학생들은 적절한 자료를 활용하여 주장을 조사하고 뒷받침해야 한다. 초등학생의 경우 여러 가지 조사 자료 옵션을 제공해야 할 수도 있다. 중등 학생에게는 스스로 자료를 찾을 수 있도록 더 자유롭게 허용한다. 학생들이 활동할 때 교실을 한 바퀴 돌면서 〈표 6-6〉과 같은 그래픽 오거나이저에 충분한 근거를 기록하여 주장을 적절히 뒷받침하고 있는지 확인한다.

5. 학생들이 그래픽 오거나이저를 완성한 후, 조사 자료에서 혼동되거나 모순되는 부분이 있으면 그룹으로 토론하게 한다.

6. 그룹과 함께 학생들에게 조사를 바탕으로 결론을 구체화하여 주장을 지지하거나 반증할 수 있다고 생각하는 이유를 설명하도록 한다. 학생들이 결론을 도출할 때 교사에게 너무 많이 의존하지 않도록 주의해야 한다. 학생들이 자신의 생각을 적기보다는 교사의 생각을 기록할 수 있기 때문이다.

표 6-6 조사 그래픽 오거나이저

주장	
연구	
반박/혼란 요소	
결론	

※ go.SolutionTree.com/instruction에 방문하면 무료로 사용할 수 있는 양식을 다운받을 수 있다.

🎂 변형 전략

조사 전략을 다음과 같이 변형하여 활용할 수 있다.

✔ 학생들이 한 수업 또는 한 주 동안 조사하게 하는 것 대신, 전체 학기 또는 한 단원에 걸쳐 조사할 수 있는 더 복잡하고 심도 있는 조사를 스스로 정하게 한다. 학생들의 조

사는 수업의 중요한 주제와 관련이 있어야 한다.

✓ 학생이 Google 폼(설문)(www.google.com/forms/about)과 같은 디지털 양식을 사용하여 자신의 주장, 조사 내용, 반박점, 결론을 제출하고 교사의 형성적 피드백을 받도록 한다. 또한 학생들에게 Google 문서도구(www.google.com/docs/about)와 같은 디지털 문서를 공유하게 하여 다른 그룹이 피드백이 담긴 코멘트를 할 수도 있다.

📖 교과별 활용 예시

다양한 교과 수업에서 조사 전략을 활용할 수 있는 방법은 다음과 같다.

☑ 언어

학생들에게 "모든 이야기에는 영웅이 있나요?"라고 질문한다. 이 질문에 관한 주장을 쓰게 하고 그 주장을 뒷받침하거나 반박하는 데 필요한 조사를 하게 한다.

☑ 과학

학생들에게 "레이싱 팀이 경주용 자동차의 타이어를 더 부드러운 타이어로 교체하면 어떻게 될까요?"라고 질문한다. 이 질문에 대한 주장을 하고 그 주장을 뒷받침하거나 반박하는 데 필요한 조사를 하게 한다.

☑ 수학

고대 수학자들이 고등학교 수준의 수학을 가르칠 수 있었는지에 질문한다. 이 질문에 대한 자신의 의견을 정하고 자신의 주장을 뒷받침하거나 반박하는 데 필요한 조사를 하게 한다.

☑ 사회

학생들에게 "우리 사회의 특징이 무엇일까요?"라고 질문한다. 이 질문에 대한 자신의 의견을 쓰고 자신의 의견을 뒷받침하거나 반박하는 데 필요한 조사를 하게 한다.

☑ 음악

학생들에게 모든 음악에 형태, 멜로디, 화음, 음색, 템포, 리듬 및 조화의 음악적 요소가 포함되어 있는지 묻는다. 이 질문에 대한 의견을 쓰고 그 주장을 뒷받침하거나 반박하는 데 필요한 조사를 하게 한다.

🔓 전략 35: 저자의 추론 평가   ○○○

개정된 Bloom의 교육목표분류법(Anderson & Krathwohl, 2001) **'분석하기'** 수준에서의 특징화 인지 과정(Attributing cognitive process)은 편견, 관점 및 가정을 식별하는 데 중점을 둔다. **저자의 추론 평가** 전략은 학생이 질문을 통해 정보의 진실성을 분석하는 데 도움이 된다. 학생들이 공평하게 발표할 수 있도록 무작위로 번호를 부르고 학생이 일어서서 자신의 생각을 공유하도록 해야 한다.

활용 예시

학생들은 "오늘날 운명론의 존재는?"(txxinblog, 2016)이라는 기사를 읽는다. 그런 다음, 학생들을 같은 크기의 소그룹으로 나누고 각 그룹 구성원에게 1에서 4까지의 숫자를 부여한다. 학생들은 그래픽 오거나이저를 사용하여 글의 목적, 질문, 정보, 개념, 가정, 추론, 결론 또는 관점을 구분한다. 그룹이 토론을 마치고 그래픽 오거나이저를 완성한 후, 교사는 1부터 4까지 숫자를 무작위로 선택하고 그룹의 각 번호 학생이 일어나 기사의 목적에 대한 그룹의 생각을 발표하게 한다. 이후 교사는 다른 번호를 선택하고 학급이 그래픽 오거나이저의 모든 섹션을 토론할 때까지 이 과정을 반복한다.

🔍 전략 실행 단계

저자의 추론 평가 전략을 실행하는 4단계는 다음과 같다.

1. 저자의 관점, 편견 또는 가정이 있는 텍스트를 선택한다.
2. 텍스트를 읽고 같은 인원 수의 그룹으로 활동하여 저자의 추론을 분석하기 위한 그래픽 오거나이저를 완성하게 한다. 〈표 6-7〉은 초등 수준에서 함께 사용할 수 있으며, 〈표 6-8〉은 중등 학습자가 텍스트를 더 깊이 있게 검토하는 데 적합하다.
3. 소그룹의 각 구성원에게 번호를 부여한다. 예를 들어, 각 그룹 구성원이 4명인 경우 학생들을 1번부터 4번까지 번호를 매긴다.
4. 무작위로 번호를 부른다. 해당 번호 학생은 일어서서 그래픽 오거나이저의 첫 번째 섹션(주장 또는 목적)에 대한 각 그룹의 생각을 학급 전체에게 발표하게 한다. 이 과정을 반복하여 다른 섹션에 대한 생각을 공유한다.

표 6-7 초등 수준의 저자의 추론 평가 전략 그래픽 오거나이저

그룹원 이름	
읽은 기사 제목	
주장	• 작가의 주장은 무엇입니까?
이유와 근거	• 주장을 뒷받침하는 이유와 근거는 무엇입니까?
설득력	• 주장은 설득력이 있습니까? 그 이유는 무엇입니까?

표 6-8 중등 수준의 저자의 추론 평가 전략 그래픽 오거나이저

그룹원 이름	
기사 제목	
목적	• 작가의 목적은 무엇입니까?
질문	• 텍스트는 어떤 질문에 대한 답변인가요? • 질문이 편파적이지는 않나요?
정보	• 제시된 정보 중에서 가장 중요한 것은 무엇입니까? • 정보가 질문과 관련이 있고 정확한가요? 어떻게 그런가요?
개념	• 작가의 추론을 뒷받침하는 기본 개념은 무엇인가요? • 작가가 필요할 때 아이디어를 명확하게 설명하나요?
가정	• 작가의 가정은 무엇인가요? • 작가는 이러한 가정이 가정임을 어떻게 인정하나요? • 작가가 의심스러운 가정을 언급했나요?
추론 또는 결론	• 저자가 언급하는 중요한 추론 또는 결론은 무엇인가요? • 추론 또는 결론이 제시된 정보와 명확하게 연결되나요? 왜 또는 왜 그렇지 않나요?
관점	• 저자는 다른 관점을 어떻게 인정하나요? • 저자는 대안적 관점에 대한 잠재적 반론을 어떻게 다루고 있나요?

🎂 변형 전략

저자의 추론 평가 전략을 다음과 같이 변형하여 활용할 수 있다.

- ✔ 먼저 읽은 내용을 두 번째 자료와 비교하여 텍스트 간의 차이점을 파악하게 한다.
- ✔ 유사한 방법을 사용하여 뉴스, 인터뷰 또는 다큐멘터리와 같은 미디어 클립을 분석하게 한다.
- ✔ 그래픽 오거나이저에 기록한 메모를 사용하여 정보의 타당성에 대한 에세이를 작성하게 한다.
- ✔ 4단계에서 학생 개개인이 자기 생각을 표현하게 하는 대신, 정보의 타당성에 대해 학급 토론을 진행한다.

📖 교과별 활용 예시

다양한 교과 수업에서 저자의 추론 평가 전략을 활용할 수 있는 방법은 다음과 같다.

☑ 언어

학생들에게 지역 공원의 보수 공사에 관한 사설을 읽고 그래픽 오거나이저를 사용하여 저자의 추론을 평가하게 한다.

☑ 과학

학생들에게 빅뱅 대체 이론에 관한 기사를 읽고 그래픽 오거나이저를 사용하여 저자의 추론을 평가하게 한다.

☑ 수학

학생들에게 "계산기를 사용하기보다 공식을 암기하자"라고 하는 친구의 의견을 읽고 그래픽 오거나이저를 사용하여 친구의 의견을 평가하게 한다.

☑ 사회

학생들에게 1846년 미국이 멕시코와 전쟁을 벌인 것이 정당한지에 관한 기사를 읽고 그래픽 오거나이저를 사용하여 저자의 추론을 평가하게 한다.

☑ 인문학

학생들에게 최근 커뮤니티에서 열린 공연에 대한 비평을 읽고 그래픽 오거나이저를 사용하여 비평가의 추론을 평가하게 한다.

🔓 전략 36: 미디어 분석   ○○○

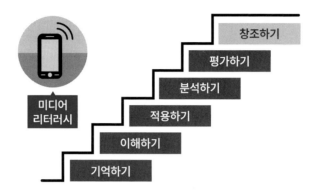

학생 수준에서는 미디어 분석이 어려울 수 있다. 미디어 **분석** 전략을 통해 학생들은 미디어를 변별할 줄 아는 소비자가 되는 법을 배운다. 교사는 학생들이 의미를 만들 수 있도록 탐색 질문을 활용해야 한다(Scheibe & Rogow, 2012). 예를 들어, 학생들에게 기존 미디어보다 풍부한 정보를 담고 있는 리치미디어(rich media)[1] 문서를 제시하고 토론을 촉발할 수 있는 충분한 배경지식을 제공하는 것이다. 학생에게 저자, 해석 및 신뢰성에 대한 질문을 던지는데, 이는 평가하기 수준에서 인지 과정을 확인하는 것과 일치한다. 이 수준에서 학생은 정보의 신뢰성을 판단하고 해석, 가정 및 신념에 의문을 제기한다.

활용 예시

글쓰기의 목적 중 한 형태인 설득하기에 대해 배우는 동안 학생들은 최근 선거에서 나온 만평 만화를 살펴본다. 교사는 학생들에게 열린 질문을 던지는 것으로 토론을 시작한 다음, 학생들의 답변에 대해 다시 질문함으로써 토론을 계속 이어간다.

---

1   역자 주: 리치미디어(richmedia)는 사용자와의 상호작용을 지원하는 역동적인 미디어를 의미한다.

🔍 전략 실행 단계

미디어 분석 전략을 실행하는 6단계는 다음과 같다.

1. 비디오, 오디오 또는 시청자의 관심을 끌 수 있는 기타 요소가 포함되어 있고 학생의 연령에 적합하며 교육 목표와 연관성이 있는 리치미디어 문서로 수업을 시작한다. 많은 미디어를 피상적으로 분석하는 것보다 몇 개의 비디오 클립이나 문서를 깊이 있게 이해하는 것이 학생에게 더 유익하므로 활용하는 문서의 수를 제한한다.

2. 미리 해당 문서와 연관시킬 배경 정보 및 열린 질문을 준비한다. 학생들이 문서를 해독하려면 어떤 배경 정보를 알아야 할까? 이러한 질문을 생각하며 학생들이 미디어를 분석하고 학습 목표를 달성하는 데 활용할 수 있는 좋은 질문을 계획한다. 예를 들어, 학생에게 다음과 같이 "(방금 본 것, 방금 들은 것)에서 어떤 인상을 받았나요?" "누가 먼저 의견을 말하고 싶나요?" "메시지가 무엇에 관한 것입니까?"라고 질문할 수 있다. 또한 "누가 이걸 만들었을까요?" "이걸 만든 목적은 무엇일까요?" "제작 목적은 무엇인가요?" "이 광고의 주요 청중은 누구인가요?"와 같은 미디어 리터러시 관련 질문으로 시작할 수도 있다. 〈표 6–9〉(p. 194)에는 추가적으로 물어볼 수 있는 미디어 질문의 예가 제시되어 있다.

3. 학생들에게 미디어의 맥락을 제공하고 활동의 초점을 명확히 설명한다.

4. 학생들에게 의미 찾기 토론(decoding discussion)을 열 수 있는 질문을 던져 미디어를 탐색하게 한다. 구체적으로 학생들이 자신의 진술을 뒷받침하는 증거를 제시하게 한다. 학생들에게 "여러분의 생각을 뒷받침하는 구체적인 증거를 미디어에서 관찰하거나, 듣거나 읽은 적이 있나요?"라고 질문한다.

5. 적절한 경우, 학생들에게 핵심 내용과 관점을 드러낼 수 있도록 계속해서 탐구 질문을 던진다. 학생이 자신의 관점을 확장하고, 해석하고, 드러내고, 명확히 하기 위해 추가 질문을 제공한다. 이를 위해 다음 예시를 고려할 수 있다.
   - **확장**: "그것에 대해 더 말해 줄 수 있나요?" "(   )이라는 게 무슨 뜻인가요?"
   - **해석**: "어떤 단어로 설명할 수 있을까요?" "기분이 어떤가요?"

- 관점: "그것에 대해 1가지 관점밖에 없을까요?" "어떤 사람이 (   )이라고 말 할 수 있는 이유는 뭘까요?"
- 명료화: "방금 했던 말은 (   )이라는 뜻인가요?" "(   )이라는 의미가 맞나요?"

6. 학생들이 말한 내용을 요약하고 긍정적인 피드백을 제공하면서 다른 의견을 가진 학생을 토론에 참여시킨다. 다음과 같은 질문을 한다.
- "또 다른 사람이 이야기해 볼까요?" "이것과 다른 해석을 하는 사람 있나요?"
- "선생님이 돌아다닐 테니 이것을 나타내는 한 단어를 말해 보세요."

표 6-9 미디어 메시지를 분석할 때의 핵심 질문

대상과 저작자	저작자	• 이 메시지를 누가 만들었을까요?
	목적	• 이것을 왜 만들었을까요? • 주요 타깃이 되는 대상은 누구인가요(어떻게 알 수 있나요?)?
	경제성	• 누가 비용을 지불했나요?
	영향력	• 이 메시지를 통해 이익을 보게 될 사람은 누구인가요? • 이 메시지로 인해 피해를 볼 사람은 누구인가요? • 이 메시지가 나와 왜 관련이 있나요?
	반응	• 이 메시지에 대해 내가 취할 수 있는 반응의 유형은 어떤 것이 있을까요?
메시지와 의미	내용	• 이것의 의미는 무엇인가요? 왜 그렇게 생각하나요? • 어떤 아이디어, 가치, 정보 또는 관점이 겉으로 드러나나요? 암묵적인 것은 무엇인가요? • 이 메시지에서 우리가 알아야 할 중요한 내용 중 빠트린 것이 있나요?
	기술	• 어떤 기술이 사용되었나요? • 왜 그러한 기술이 사용되었나요? • 이 메시지에서 그러한 기술들이 어떻게 상호작용하나요?
	해석	• 사람들은 저마다 이 메시지를 어떻게 이해할까요? • 메시지에 대한 나의 해석은 무엇이며, 그것을 통해 나에 대해 무엇을 알게 될까요?
표현과 현실성	내용	• 이것은 언제 만들어졌나요? • 어디서 어떻게 대중에게 알려졌나요?
	신뢰성	• 이것은 사실인가요? 의견인가요? 또 다른 무엇인가요? • 이것은 믿을 만한가요? 왜 그렇게 생각하나요? • 정보, 아이디어, 주장의 또 다른 근거는 무엇인가요?

🗃 변형 전략

미디어 분석 전략을 다음과 같이 변형하여 활용할 수 있다.

- ✔ 4단계에서 학생 토론을 활발하게 만드는 방법은 다음과 같다. 짝 활동으로 〈표 6-9〉의 사본을 제공하고, 학생들이 10개의 질문을 선택하되 주요 카테고리마다 최소 2개 이상의 질문에 답할 수 있게 한다.
- ✔ 〈표 6-9〉를 기반으로 학생들에게 미디어에 관한 질문을 던지며 토론을 이어갈 수 있다.

📖 교과별 활용 예시

다양한 교과 수업에서 미디어 분석 전략을 활용할 수 있는 방법은 다음과 같다.

☑ 언어

학생들에게 '범죄는 대가를 치르지 않는다.'와 관련된 이미지와 비디오를 복습하게 한다. 학생들이 해당 주제를 결정하고 표현하는 데 도움이 되는 구체적인 질문을 제공한다.

☑ 과학

학생들에게 산 정상 철거에 관한 의견이 담긴 블로그를 읽게 한다. 그런 다음, 학생들에게 글의 목적과 출처를 파악하기 위해 주요 질문에 답하게 한다. 글, 사진 및 포함된 비디오 콘텐츠의 목적과 출처를 파악하게 한다. 학생들은 이 미디어에 편견이 있는지 검토한 다음 주제에 대한 자신의 의견을 결정한다.

☑ 수학

학생들에게 계산기 사용에 관한 온라인 사설을 읽게 한다. 사설에 제시된 관점과 증거를 검토하고 교사의 질문에 답한 후, 학생들은 자기 경험을 바탕으로 계산기 사용에 관한 찬반 의견을 제시한다.

☑ **사회**

학생들에게 민주주의에 관한 3개의 개별 TED 강연을 시청하게 한다. 학생들은 2가지 미디어 분석에 관한 핵심 질문과 그 방법을 설명한다. ① 세 강연이 비슷한지, ② 강연자의 전제에 동의하는지 여부가 그것이다. 학생들이 자신의 주장을 뒷받침할 수 있도록 교사는 학생들에게 근거 자료를 인용하게 한다.

☑ **음악**

학생들에게 작곡가 Whitacre의 가상 합창단 영상을 통해 그의 음악 작품 〈Lux Aurumque〉 또는 〈Sleep〉을 감상하게 한다. 교사는 학생들에게 이 작곡가가 음악을 작곡할 때 주요 목표가 무엇이었을 것 같은지, 그 목표가 효과적으로 달성되었는지, 이 프로젝트의 대상 청중이 누구라고 생각하는지 묻는다.

🔒 전략 37: 리퀘스트   ⚬⚬⚬

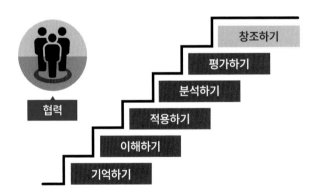

리퀘스트(ReQuest) 전략은 상보적 학습의 요소를 통합한 교수전략으로, 학생이 텍스트를 읽는 동안 교사는 질문을 던지고 대답하도록 안내한다(Manzo, 1969). 이 전략에서는 읽기 텍스트를 문단 수준과 같이 작은 섹션으로 나눈다. 첫 번째 섹션을 읽은 후, 학생은 교사에게 높은 수준의 사고력을 요하는 질문을 던진다. 다음 섹션을 읽은 후에는 역할이 바뀌고 교사가 학생들에게 준비된 질문을 한다. 이 과정을 통해 학생들은 독서에 대한 건전하고 효과적인 탐구 접근 방식을 익히고, 독서에 적극적으로 참여하게 된다(Kuhlthau, Maniotes, &

Caspari, 2015).

활용 예시

　학생들은 Chodosh(2017)의 「우리는 아직도 개가 어디에서 왔는지 모른다(We still don't really know where dogs from)」라는 글의 처음 몇 단락을 조용히 읽는다. 교사는 "이주는 개의 가축화에 어떤 영향을 미쳤나요?" "사람들은 개에게서 어떤 특성을 찾고 있나요?" 등 몇 가지 생각할 수 있는 질문을 던진다. 학생들은 그룹별로 각 질문에 대해 토론한 다음, 몇 명의 학생들이 자신의 생각을 공유한다. 이후, 전체 학급은 그다음 섹션의 텍스트를 읽는다. 이번에는 학생들의 이해도가 높아졌기 때문에 교사-학생 역할을 바꾼다. 학생들은 읽은 내용을 바탕으로 생각할 수 있는 질문을 선생님에게 던지게 된다. 이때, 선생님은 학생들을 돕기 위해 질문 줄기 목록을 제공한다. go.SolutionTree.com/instruction을 방문하면 다양한 사고 수준에 맞는 질문 목록 예시를 확인할 수 있다.

🔍 전략 실행 단계

리퀘스트 전략을 실행하는 8단계는 다음과 같다.

1. 텍스트의 중요한 부분을 선택하여 읽기 활동을 하게 한 후, 학생에게 질문을 던진다.
2. 학생들을 그룹으로 구성한다.
3. 학생들에게 텍스트의 한 섹션을 조용히 읽게 한다.
4. 학생들에게 이 섹션에 대한 비판적 질문을 구체적으로 만들어 그룹별로 토론하게 한다. 앞서 제시된 질문 목록을 모델로 삼아 질문을 구성하는 요소를 강화해야 한다. 그룹 토론이 끝나면 몇 명의 학생을 선택하여 학급 전체 단위에서 그들의 생각을 공유하게 한다.
5. 학생들에게 조용히 다음 섹션을 읽게 한다.
6. 그룹별로 생각을 촉진하는 질문을 만들게 한다. 학생들에게 텍스트에 대한 개방형 질문을 만들도록 권장한다. 질문 목록을 사용하여 학생들을 도울 수 있다.
7. 그룹별로 가장 생각을 촉진하는 질문을 뽑아 교사에게 제시한다.

8. 수업에서 계획된 섹션 수만큼 3~7단계를 반복한다.

⚜ 변형 전략

리퀘스트 전략을 다음과 같이 변형하여 활용할 수 있다.

- ✔ 이 전략을 사용하여 학생들에게 사진 또는 미디어를 분석하게 한다. 이때, 학생들은 한 번에 1가지 측면만 고려하게 한다.
- ✔ 학생들에게 질문에 대한 답을 기록하도록 녹음하게 한 다음, 다른 사람의 생각을 들으면서 녹음한 답을 수정하게 한다.
- ✔ 텍스트를 조용히 읽는 대신 큰 소리로 읽는 활동을 한다.
- ✔ 교사와 학생 간에 질문을 주고받는 대신 포인트를 파악하고 짝과 질문 및 답변을 주고받을 수 있게 한다. 학생들은 짝과 질문을 공유하고 짝에게 피드백을 제공할 수 있다. 서로 역할을 바꾸어 가며 활동을 이어간다(Frey, 2011).

📖 교과별 활용 예시

다양한 교과 수업에서 리퀘스트 전략을 활용할 수 있는 방법은 다음과 같다.

☑ 언어

학생들에게 뉴욕 타임즈 기사 "옥스퍼드 쉼표[2] 분쟁, 메인주 운전자들이 5백만 달러를 받으면서 해결됨"(Victor, 2018)을 읽게 한다. 제목을 먼저 읽은 후, 학생들은 옥스포드 쉼표가 어떻게 누군가에게 5백만 달러를 가져다줄 수 있는지 예측한다. 학생들은 기사의 전반부를 읽고 교사가 제시하는 질문에 답한다. 그런 다음, 학생들은 옥스포드 쉼표의 중요성에 대한 5가지 사고 촉진 질문을 구성한다.

---

2 역자 주: 옥스포드 쉼표(Oxford comma)는 연속 쉼표(Serial comma)라고도 불리는데, 3개 이상의 대상을 나열할 때 가장 마지막 대상 앞에 사용하는 and나 or 등 접속사 앞에 찍는 쉼표이다.

☑ 과학

학생들에게 "로봇이 당신이 먹는 모든 것을 통제할 것이다."(Bell, 2018)라는 제목의 온라인 뉴스 기사를 읽게 한다. 학생들이 해당 텍스트의 첫 번째 섹션을 읽은 후, 교사는 "농업에 로봇을 사용하면 어떤 이점이 있을 수 있나요?" "로봇을 사용하면 어떤 부정적인 측면이 있을까요?" 등의 질문을 던진다. 그룹 및 학급 토론 후 학생들은 다음 섹션에서 교사에게 질문할 내용을 작성한다.

☑ 수학

학생들에게 정해진 예산 내에서 학용품을 구입하는 것에 관한 문제를 제시하면서 첫 번째 섹션만 읽게 한다. 그런 다음, 그룹별로 시나리오의 다음 섹션을 읽고 문제 해결과 관련된 질문을 한다. 학생들은 예산, 세금, 필요와 욕구, 할인 판매 등을 고려해야 한다.

☑ 사회

학생들에게 Paine(1976)의 『상식(Common Sense)』 중 한 단락을 읽게 한다. 교사는 "이 섹션에서 저자가 말하고자 하는 바가 무엇입니까?" "그가 이 말을 한 목적은 무엇인가요?"라고 질문한다. 그룹 및 학급 토론이 끝난 후 학생들은 다음 텍스트 섹션을 읽고, 교사와 토론을 계속하기 위한 질문을 구상한다.

☑ 음악

학생들에 〈사계〉 중 〈봄〉(Vivaldi, 1949)을 들려준다. 그런 다음 교사는 "이 부분을 듣고 작곡가가 듣는 사람이 무엇을 상상하도록 의도했다고 생각하나요? 여러분의 추론을 설명하세요."라고 질문한다. 토론이 끝나면 학생들은 나머지 세 악장 중 하나를 듣고 자신만의 질문을 구상하여 교사에게 질문한다.

🔒 전략 38: 진·진·가   ○○○

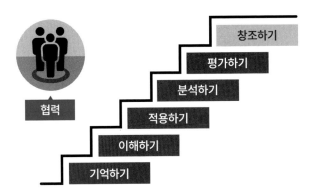

오해 또는 오개념을 드러내기 위해 진·진·가(진짜·진짜·가짜: Find the Fiction) 전략에서는 학생들이 정보를 면밀히 조사하여 잘못된 진술을 찾아내는 미션에 참여한다(Kagan & Kagan, 1998). 이 전략을 사용하여 학생들은 읽기 자료나 미디어 클립 또는 기타 자료에 대한 2개의 진실한 진술과 1개의 거짓된 진술을 작성한다. 올바른 진술은 정확한 추론이어야 하며, 거짓 진술은 잠재적인 오해나 오개념 및 비논리적 추론에 기반한 것이어야 한다. 이 과정에서 학생들은 정보의 신뢰성을 검증하면서 '평가하기' 수준의 사고를 하게 된다.

활용 예시

〈액체를 이용한 놀라운 과학 트릭 10가지!〉(brusspup, 2015)를 시청한 후, 학생들은 2가지 논리적 추론과 1가지 비논리적 추론을 적고, 그룹별로 진술을 공유하며 어떤 진술이 거짓인지 확인한다.

🔍 전략 실행 단계

진·진·가 전략을 실행하는 8단계는 다음과 같다.

1. 주제, 읽기 자료, 비디오 클립, 만화평론이나 또 다른 교육자료를 선정한다.

2. 학생들을 5명씩 한 그룹으로 구성한다.

3. 각 그룹은 자료로부터 2개의 진실과 1개의 거짓 진술을 도출하여 적는다. 참 진술은 정확한 추론이어야 하는 반면, 거짓 진술은 잠재적인 오해, 오개념 또는 비논리적 추론이어야 한다.

4. 각 그룹에서 1명의 학생이 일어나 3가지 진술을 발표한다.

5. 다른 그룹에서는 거짓 진술에 대해 토론하고 의견을 모은다.

6. 발표한 학생이 세 진술 중 거짓 진술이 무엇인지 말한다.

7. 그룹에서 거짓 진술을 올바르게 찾은 경우, 발표 그룹은 그 그룹에게 박수를 보낸다. 다른 그룹에서 거짓 진술을 찾지 못한 경우, 다른 그룹이 발표 그룹을 위해 박수를 보낸다. 그런 다음 발표 그룹은 해당 진술이 틀린 이유를 설명한다.

8. 다른 그룹의 학생 1명이 또 일어서서 3가지 진술을 발표한다. 모든 그룹이 발표할 때까지 3~7번 과정을 반복한다.

🧰 변형 전략

진·진·가 전략을 다음과 같이 변형하여 활용할 수 있다.

- ✔ 그룹별 활동 대신 개인별로 진실과 거짓의 진술을 작성하게 한 다음, 그룹별로 그것을 공유하게 한다.
- ✔ 2개의 진실과 1개의 거짓 진술을 작성한 후, 그룹 구성원들이 교실을 돌아다니며 다른 그룹 구성원을 만나 각자 거짓 진술을 맞히게 한다. 구체적으로 원래 그룹이 흩어져서 다른 그룹에 속하는 사람을 찾아 짝을 이루어야 한다.

📖 교과별 활용 예시

다양한 교과 수업에서 진·진·가 활동 전략을 활용할 수 있는 방법은 다음과 같다.

☑ 언어

학생들에게 Alexie(2008)의 자서전 『쓰이지 않은 나의 이야기(The unathorized biography of me)』를 읽고 아메리카 원주민 보호구역에서의 생활이 어땠는지와 관련된 진실과 거짓 진술을 작성하게 한다. 그런 다음, 학생들은 그룹을 만들고 진실과 거짓 진술을 사용하여 서로를 테스트한다. 교사는 이러한 활동을 통해 아메리카 원주민 문화에 대한 오개념을 바로잡는다.

☑ 과학

학생들에게 하와이 화산 폭발 관련 동영상을 보여 준다. 학생들은 폭발에 대해 기존에 알고 있는 내용을 바탕으로 논리적 추론(진실)과 비논리적 추론(거짓)을 바탕으로 진술문을 작성하게 한다. 그룹별로 참과 거짓으로 구성된 진술문을 가지고 서로 테스트한다.

☑ 수학

학생들에게 지난 네 번의 축구 경기 출전 통계를 보여 주는 수치 데이터 그래프를 분석하게 한다. 학생들은 데이터를 기반으로 논리적(진실)이고 비논리적인 추론(거짓)을 작성하고, 그룹을 이루어 서로의 진술문을 테스트한다.

☑ 사회

학생들에게 인도 지도를 살펴볼 수 있게 한다. 학생들은 지도를 보고 인도의 지형이 그 나라의 문화에 어떤 영향을 미칠 수 있는지에 대한 논리적 추론(진실)과 비논리적 추론(거짓)을 작성한다. 그런 다음, 학생들은 그룹별로 서로의 진술문을 테스트한다.

☑ 경제

학생들에게 중소기업의 예산 책정 관행에 관한 기사를 읽게 한다. 이후 학생들은 바람직한 예산 책정에 대한 3가지 진실과 1가지 거짓 진술을 적는다. 그런 다음, 그룹별로 참과 거짓 진술을 사용하여 서로를 테스트한다.

🔓 전략 39: 쿼드　○○○

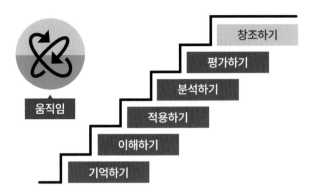

쿼드(Quads) 전략은 정보의 정확성을 평가하는 데 중점을 둔 전략이다. 이 전략에서는 한 섹션의 콘텐츠를 학습한 후, 학생이 4가지 생각을 자극하는 질문을 만든다. 그런 다음, 다른 학생과 질문을 서로 교환하고 상대방의 질문 중 하나에 답해야 한다. 학생들은 교실을 돌아다니며 서로 다른 질문에 답할 학생 3명을 찾고, 해당 학생의 질문에 대한 답을 말한다. 모든 질문에 대한 답변이 끝나면 학생들은 답변을 읽고 그것의 정확성을 평가한다. 정보의 정확성을 평가할 때 학생들은 '평가하기' 사고 수준에서 확인 인지 과정(checking cognitive process)을 사용한다. 현대 사회가 생산하는 방대한 양의 정보를 고려할 때, 학생들이 정보의 정확성을 평가할 수 있는 능력은 필수적이다.

 활용 예시

산점도, 히스토그램 및 상자 그림을 사용하여 통계의 기본 사항을 학습한 후, 학생들은 각 주제에 대한 4가지 질문을 생성한다. "이것이 농구에서 어떻게 사용될 수 있을까요?" "히스토그램과 상자 그림의 유사한 점은 무엇인가요?" "우리 반에 있는 각 학생의 형제자매 수를 시각화하는 데 이들을 어떻게 사용할 수 있나요?" "막대그래프와 히스토그램은 어떻게 다른가요?" "산점도, 히스토그램 또는 상자 그림을 사용하는 것이 가장 좋을까요?"와 같이 질문할 수 있다.

4가지 질문을 만든 후, 개별 학생은 자신의 질문에 답할 4명의 학생을 돌아다니며 찾고 다른 학생의 질문 중 하나에 답도 한다. 모든 질문에 대한 답변이 끝나면 학생들은 제자리로 돌아가 답변의 정확성을 평가한다. 학급 전체 토론에서 학생들은 가장 좋은 질문과 답변 그리고 친구가 가지고 있었던 오개념을 공유한다.

🔍 전략 실행 단계

쿼드 전략을 실행하는 5단계는 다음과 같다.

1. 학생들에게 수업 내용에 대한 4가지 질문을 작성하게 한다. 이때, 교사는 학생들에게 생각을 촉발할 수 있는 질문이어야 함을 안내한다.
2. 학생들이 질문 작성을 마치면 서로 짝을 지어 질문 종이를 교환하고 각자 상대방의 종이에 있는 질문 중 하나에 답해야 한다.
3. 학생들은 두 번째 단계의 과정을 세 번 더 반복하여 3명의 학생과 추가적인 활동을 한다.
4. 학생들이 자리로 돌아가서 친구의 답을 평가하게 한다. 이때 다음의 기준을 고려하도록 안내한다.
   - "답변에 오개념이나 부정확한 정보가 있나요? 있다면 적절한 자료를 사용하여 정보를 확인하고 수정하는 과정이 필요합니다."
   - "답이 완성되었나요? 그렇지 않은 경우 정보를 추가하여 질문에 대한 완전한 답을 해야 합니다."
5. 학급 전체 단위로 학생들이 좋은 질문 중 하나를 가장 뛰어난 답변과 함께 공유하게 한다. 답변자의 이름을 공개하지 않고, 학생들에게 그들이 받은 답변에서 어떤 오개념이 있었는지 물어본다.

🎁 변형 전략

쿼드 전략을 다음과 같이 변형하여 활용할 수 있다.

✔ 학급에 동일한 4가지 질문을 제공한 다음, 학생들이 4명의 친구와 개별적으로 만나 답을 수집하도록 할 수 있다.

✔ 5단계에서 학생들은 디지털 보드 또는 온라인 담벼락[예: Padlet(https://padlet.com)]에 오개념을 게시할 수 있다. 이러한 오개념은 이후 토론의 초점이 된다.

📖 교과별 활용 예시

다양한 교과 수업에서 **퀴드** 전략을 활용할 수 있는 방법은 다음과 같다.

☑ 언어

학생들에게 Sachar(2000)의 『구덩이(Holes)』의 일부분을 읽고, ① 줄거리, ② 인물 전개, ③ 배경, ④ 어휘에 관한 4가지 질문을 만들 수 있게 안내한다. 그런 다음, 학생들은 퀴드 전략을 사용하여 다른 친구들에게 질문에 대한 답을 받고 그것의 정확성을 평가한다.

☑ 과학

학생들에게 간단한 기계 사용에 관한 4가지 질문을 만들게 한다. 학생들은 퀴드 전략을 사용하여 질문에 대한 답을 얻고 그것의 정확성을 평가한다.

☑ 수학

학생들이 가장 좋아하는 음식에 대한 설문조사 결과를 그래프로 나타내서 학급, 학년, 학교 단위의 결과를 보여 준다. 학생들은 주어진 정보를 바탕으로 수학적으로 풀 수 있는 4가지 문제를 만든다. 학생들은 퀴드 전략에 참여하여 문제에 대한 답을 얻고 그 정확성을 검증한다.

☑ 사회

학생들에게 지리적 특성이 지역사회에 미치는 영향과 관련된 5가지 주제에 대한 4가지 질문을 만들게 한다. 이후 학생들은 퀴드 전략을 사용하여 질문에 대한 답을 얻고 그것의 정확성을 평가한다.

☑ **음악**

학생들에게 음악적 요소의 기본 개념을 가르친 후, 학생들이 이러한 음악적 요소가 어떻게 작용하는지에 대한 4가지 질문을 만들게 한다. 이후, 학생들은 쿼드 전략을 사용하여 답을 수집하고 그것을 평가한다.

🔓 전략 40: 주장-증거-이유   ○○○

학생들은 사려 깊은 답안을 작성하는 데 자주 어려움을 겪는다. 주장-증거-이유 전략은 학생의 글쓰기를 지원하는 구조를 제공한다. 글의 주장이 논증인 경우, 주장은 글쓴이의 의견을 지지하는 진술이다. 증거는 주장을 입증하는 사실이며 예시 또는 통계를 포함할 수 있다. 이유는 주장을 설명하고 '왜'라는 질문에 답한다. 다음에 제시하는 활용 예시를 기반으로 한 〈표 6-10〉의 그래픽 오거나이저는 이러한 목적을 위한 훌륭한 도구이다. '평가하기' 수준에서 학생들은 모든 측면에서 증거와 정보를 평가하고 근거 없는 주장에 의문을 제기한다. 이 전략을 통해 학생들은 다른 학생의 주장, 증거 및 이유를 동료 검토하여 주장이 입증 또는 반증되는지 여부를 결정한다.

활용 예시

　　교사는 학생들에게 "동물이 생존하려면 무리를 지어 살아야 하는가?"라고 질문한다. 학생들은 그래픽 오거나이저를 사용하여 자신의 주장, 증거 및 이유를 정리하고 서로 그래픽 오거나이저를 교환하여 살펴보면서 주장이 입증되었는지 또는 반증되었는지 평가한다.

표 6-10　주장, 증거, 이유 그래픽 오거나이저

의견: 많은 동물이 무리생활을 통해 혜택을 받는다.

주장 1: 동물은 무리생활을 하면서 먹이를 구한다.	주장 2: 무리생활을 하는 동물이 자신을 더 잘 방어한다.	주장 3: 무리생활을 하는 동물은 서로 돕는다.
증거: 범고래는 집단으로 큰 파도를 일으켜 바다표범을 얼음에서 밀어내서 잡아먹는다.	증거: 미어캣이 식사를 할 때 미어캣 한 마리가 경비를 선다. 위험을 감지하면 무리가 도망칠 수 있도록 경고를 보낸다.	증거: 코끼리는 지적이고 배려심이 깊은 동물이다. 코끼리 무리 중 한 마리가 다치거나 아프면 다른 코끼리들은 자신의 몸통으로 그 코끼리를 일으켜 세우려고 한다. 또한 집단의 코끼리가 죽으면 슬픔을 표현한다.
이유: 많은 동물은 단체로 사냥할 때처럼 먹잇감을 고립시키거나 더 강해지기 위해 무리지어 함께 움직인다.	이유: 작은 동물은 주로 큰 동물의 먹이가 되지만, 무리생활을 하면 자신을 더 잘 방어할 수 있다.	이유: 동물은 아프거나 죽어가는 다른 동물을 도와주며 서로를 돌보는 표현을 할 수 있다.

※go.SolutionTree.com/instruction에 방문하면 무료로 사용할 수 있는 양식을 다운받을 수 있다.

🔍 전략 실행 단계

주장-증거-이유 전략을 구현하는 3단계 방법은 다음과 같다.

1. 학생들이 증거를 통해 뒷받침할 수 있는 주장을 3가지 이상 설정하고, 그 이유를 설명함으로써 더 높은 수준의 사고력을 개발할 수 있는 질문 목록을 개발한다.
2. 학생들에게 질문 목록과 〈표 6-10〉과 같은 그래픽 오거나이저를 제공한다. 그런 다음 3가지 주장을 설정하는 것으로 시작하여 각 주장에 대한 증거와 주장이 사실인 이유

를 제시하는 의견 진술서를 작성하게 한다.

3. 학생들에게 다른 학생과 그래픽 오거나이저를 교환하여 글을 평가하게 한다. 이때 〈표 6-11〉과 같은 명확한 루브릭을 사용해야 한다.

🧰 변형 전략

주장-증거-이유 전략을 다음과 같이 변형하여 활용할 수 있다.

- ✔ 학생이 이 전략을 처음 사용하는 경우 그룹으로 작업하는 것이 도움이 된다. 또한 학생들이 편안하게 사용하도록 이 전략을 사용하는 모습을 시범으로 보일 수도 있다.

- ✔ 이 전략의 변형으로는 '토론-팀-회전목마' 전략이 있으며, 이 전략은 학생들이 증거와 이유를 개발하는 데 도움을 준다. 먼저, 학생들은 〈표 6-12〉와 유사한 그래픽 오거나이저에 자신의 주장과 증거를 기록한 다음 다른 학생에게 전달하여 증거를 추가한다. 그런 다음 세 번째 학생이 그 아이디어에 반대하는 이유를 제시한다. 마지막으로 학생들은 보고서를 작성자에게 돌려보내 다른 사람의 생각을 검토하고 모든 아이디어를 잘 작성된 단락으로 발전시킨다(Himmele & Himmele, 2011). 학생들은 주장, 증거, 추가 증거, 반대 관점 등의 섹션이 있는 그래픽 오거나이저를 사용하여 자신의 생각을 정리할 수 있다.

- ✔ 그래픽 오거나이저를 사용하여 글쓰기 계획을 세운 후, 학생들에게 각 주장, 증거 및 이유를 에세이로 발전시키게 한다. 학생들에게 에세이의 도입 단락을 사용하여 자신의 의견을 정립하고 후속 단락을 사용하여 증거와 이유를 추가하게 한다. 이를 용이하게 하려면 학생들에게 〈표 6-13〉과 같이 설득력 있는 에세이를 위한 두 번째 그래픽 오거나이저를 제공한다.

- ✔ 주장-증거-이유 그래픽의 초등용 온라인 버전은 https://bit.ly/2sCd5Y5(Bayna 선생님의 수업 자료)에서 확인할 수 있다.

표6-11 주장-증거-이유 전략을 위한 루브릭

	수정 필요	기준 근접	기준 충족
주장	주장이 부정확하거나 주장이 아님	정확하지만 불분명하거나 불완전한 주장	정확하고 완전한 주장을 진술함
증거	증거를 제시하지 않았거나 부적절함	주장을 뒷받침하는 적절하지만 불충분한 증거를 제시하며, 부적절한 증거가 일부 포함됨	주장을 뒷받침할 수 있는 적절하고 충분한 증거를 제시함
이유	이유를 제시하지 않았거나 주장과 연결되지 않음	증거를 반복하거나 주장에 대한 충분한 증거를 제공하지 않음	증거와 주장을 연결하는 정확하고 완전한 추론을 명시함

출처: Meacham(2017)을 수정함.

※go.SolutionTree.com/instruction에 방문하면 무료로 사용할 수 있는 양식을 다운받을 수 있다.

표6-12 토론-팀-회전목마 오거나이저

의견	지구 온난화는 지구상의 모든 생명체에 위협이 되고 있다.
증거	지구 기온은 섭씨 1℃ 이상 상승했으며, 향후 50~100년 동안 4℃ 이상 상승할 것으로 예상되는 모델도 있다.
찬성하는 이유	인간이 지구의 지배적인 종이 된 이래로 대기 중 탄소 입자의 양이 이렇게 많았던 적은 없었으며, 그 양은 계속 증가하고 있다.
반대하는 이유	인간은 공기에서 탄소를 제거하는 기술을 개발하고 있다.
종합 이유	탄소를 효과적으로 제거하는 기술이 있긴 하지만, 인간이 매년 대기 중으로 배출하는 탄소의 양은 물론, 이미 배출한 양에 대응하기에는 충분하지 않다.

※go.SolutionTree.com/instruction에 방문하면 무료로 사용할 수 있는 양식을 다운받을 수 있다.

표6-13 설득하는 글쓰기를 위한 그래픽 오거나이저

도입	독자의 관심을 끌 수 있는 이슈나 주제 소개:
	입장 설정:
첫 번째 문단	첫 번째 주장:
	증거1:
	증거2:
	증거3:

	두 번째 주장:
두 번째 문단	증거1:
	증거2:
	증거3:
세 번째 문단	반론:
	반론의 이유:
	반론의 증거:
	반론을 반박하는 증거:
	입장 재설정
네 번째 문단	세 번째이자 가장 강력한 주장:
	증거1:
	증거2:
결론	이유 요약:
	확정적 주장(행동 유도 또는 강력한 입장 제시):

※go.SolutionTree.com/instruction에 방문하면 무료로 사용할 수 있는 양식을 다운받을 수 있다.

교과별 활용 예시

다양한 교과 수업에서 주장-증거-이유 전략을 적용할 수 있는 예시는 다음과 같다.

☑ 언어

학생에게 『원더(Wonder)』(Palacio, 2012)라는 책에서 저자의 목적에 관한 3가지 주장을 수립하게 한다. 학생들은 그래픽 오거나이저 도구를 사용하여 주장, 뒷받침하는 증거 및 각 주장의 정확성에 대한 이유를 설명한다.

☑ 과학

학생들에게 환경이 유전적 형질에 미치는 영향에 대한 3가지 주장을 입증하게 한다. 학생들은 그래픽 오거나이저를 사용하여 주장, 뒷받침하는 증거 및 각 주장의 정확성에 대한 이유를 설명한다.

☑ 수학

학생들에게 겉넓이, 부피 및 비율에 대한 지식을 사용하여 음료의 얼음 조각 크기가 음료의 차가움에 어떤 영향을 미치는지에 대한 3가지 주장을 수립하게 한다. 학생들은 증거와 이유를 사용하여 자신의 주장을 평가하고 어떤 크기가 음료를 가장 차갑게 유지하는지를 결정한다.

☑ 사회

학생들에게 학교가 민주적 원칙에 따라 조직되어 있는지 질문한다. 학생들은 그래픽 오거나이저를 사용하여 각 의견의 정확성을 입증하기 위해 자신의 주장, 뒷받침하는 증거 및 이유를 제시한다.

☑ 음악

학생들에게 〈4분 33초〉(Cage, 1974)라는 곡에 담긴 작곡가의 메시지와 목적이 무엇인지 묻는다. 학생들은 그래픽 오거나이저를 사용하여 자신의 주장, 뒷받침하는 증거 및 각 주장의 정확성에 대한 이유를 설명한다.

🔒 전략 41: 색상코드 피드백 ∘∘∘

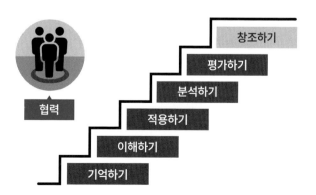

색상코드 피드백 전략은 작성한 글의 비효과적인 부분과 출처, 추론, 이유와 같이 효과적인 부분(또는 핵심 부분)을 강조 표시함으로써 글을 분석하도록 도와준다. 동료가 색상으로 구분된 피드백을 제공하면 프로세스가 단순화되고 흥미로워진다. 또한 색상은 학생의 집중력을 높이고 교사는 색상을 사용하여 학생의 글쓰기를 개선할 수 있다(Mack, 2013). 표시된 색상을 살펴보면 작성자가 쓴 글의 강점과 약점을 빠르게 평가할 수 있기 때문이다.

활용 예시

학생들은 그룹별로 경찰과 관련 있는 데이터를 검토하여 경찰이 과도한 무력을 사용하고 있는지 판단한다. 워드 프로세서를 사용하여 검토한 통계를 인용하는 진술문에 자신의 의견을 쓰고 논리적으로 근거를 댄다. 다른 학생들과 파일을 공유하여 중심 경향을 정확하게 계산하고 명확하고 정확한 결론을 내렸는지 평가하는 루브릭을 사용하여 서로의 산출물을 검토한다. 동료 검토자는 워드 프로세서의 도구 세트를 사용하여 주요하게 개선이 필요한 문장은 빨간색으로, 일부 개선이 필요한 문장은 주황색으로, 기준을 충족한 문장은 녹색으로 강조 표시한다. 그런 다음, 검토자는 최종 제출 전에 작성자가 수정할 수 있도록 피드백을 돌려준다.

전략 실행 단계

색상코드 피드백 전략을 구현하는 5단계 방법은 다음과 같다.

1. 학생에게 정보를 비판적으로 생각하거나 분석하도록 요구하는 쓰기 주제 또는 질문을 제시한다.
2. 학생이 동료 피드백을 제공할 때 사용할 색상 코드 시스템을 선택한다. 다음 중 하나를 사용할 수 있다.
   - 사실(녹색), 출처(분홍색), 추론(빨간색), 판단(파란색), 이유(노란색)
   - 작성자의 가정(빨간색), 모순, 불일치 또는 누락(녹색), 추론(파란색), 명확한 글쓰기의 예(노란색), 혼란스러운 문장(분홍색)
   - 주요 개선이 필요한 부분(빨간색), 일부 개선이 필요한 부분(주황색), 기준 충족 또는 모범적인 부분(녹색)

- 명확한 작성(녹색), 약간의 수정 필요(노란색), 큰 수정 필요(분홍색) 또는 교정이 필요함(회색)

3. 색상코드 시스템에서 각 범주를 더 자세히 설명할 수 있도록 교사가 만든 루브릭 또는 체크리스트를 학생에게 제공한다.

4. 학생에게 형광펜을 사용하거나 컴퓨터에서 디지털 방식으로 다른 학생의 글을 검토하고 색상코드 시스템을 적용하여 명확하고 구체적인 피드백을 제공하게 한다.

5. 학생들이 글을 작성자에게 돌려준 후, 학급 전체 토론을 진행하거나 학생 개개인이 동료 피드백을 사용하여 글쓰기를 개선할 수 있는 방법에 대해 생각해 보게 한다.

♣ 변형 전략

색상코드 피드백 전략을 다음과 같이 변형하여 활용할 수 있다.

- ✔ 교사가 색상코드 시스템을 사용하여 학생에게 피드백을 제공할 수도 있다. 다만, 학생들이 색상코드 시스템을 알고 있는지 먼저 확인해야 한다.
- ✔ 5단계에서 동료가 제공한 피드백을 바탕으로 어려움을 겪고 있는 영역을 개선하기 위한 계획을 세우게 한다. 예를 들어, 특정 영역을 어려워하는 학생을 지원하기 위해 보충 학습을 제공할 수 있다.

📖 교과별 활용 예시

다양한 교과 수업에서 **색상코드 피드백** 전략을 적용할 수 있는 방법은 다음과 같다.

☑ 언어

학생들에게 학교 쉬는 시간이나 방과 후 시간의 양에 대한 의견을 글로 쓰게 한다. 학생들은 색상코드 시스템을 사용하여 자신의 글을 교환하고 저자의 가정(빨간색), 모순, 불일치 또는 누락(녹색), 추론(파란색), 명확한 글의 예(노란색), 혼란스러운 진술(분홍색)을 표시한다.

☑ **과학**

학생들에게 자석의 크기와 모양을 테스트하는 실험 보고서를 작성하게 한다. 다른 학생과 실험 보고서를 교환한 후 학생들은 사실(녹색), 출처(분홍색), 추론(빨간색), 판단(파란색), 이유(노란색)를 표시하여 서로의 보고서에 피드백을 한다.

☑ **수학**

학생들에게 학교 정원의 면적과 둘레를 계산하는 실생활 문제를 주고 계산 방법을 작성하게 한다. 학생들은 작성한 계산 방법을 교환하여 명확한 풀이(녹색), 사소한 수정 사항(노란색), 주요 수정 사항(분홍색), 교정이 필요한 부분(회색)을 표시한다.

☑ **사회**

학생들에게 역사 뮤지컬이나 연극 공연에 대한 비평문을 작성하게 한다. 학생들이 비평문을 작성하기 전에 교사는 색상 코딩 시스템을 사용하여 동료평가를 할 때 글을 분석하는 방법을 이해하는 데 도움이 되는 루브릭을 제공한다. 학생들은 비평문을 서로 교환하여 명확한 글(녹색), 사소한 수정 사항(노란색), 주요 수정 사항(분홍색), 추가 교정이 필요한 부분(회색)을 표시한다.

☑ **경제**

사업 계획을 검토하는 수업에서 교사는 학생들에게 온라인 하이라이팅 도구를 사용하여 디지털 문서에 명확한 글쓰기(녹색), 사소한 수정(노란색), 주요 수정(분홍색) 및 추가 교정이 필요한 부분(회색)을 표시하여 공유하게 한다.

🔓 전략 42: 순위 매기기-말하기-쓰기 ⚬⚬⚬

순위 매기기-말하기-쓰기 전략은 학생들에게 정보의 우선순위를 정하고 요약하도록 장려하는 "일시 정지, 별표, 순위 매기기"(Himmele & Himmele, 2011)와 유사하다. 학생들은 책을 읽은 후 중요한 개념을 기록하고 각 개념에 대한 간단한 설명을 작성한다. 그런 다음 진술의 중요도를 가장 중요한 것부터 가장 중요하지 않은 것까지 순위를 매긴다. 그룹별로 순위와 개념별 설명을 공유하고 가장 중요한 개념과 설명을 선택하여 전체 학급을 대상으로 발표한다. 이 전략은 읽기에서 가장 중요하다고 여겨지는 개념과 개념에 대한 설명을 포함하여 다양한 옵션을 평가하기 위해 정해진 기준을 사용하기 때문에 비판적 인지 과정을 잘 나타낸다고 볼 수 있다.

 활용 예시

학생들은 "예술가란 무엇인가요?"라는 질문에 답을 하는 지문을 읽은 후 예술, 예술가, 화가 등 지문의 핵심 용어를 개별적으로 기록한다. 각 핵심 용어마다 간단한 설명을 작성한 다음 지문에서 가장 중요한 설명이 무엇인지 기준에 따라 순위를 매긴다. 그런 다음, 그룹별로 각자의 용어와 설명을 공유한다. 토론을 거쳐 읽은 내용에서 가장 중요한 개념과 최고의 설명을 선정하고 이를 차트 용지에 기록한다. 교실을 돌아다니며 다른 그룹의 결과물을 보고 비슷하거나 다른 점을 확인한다.

🔍 전략 실행 단계

순위 매기기-말하기-쓰기 전략을 구현하는 6단계 방법은 다음과 같다.

1. 수업 또는 학습 주제와 관련된 독서를 한 후, 학생들에게 해당 독서에서 핵심 개념 또는 아이디어를 찾아보게 한다. 학생들은 파악한 개념 또는 아이디어에 대해 간단한 설명을 작성한다.

2. 학생들에게 4가지 기준에 따라 가장 중요한 요소부터 가장 중요하지 않은 요소까지 순위를 매겨보게 한다. ① 가장 중요한 아이디어, ② 간결성, ③ 정확성, ④ 객관성.

3. 그룹별로 요약 문장과 순위를 매긴 이유를 공유하게 한다.

4. 각 그룹에서는 어떤 개념이 가장 중요한지 결정하고 4가지 기준을 고려하여 가장 좋은 요약 문장을 찾는다. 이어서 가장 중요한 개념과 가장 좋은 설명을 차트 용지에 기록하여 벽에 게시한다.

5. 학생들은 교실을 돌아다니며 다른 그룹의 아이디어를 검토한다.

6. 각 그룹이 관찰한 내용과 각 그룹의 분석이 어떻게 다른지 또는 비슷한지에 대해 전체 그룹 토론을 진행한다.

🗄 변형 전략

순위 매기기-말하기-쓰기 전략을 다음과 같이 변형하여 활용할 수 있다.

- ✔ 학생에게 1가지 읽기 활동에서 여러 측면을 파악하게 하는 대신, 여러 관련 자료를 읽고 각각의 고유한 측면을 1가지씩 요약하게 한다. 그런 다음, 그룹별로 어떤 내용이 가장 중요한지 결정하게 한다.
- ✔ 그룹 활동 대신, 학생들에게 온라인 담벼락(Digital Wall)에 자신의 진술문을 게시하게 하고 Poll Everywhere(www.polleverywhere.com)와 같은 투표 기술을 사용하여 모든 학생이 생각하는 최고의 진술을 결정하게 한다.

📖 교과별 활용 예시

다양한 교과 수업에서 **순위 매기기-말하기-쓰기** 전략을 적용할 수 있는 예시는 다음과 같다.

☑ 언어

학생들에게 최신 스마트폰 출시에 관한 기사를 읽고 요약문 또는 주요 측면의 목록을 작성하게 한다. 학생들은 그룹별로 목록 중 가장 중요한 내용을 결정하고, 그 목록을 교실에 게시한 다음 다른 그룹의 게시물을 검토한다.

☑ 과학

학생들에게 캘리포니아의 산사태에 관한 기사를 읽고 핵심 용어 목록을 작성하고 각 용어에 대한 요약문을 작성하게 한다. 학생들은 그룹별로 목록 중 가장 중요한 용어를 결정하고, 그 목록을 교실에 게시한 다음 다른 그룹의 게시물을 검토한다.

☑ 수학

학생들에게 통화 인플레이션에 관한 기사를 읽고 핵심 용어 목록과 각 용어에 대한 요약문을 작성하게 한다. 학생들은 그룹별로 목록 중 가장 중요한 용어를 결정하고, 그 목록을 교실에 게시한 다음 다른 그룹의 게시물을 검토한다.

☑ 사회

학생들에게 미국 헌법 전문을 읽고 각각의 요약문과 함께 핵심 개념을 도출하게 한다. 학생들은 그룹별로 가장 중요한 개념을 결정하고, 그 목록을 교실에 게시한 다음 다른 그룹의 게시물을 검토한다.

☑ 음악

학생들에게 Beatles가 미국 로큰롤 문화에 미친 영향에 관한 기사를 읽고 각각에 대한 요약문을 작성하여 핵심 아이디어를 도출하게 한다. 학생들은 그룹별로 가장 중요한 아이디어를 결정하고 그 목록을 교실에 게시한 다음, 다른 그룹의 게시물을 검토한다.

🔓 전략 43: 인용문 동의 및 이의 제기   ○○○

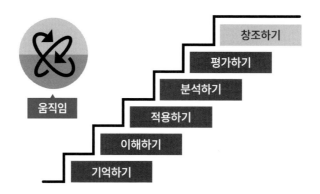

　인터넷으로 연결된 사회에서 학생들은 뉴스 매체, 블로그, 소셜 미디어, 가족, 친구 등 다양한 출처로부터 매일 정보를 접한다. 학생들이 접하고, 검색하는 정보가 항상 정확한 것은 아니기 때문에 학생들은 정보를 유효한 것으로 받아들이기 전에 출처의 신뢰성을 판단하는 방법을 이해해야 한다(Watanabe-Crockett, 2019). 정보를 인지하는 과정을 확인함으로써 학생들은 진술, 신념, 의견 또는 설명의 신뢰성을 검토하여 논리의 강도를 평가할 수 있다. 소크라테스는 모든 것, 특히 자신의 편견에 대해 의문을 제기하는 것으로 유명하다(History.com Editors, 2018). 학생은 정보의 관련성과 타당성을 평가하는 방법을 배워야 한다.

　인용문 동의 및 이의 제기 전략을 사용하여 학생들은 동의하는 인용문과 이의를 제기하는 인용문을 선택하여 지문을 평가한다(Brookfield, 2012). 그룹에서 학생들은 각기 다른 출처의 자료를 활용하여 자신이 선택한 진술의 신뢰성을 평가한다. 그런 다음, 다른 그룹이 검토할 수 있도록 인용문을 게시한다. 이 전략의 또 다른 장점은 학생들이 메타인지(또는 자신의 사고에 대해 생각하는 것)에 활용하게 한다는 것이다. Sousa(2017)는 메타인지를 "개인이 학습하는 동안 인지 과정을 의식적으로 통제하는 고차원적 사고"라고 정의한다(p. 30).

활용 예시

　학생들에게 원자력의 안전성에 관한 기사를 읽게 한다. 학생들은 예시, 핵심 정보 또는 동의할만한 새로운 아이디어를 제공하는 인용문 하나를 선택한다. 그리고 혼란스럽거나, 편향적이거나, 모순되거나, 비윤리적이거나, 추론적 비약을 하고 있다고 생각되는 인용문 1개를 찾아내어 이의를 제기한다. 그룹별로 학생들은 자신의 인용문을 공개하고 인용문을 선택한 이유를 설명한다. 인용문에 대해 토론하는 동안 그룹은 그 인용문을 지지하는 인용문을 하나 선택하고, 입증하거나 반증하기 위해 이의를 제기할 인용문을 찾아 선택한다. 그런 다음, 학생들은 인용문을 학급 전체와 공유하고 차트 용지에 기록한다. 그 후, 각 그룹은 다른 그룹의 아이디어를 보고 인용문에 대한 추가 이유나 의견을 차트 용지에 기록한다.

전략 실행 단계

인용문 동의 및 이의 제기 전략을 구현하는 8단계 방법은 다음과 같다.

1. 학생들이 토론할 수 있는 진술, 신념 및 의견이 포함된 지문을 선택한다.
2. 학생들에게 지문을 읽게 한 후 동의하고 싶은 인용문 1개를 찾게 한다. 학생들은 문장 구성, 새로운 통찰력, 핵심 정보 또는 뚜렷하고 기억에 남는 사례를 좋아할 수 있다.
3. 학생들에게 본문에서 혼란스럽거나, 편향적이거나, 모순되거나, 비윤리적이거나, 추론적 비약이 있는 인용문 1개를 선택하게 한다.
4. 학생들을 3~5명씩 그룹으로 구성하여 두 인용문을 공유하고 선택한 이유에 대해 토론하게 한다.
5. 각 그룹에서 가장 생각을 자극하는 긍정의 인용문과 이의를 제기하는 인용문을 선정하여 학급 전체와 공유한다. 이의 제기 인용문을 통해 그룹은 해당 진술의 타당성에 대한 증거를 제공하기 위해 조사를 수행해야 한다.
6. 각 그룹에게 인용문과 그 이유를 차트 용지에 기록하게 하고 교실 곳곳에 게시한다.
7. 그룹별로 다른 그룹의 인용문이 적힌 차트 용지로 이동하게 한다. 인용문과 이유를 검토한 후, 그룹은 인용문이 중요한 이유를 추가하고 인용문의 편향성, 모순, 비윤리

성, 신뢰성, 근거가 없는지 여부와 관련된 질문을 제기한다. 학생들은 시간이 허락하는 대로 교실을 돌며 게시된 다른 모든 인용문을 보고 의견을 추가한다.

8. 학생들에게 개별적으로 다음 질문에 답하게 하여 이 경험을 되돌아보게 한다.

- 2가지 인용문을 선택한 이유는 무엇인가요?
- 이 활동을 다시 할 수 있다면 처음에 선택한 2가지 인용문을 바꿀 건가요? 변경하는 이유와 변경하지 않는 이유는 무엇인가요?
- 이 과정에서 주제에 대한 자신의 생각을 통해 무엇을 배웠나요?

🏅 변형 전략

인용문 동의 및 이의 제기 전략을 다음과 같이 변형하여 활용할 수 있다.

- ✔ 읽기 활동 대신 웹사이트, 비디오 클립 또는 노래 가사를 살펴보게 한다. 이러한 형태의 미디어는 편향된 경우가 많으므로 신뢰성을 평가할 수 있는 풍부한 기회를 제공한다.
- ✔ 학생들에게 긍정적인 인용문과 도전적인 인용문을 모두 선택하게 하는 대신, 수학 증명과 같은 어려운 이분법적 질문을 통해 어느 쪽이 옳고 그른지 판단하게 한다.

📖 교과별 활용 예시

다양한 교과 수업에서 **인용문 동의 및 이의 제기** 전략을 적용할 수 있는 예시는 다음과 같다.

☑ 언어

그룹별로 사회적 이슈에 대한 시를 한 편씩 선택하게 한다. 학생들은 동의하는 인용문과 이의를 제기하는 인용문을 기록한다. 그룹별로 인용문을 공유하고 한 세트를 선택하여 학급 친구들이 면밀히 검토할 수 있도록 차트 용지에 기록한다. 각 그룹은 게시된 다른 인용문을 검토하고 생각과 질문을 덧붙인다.

☑ 과학

학생들에게 동물 실험에 관한 논란의 여지가 있는 다큐멘터리를 보고 지지하는 인용문과 반대하는 인용문을 각각 그 이유와 함께 찾아내게 한다. 그룹별로 인용문 쌍을 공유하고 학급에 게시할 인용문 한 세트를 선택한다. 각 그룹은 게시된 인용문을 돌아가며 읽고 게시된 명언에 자신의 생각을 추가한다.

☑ 수학

학생들에게 어려운 수학 문제에 대한 이전 학생의 풀이를 검토하고 그 풀이가 맞는지 틀린지 기록하게 한다. 그룹별로 결론을 공유한 다음 이전 학생이 문제를 올바르게 해결했는지에 대한 학급 토론에 참여한다.

☑ 사회

학생들에게 세계 정부에 관한 뉴스나 특집을 시청하게 한다. 학생들은 자신이 동의하는 인용문과 이의를 제기하는 인용문을 적어야 한다. 그룹별로 인용문 쌍을 공유하고 학급에 게시할 한 세트를 선택한다. 각 그룹은 게시된 인용문을 돌아가며 읽고 게시된 명언에 생각을 덧붙인다.

☑ 음악

학생들에게 1960년대 베트남 전쟁과 관련하여 〈무엇을 위해 싸우는가?〉(Ochs, 1976)라는 노래의 가사를 살펴보고 동의하는 가사와 이의를 제기할 가사를 선택하게 한다. 그룹별로 가사 쌍을 공유하고 학급에 게시할 한 세트를 선택한다. 각 그룹은 게시된 가사를 돌아가며 읽고 게시된 가사에 생각을 덧붙인다.

🔓 성찰하기   ○○○

1장에 소개된 내용을 되돌아보면서 다음의 5가지 질문에 답해 보자.

1. 이 장의 어떤 전략이 평소 수업 방식과 일치하는가? 학생의 사고력이 향상되었다는 것을 평가하기 위해 수업 방식을 개선하려면 어떤 작은 변화를 줄 수 있는가?
2. '평가하기' 수준의 기술을 구축하기 위해 다음 달 내에 사용할 수 있는 2가지 전략은 무엇인가?
3. 이 장에서 가장 마음에 드는 공동 활동 전략은 무엇인가? 선택한 전략이 학생에게 적합한 이유는 무엇인가?
4. 이 장에서 채택하려는 전략을 개선하기 위해 어떻게 변형할 수 있는가?
5. 이 장의 전략을 특정 교육과정에 맞게 조정할 수 있는 방법에는 어떤 것이 있는가?

🔓 실천하기   ○○○

6장의 개념을 교실에서 활용하기 위해 다음 3가지 활동을 해 보자.

1. 학생들과 함께 사용할 전략 하나를 골라 가르치는 수업 내용에 맞는 계획을 세운다.
2. 학생들과 함께 전략을 적용한 후, 학생들이 그 전략을 즐겁게 활용했는지 다음번에는 어떻게 개선할 수 있는지 물어본다
3. 비판적 사고 전략을 사용하여 평가 기술을 개발하는 다른 교사를 관찰한다. 관찰한 내용과 자신의 수업에 어떻게 적용할 수 있는지에 대한 성찰과 아이디어를 적어 본다.

Chapter 7

'창조하기' 수준 전략 실천하기

교육의 목표는 지식의 양을 늘리는 것이 아니라 아이가 개발하고 발견할 수 있는 가능성을 만들어 새로운 일을 할 수 있는 인간을 만드는 것이다.

-Jean Piaget

7장에서는 개정된 Bloom의 교육목표분류법(Anderson & Krathwohl, 2001) 중 '창조하기' 수준에 해당하는 학습에 초점을 맞춘 7가지 수업 전략을 살펴볼 것이다. 다음 각 수업 전략에는 콘텐츠 생성, 계획 또는 제작과 같은 '창조하기' 수준의 인지적 응용 프로그램이 필요하다. '창조하기' 수준 전략은 그 특성상 여러 하위 사고 수준이 필요하다. 각 전략의 아이콘은 해당 활동이 분류 체계의 어느 단계(수준)에 해당하는지 그리고 참여를 위한 주요 도구(움직임, 협력 또는 미디어 리터러시)는 무엇인지 나타낸다.

각 전략에는, ① 개념과 목적을 설명하는 간단한 소개, ② 수업 예시, ③ 전략을 실천하기 위한 단계, ④ 구현하기 위해 선택할 수 있는 변형 전략, ⑤ 다양한 교과에서 활용할 수 있는 예시를 자세히 설명하는 5가지 섹션으로 구성되어 있다.

🔓 전략 44: 관련성 다이어그램　○○○

관련성 다이어그램 전략은 공통 속성을 가진 아이디어를 하위 그룹으로 분류하는 데 활용하는 분석 도구이다. 관련성 다이어그램 전략은 학생들이 창의적으로 새로운 아이디어를 생성하고 다양한 용어 간의 관계를 조사하여 패턴을 발견하는 데 효과적인 브레인스토밍 기법이다. 이 전략에서는 학생들에게 문제를 제시하고 이에 대한 아이디어를 브레인스토밍한 후 그 아이디어를 스티커 메모지에 기록하게 한다. 학생들은 비슷한 아이디어를 함께 분류하고 각 분류에 대한 제목을 붙인다. 이러한 활동은 지역사회 문제를 해결하거나, 역사적 지도자가 문제 해결을 위해 고려한 선택 사항들을 탐색하거나, 과학 이론을 검증하는 방법 등의 다양한 방법에 대해 창의적인 사고와 브레인스토밍을 촉진한다.

활용 예시

댄스 유형에 대한 단원이 끝날 때 자신만의 댄스를 만들기 위한 아이디어를 브레인스토밍하게 한다. 학생들은 그룹별로 새로운 아이디어를 스티커 메모지에 기록한다. 브레인스토밍을 마친 후, 학생들은 비슷한 아이디어를 묶어 카테고리 제목을 정한다.

🔍 전략 실행 단계

관련성 다이어그램 전략을 실행하는 5단계는 다음과 같다.

1. 학생이 집중할 수 있는 주제를 제시한다.
2. 학생에게 스티커 메모지를 나누어 주고 새로운 아이디어당 메모지를 한 장씩 사용해야 한다고 설명한다. 학생들은 다른 그룹 구성원과 논의하지 않고 독립적으로 이 단계를 수행해야 한다. 학생당 최소 5개의 메모지를 제출한다.
3. 모든 학생이 아이디어를 볼 수 있도록 메모지를 붙이게 한다. 그룹별로 아이디어를 토론하고 큰 표나 차트 용지를 사용하여 비슷한 아이디어를 함께 정리하고 메모지를 분류한다.
4. 스티커 메모지들이 모인 군집별로 독특한 아이디어를 구분할 수 있는 제목을 협의하게 한다.

5. 그룹별로 분류한 카테고리 아이디어를 학급에 발표한다.

변형 전략

관련성 다이어그램 전략을 다음과 같이 변형하여 활용할 수 있다.

- ✔ 파란색, 빨간색, 노란색 점 스티커를 주고, 가장 좋은 해결책이라고 생각되는 곳에는 파란색 점을, 두 번째로 좋은 해결책에는 빨간색 점을, 세 번째로 좋은 해결책에는 노란색 점을 붙이게 한다.
- ✔ 학생들이 다이어그램을 발표한 후, 다이어그램 간의 유사점이나 차이점을 토론하여 생각을 더 구체화하게 한다.

교과별 활용 예시

다양한 교과 수업에서 **관련성 다이어그램** 전략을 활용할 수 있는 방법은 다음과 같다.

☑ 언어

학생들이 쓸 단편 소설의 주제를 브레인스토밍하게 한 후 비슷한 아이디어를 유목화하여 가장 좋은 아이디어를 결정하게 한다.

☑ 과학

학생들에게 북극 기후에서 번성할 수 있는 새로운 슈퍼 동물의 특징을 브레인스토밍하게 한다.

☑ 수학

학생들에게 동네에 새로운 공원을 기하학적으로 건설할 수 있는 방법을 브레인스토밍하고 비슷한 아이디어를 그룹화하게 한다.

☑ **사회**

학생들에게 모의 의회에서 제안할 수 있는 새로운 법안 주제를 브레인스토밍하게 한다.

☑ **음악**

학생들이 작곡해서 학교 총회에서 연주할 새로운 음악 작품의 특징을 브레인스토밍하게 한다. 학생들은 비슷한 아이디어를 유목화한다.

🔓 전략 45: 문제 해결   ○○○

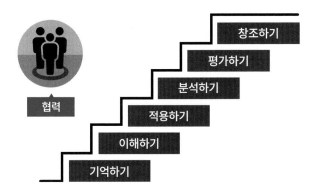

문제를 분석하고 해결하기 위해 노력하는 능력은 21세기에 성인으로 살아갈 학생들에게 매우 중요한 기술이며(Watanabe-Crockett, 2016a), 교육자의 96%는 문제 해결이 진로에 매우 중요한 기술이라는 데 동의한다(Greenberg & Nilssen, 2014). 문제 해결 전략은 학생들이 문제를 파악하고 해결하는 체계적인 과정을 제공하는데, 이는 ① 문제에 대한 정보 획득, ② 새로운 아이디어 생성, ③ 의사 결정의 3가지 핵심 내용을 포함한다. 실제 문제를 해결하는 프로젝트는 학생들이 학교, 사회 또는 세계에 영향을 미쳐 변화를 일으킬 수 있다고 느끼게 하므로 학생들은 높은 수준의 참여를 보이는 경우가 많다.

활용 예시

학생들에게 "어떻게 하면 학생들이 건강한 점심을 먹는 횟수를 늘릴 수 있을까?"라는 문제를 조사하게 한다. 학생들은 그룹을 이루어 학생들이 건강한 점심을 먹는 횟수와 건강에 해로운 점심을 먹는 이유 등 관련된 문제를 파악한다. 한 그룹은 건강한 식습관이 좋은 이유에 대해 매주 학교 텔레비전 방송을 제작하고, 음식에 얼마나 많은 지방이 들어 있는지 시각적 모형을 만들어 현관에 전시하는 등 가능한 해결책을 브레인스토밍한다.

다른 그룹은 샘플 비디오 영상과 모형을 만들기로 한다. 이 그룹은 10명의 학생에게 비디오를 시청하고 모형을 살펴본 후 설문조사를 통해 어떤 아이디어가 더 건강한 식습관을 촉진하는 데 설득력이 있는지 질문한다. 이렇게 학생들이 수집한 데이터를 정리하여 각 아이디어의 긍정적 측면과 부정적 측면을 나열하고, 그 결과 학교의 주간 뉴스 프로그램에서 보여 줄 여러 개의 짧은 텔레비전 영상을 제작하기로 하였다. 단편 영상을 제작하여 학생들에게 보여 준 후, 이 그룹은 친구들에게 영상이 식습관에 미치는 영향을 평가하는 간단한 설문조사를 하도록 부탁한다. 마지막 그룹은 프로젝트와 그 결과를 발표하는 프레젠테이션을 만든다.

전략 실행 단계

문제 해결 전략을 실행하는 6단계는 다음과 같다.

1. 문제가 되는 요소들을 파악한다. 문제 해결을 위해 다음과 같은 질문들이 포함되기도 한다(Senn & Marzano, 2015).
   - "……을 어떻게 극복할 것인가요?"
   - "어떤 해결책이 가장 효과적이라고 생각하십니까?"
   - "……을 어떻게 판단하겠습니까?"
   - "……를 위한 전략을 개발하십시오."

2. 선택한 문제에 따라, 다음 과제 중 하나 이상을 수행하도록 하여 학생들이 문제를 이해하는 데 도움을 준다.
   - 문제를 다른 말로도 표현해 본다.
   - 문제에서 알려진 정보를 나열해 본다.

- 문제에서 알려지지 않은 내용을 나열해 본다.
- 문제와 관련된 이슈들을 파악한다.
- 문제의 원인을 설명한다.

3. 그룹별로 잠재적인 해결책을 브레인스토밍한다. 브레인스토밍 과정의 질을 높이기 위해 학생들에게 다음 전략 중 하나를 사용할 수 있게 한다.
- 해결책을 시각화하는 데 도움이 되는 이미지를 만든다. 예를 들어, 학생들이 학교의 환경적 영향을 개선하고 싶어 한다면 교실 재활용 쓰레기통에 대한 몇 가지 아이디어를 그릴 수 있다.
- 학생들은 조작 활동을 한다. 예를 들어, 학생들이 지역사회 건강을 개선할 방법을 찾고 있다면 지역사회 놀이터 모형을 만들 수 있다.
- 학생들이 아이디어를 시도해 보면서 시행착오를 거치게 한다. 예를 들어, 학교 기금 부족 문제를 해결하려는 학생의 경우, 명절 특화 상점이 기금 모금에 도움이 될지 알아보기 위해 명절 테마 품목 몇 가지를 판매해 볼 수 있다.
- 표나 그래픽을 만들어 문제와 관련된 데이터를 정리한다. 예를 들어, 학생들은 점심시간마다 버려지는 과일과 채소의 수를 합산하는 표를 만들 수 있다.

4. 학생 그룹에게 몇 가지 최상의 해결책을 검토해 보게 한다. 학생들은 이 단계에 필요한 자료는 무엇이며 검토 과정에서 제한 사항이 있는지 고려해야 한다. 학생들에게 제공할 수 있는 몇 가지 제안 사항은 다음과 같다.
- 시도를 할 때 결과 예측, 데이터 및 결론을 기록하여 성공 여부를 기록한다.
- 각 솔루션에 대한 장단점을 생성하여 아이디어들을 평가한다.

5. 학생에게 결과를 평가하게 한다. 각 그룹이 스스로에게 물어볼 수 있는 몇 가지 질문은 다음과 같다.
- 여러분이 얻은 결과에 만족하십니까?
- 이것이 문제에 대한 적절한 대응이라고 생각하는 이유는 무엇인가요?
- 최종 해결책은 브레인스토밍한 원래 아이디어와 어떻게 비슷하거나 다른가요?
- 가장 좋은 최종 해결책은 무엇인가요? 그 결론을 뒷받침하는 증거는 무엇인가요?

6. 학생들이 결과를 공유할 수 있는 시간을 준다. 학생들은 자신의 문제 해결 과정을 디지털 프레젠테이션, 비디오, 텍스트 또는 기타 창의적인 결과물로 보여 줄 수 있다.

🎂 변형 전략

문제 해결 전략을 다음과 같이 변형하여 활용할 수 있다.

- ✓ Shark Tank[1] 스타일로 학생들에게 최고의 해결책을 학급에서 발표하게 한다. 친구들이 자신의 아이디어를 구체화할 수 있는 방법에 대한 피드백을 제공할 수 있다.
- ✓ 문제 해결 진행 상황을 모니터링하려면 큰 차트 용지를 사용하여 각 그룹의 이름을 표시한다. 그룹이 진행 과정의 한 단계를 완료하면 차트에 표시한다. 차트를 사용하면 학생들이 문제 해결 전략을 완성하는 과정에서 어느 단계에 있는지 빠르게 살펴볼 수 있다.

📖 교과별 활용 예시

다양한 교과 수업에서 문제 해결 전략을 활용할 수 있는 방법은 다음과 같다.

☑ 언어

학생들은 학교 신문 검열에 대한 학교 측의 의견에 대해 토론을 한다. 교사는 학생들이 그룹을 이루어 이 문제를 공정하게 해결하기 위한 계획을 수립하는 과제를 만든다.

☑ 과학

학생들에게 지역 사회의 탄소 발자국을 줄일 수 있는 방법과 그 해결책이 어떤 긍정적인 효과를 가져올 수 있는지 조사하는 그룹 활동을 하도록 안내한다.

---

1   역자 주: Shark Tank는 미국 ABC 방송국에서 2009년부터 2022년까지 방영한 사업 오디션 프로그램이다. 사업가들이 자신이 개발한 사업 아이템을 들고 나오면 'Shark'라고 하는 심사위원들이 투자하는 형식으로 진행된다.

☑ 수학

학생들을 그룹으로 나누어 다가오는 라이벌 팀의 농구 결과들을 조사하고, 그 팀을 이기기 위한 전술을 생각하게 한다. 또 코치에게 자신의 아이디어를 전달하기 위한 프레젠테이션을 만들게 한다.

☑ 사회

"미국은 어떻게 하면 공익을 적절히 보호하면서 개인의 사생활 권리를 보호할 수 있을까요?"라고 질문한다. 교사는 학생을 그룹으로 나누어 문제를 조사하고 해결책을 마련한 후 그 해결책을 수업 시간에 발표하게 한다.

☑ 인문학

학생들은 학교 예술 프로그램을 줄이는 것에 대해 학교 측에 반대 의견을 표명한다. 교사는 이 토론을 통해 학생들이 그룹을 이루어 학교 예술 프로그램의 중요성을 보여 주고, 학교 비용은 줄이되 예술 프로그램을 살릴 수 있는 대안을 찾기 위한 계획을 세워 보게 한다. 교사는 학생들의 주요 결과를 잘 보여 주는 프레젠테이션을 만들게 한다.

🔒 전략 46: 회전목마 브레인스토밍   ○○○

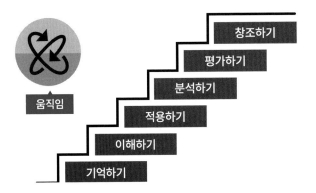

회전목마 브레인스토밍(Kagan, 1994) 전략은 '창조하기' 수준의 프로젝트에 아이디어를 브레인스토밍하기 위해 고안된 그룹 활동이다. 구체적으로는 '생성' 수준의 인지 과정을 위한

활동이다. 소그룹으로 구성된 학생들은 활동지에 아이디어를 작성한 후 교실을 돌아다니며 다른 그룹의 브레인스토밍 아이디어를 보고 새로운 아이디어를 추가한다. 다른 그룹의 아이디어를 모두 본 후, 그룹원은 원래의 자리로 돌아가 다른 그룹의 제안을 검토한다. 그룹은 다른 그룹이 제시한 아이디어를 바탕으로 자기 그룹의 아이디어를 구체화하거나 다양한 브레인스토밍을 살펴보면서 얻은 아이디어를 추가할 수 있다. 학생들은 브레인스토밍 과정(생성 인지 과정)에서 선택한 최고의 아이디어를 사용하여 개요나 모델을 만들고(계획 인지 과정), 최종적으로 완성된 결과물(생산 인지 과정)로 프로젝트를 완성할 수 있다.

활용 예시

교사가 학생들에게 팀을 이루어 다음 과학 성취 기준 중 하나를 선택하여 이번 과학 탐구의 기초로 삼게 한다.

1. "물체의 운동 변화는 물체에 가해지는 힘의 합과 물체의 질량에 따라 달라진다는 증거를 제시하기 위한 조사를 계획한다."(MS-PS2-2 운동과 안정성: 힘과 상호작용, NGSS Lead States, 2013, p. 59).

2. "시료의 온도에 의해 측정된 입자의 평균 운동 에너지의 변화와 전달된 에너지, 물질의 종류, 질량 사이의 관계를 알아보기 위한 조사를 계획한다."(MS-PS3-4 에너지, NGSS Lead States, 2013, p. 217).

팀은 선택한 과학 성취기준과 초기 아이디어를 차트 용지에 게시한다. 그런 다음 교실을 돌며 다른 그룹의 아이디어를 보고 제안과 피드백을 제공한다. 팀은 원래의 차트 용지로 돌아가 아이디어를 검토하고 생각을 구체화한다.

🔍 전략 실행 단계

회전목마 브레인스토밍 전략을 실행하는 9단계는 다음과 같다.

1. 학생들이 탐구할 주제, 문제, 프로젝트 또는 과제를 결정한다.
2. 그룹이 돌아가면서 각 그룹의 활동지를 볼 수 있도록 교실 곳곳에 공간을 마련한다.

그룹별 활동지를 교실의 여러 섹션에 게시한다.

3. 학생들이 주제, 문제, 프로젝트 또는 과제에 대한 배경 정보를 얻을 수 있는 자료를 제공한다.

4. 그룹마다 고유한 색상 마커를 나누어 주어 아이디어를 제시할 때 그룹이 구분되게 한다.

5. 학생들에게 프로젝트, 문제 또는 상황에 접근하기 위한 초기 아이디어를 생성하고 이를 활동지에 기록하게 한다. 이는 말로 표현하거나 스케치와 같은 시각적 표현을 사용할 수 있다.

6. 지정된 시간이 되면 팀에게 시계 방향으로 돌아가면서 다음 장소로 이동하게 한다. 새로운 장소에 도착하면 학생들은 해당 장소에 있던 그룹이 생성한 아이디어를 읽고 아이디어를 개선하기 위해 다른 생각을 추가하거나 질문을 해야 한다.

7. 모든 장소에서 아이디어를 얻을 때까지 팀이 계속 순환하게 한다.

8. 팀이 각자의 자리로 돌아가면 다른 그룹에서 받은 아이디어를 검토하고 검토 결과, 떠오르는 새로운 아이디어를 추가하고, 학급과 공유하고 싶은 핵심 사항이나 아이디어를 생각하게 한다.

9. 각 그룹은 아이디어를 요약하고 학급 전체에게 발표한다.

🎂 변형 전략

회전목마 브레인스토밍 전략을 다음과 같이 변형하여 활용할 수 있다.

✔ 수업 또는 단원을 시작할 때 이 전략을 사용하여 학생의 사전 지식을 자극하고 학습 흥미를 높일 수 있다. 또는 학생들이 교실에 나열된 다양한 주제에 대한 개념을 브레인스토밍하면서 수업 또는 단원을 복습하는 데 사용할 수 있다. 이러한 방식으로 전략을 사용하는 것은 개정된 Bloom의 교육목표분류법(Anderson & Krathwohl, 2001)의 '기억하기' '이해하기' 또는 두 가지 수준 모두에 해당한다.

✔ 브레인스토밍 대신 이 전략을 사용하여 그룹이 성찰할 수 있다. 각 그룹에 서로 다른 성찰 주제를 부여한다. 그룹이 장소를 이동할 때 도움이 되도록 각 홈 그룹은 활동지 상단에 주제를 표시해야 한다.

📖 교과별 활용 예시

다양한 교과 수업에서 회전목마 브레인스토밍 전략을 활용할 수 있는 방법은 다음과 같다.

☑ 언어

학생들에게 그룹을 이루어 온실가스에 대한 논지와 이를 뒷받침하는 이유를 활동지에 작성하게 한다. 학생들은 그룹별로 돌아가면서 피드백을 주고 친구의 작업에 대해 궁금한 점을 적는다. 학생들이 각자의 자리로 돌아가면 이 피드백을 바탕으로 자신의 글을 수정하고 학급에 핵심 내용을 발표한다.

☑ 과학

학생들에게 지역사회의 날씨나 침식을 기록하는 가장 좋은 방법을 브레인스토밍하게 한다. 학생들은 그룹별로 돌아가면서 피드백을 주고 친구의 내용에 대해 궁금한 점을 적는다. 학생들이 각자의 자리로 돌아가면 이 피드백을 바탕으로 자신의 활동지를 수정하고 날씨의 영향에 대한 새로운 지식을 학급에 발표한다.

☑ 수학

학생들에게 그룹별로 단가에 대한 지식을 활용하여 다양한 종류의 피자를 가장 저렴하게 판매하는 업체를 결정하는 가장 좋은 방법을 찾는 브레인스토밍을 하게 한다. 학생들은 그룹별로 돌아가면서 피드백을 주고 친구의 작업에 대해 궁금한 점이 있으면 질문지를 작성한다. 학생들이 각자의 자리로 돌아가면 이 피드백을 바탕으로 자신의 내용을 수정하고 가장 좋은 거래를 결정한다.

☑ 사회

학생들에게 그룹별로 가족에게 영향을 미치는 현재의 경제 문제를 파악하고 다양한 해결책과 사회에 미치는 영향에 대해 브레인스토밍하게 한다. 학생들은 그룹별로 돌아가면서 피드백을 주고 친구의 작업에 대해 궁금한 점이 있으면 질문지를 작성한다. 학생들이 각자의 자리로 돌아가면 이 피드백을 바탕으로 내용을 수정하고 핵심 사항을 학급에 발표한다.

☑ **인문학**

학생들에게 학교 예술 프로그램을 위한 기금 모금 행사를 위한 최선의 방법을 그룹으로 브레인스토밍하게 한다. 학생들은 그룹별로 돌아가면서 피드백을 주고 친구의 활동에 대해 궁금한 점이 있으면 질문지를 작성한다. 학생들이 각자의 자리로 돌아가면 이 피드백을 바탕으로 내용을 수정하고 핵심 사항을 학급에 발표한다.

🔓 전략 47: 스캠퍼   ooo

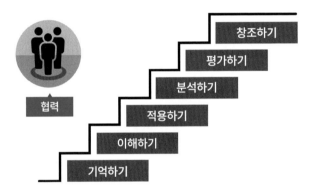

스캠퍼(SCAMPER) 전략은 학생들이, ① 대체하기(Substitute), ② 결합하기(Combine), ③ 조정하기(Adapt), ④ 수정 또는 확대하기(Modify, Magnify), ⑤ 다른 용도로 사용하기(Put to other use), ⑥ 제거 또는 축소하기(Eliminate, Minify), ⑦ 재배열 또는 반대로 하기(Rearrange)의 7단계 과정을 통해 다양한 대안을 생각할 수 있도록 하는 브레인스토밍 기법이다. 복잡한 과제들은 학생들이 독특한 해결책을 생각해야 하는 경우가 많기 때문에 이 방법은 유용하게 쓰일 수 있다. 스캠퍼는 창의적인 과정을 촉진시키기 위해 학생들이 여러 가지 대안을 고려하고 다양한 아이디어를 개발할 수 있도록 하며, 이는 '창조하기' 수준의 '생성' 인지 과정에 해당한다. 이 방법은 학생들이 연구 보고서, 시 쓰기, 실험 또는 프로젝트의 주제를 브레인스토밍할 때 사용하기에 좋은 방법이다.

활용 예시

학생들을 소그룹으로 구성하고 어떤 제품을 판매할지 아이디어를 내게 한다. 학생들은 각자의 아이디어를 공유하고, 각 그룹이 가장 좋은 아이디어라고 생각하는 것을 선택한 다음 스캠퍼 전략을 사용하여 아이디어를 개선할 수 있는 방법을 생각해 본다. 어떤 그룹은 슬라임을 판매하기로 결정하고 다음 기준을 사용하여 아이디어를 구체화할 수 있다.

- 대체하기(Substitute): 가성비를 높이기 위해 어떤 재료를 대체할 수 있을까?
- 결합하기(Combine): 더 많은 사람에게 팔기 위해 슬라임과 스낵을 함께 판매할 수 있을까?
- 조정하기(Adapt): 비즈니스 모델(판매 계획)을 조정해야 하는 문제가 생길 것으로 예상되는가?
- 수정하기 또는 확대하기(Modify or magnify): 학교 색깔을 입힌 특별한 슬라임을 만들 수 있을까?
- 다른 용도로 사용하기(Put to other uses): 학생들의 스트레스 수준을 낮춰 줄 수 있는 슬라임을 판매할 수 있을까?
- 제거하기 또는 축소하기(Eliminate or minify): 슬라임의 성분을 제거하여 비용을 절감할 수 있을까?
- 재배열 또는 반대로 하기(Rearrange or reverse): 재료를 넣는 순서를 바꾸면 레시피를 개선할 수 있을까?

🔍 전략 실행 단계

스캠퍼 전략을 실행하는 3단계는 다음과 같다.

1. 개인의 아이디어 또는 그룹이 선택할 수 있는 다양한 아이디어를 도출한다.
2. 학생들을 소그룹으로 구성하고 스캠퍼 전략에 따라 그룹이 아이디어에 대해 생각하게 한다. 학생들은 〈표 7-1〉과 같은 그래픽 오거나이저를 사용하여 새로운 아이디어를 작성할 수 있다.
3. 그룹은 모든 창의적인 제안을 평가하고 아이디어를 구체화하게 한다.

🎖 변형 전략

스캠퍼 전략을 다음과 같이 변형하여 활용할 수 있다.

- ✔ 스캠퍼 전략의 단계를 세분화하는 대신 모든 그룹이 1가지 주제에 집중하고 각 그룹은 스캠퍼 범주 중 하나에만 집중하도록 할 수 있다.
- ✔ 한 번에 스캠퍼 요소 중 하나씩을 소개한다. 이렇게 하면 다음 스캠퍼 요소를 소개하기 전에 학생들이 자신의 아이디어를 정리할 시간을 가질 수 있다.
- ✔ 그룹이 하나의 아이디어에 대해 활동하도록 하는 대신, 학생이 개별적으로 활동한 후 그룹 친구들이 스캠퍼 전략을 사용하여 피드백을 주고, 이를 이용해 아이디어를 다듬도록 할 수 있다.

표 7-1 스캠퍼 그래픽 오거나이저

	단계	기억해야 할 핵심 아이디어	새로운 아이디어
S	대체하기	다른 사람은? 다른 것은? 다른 때는? 다른 곳은? 구성 요소, 장소, 환경, 맥락을 변경하기.	
C	결합하기	결합, 혼합, 종합해 보기; 예) 청중, 시장, 목적을 통합하기.	
A	조정하기	바꾸기, 현대화하기, 새로운 상황에 놓기, 새로운 목적을 생각하기, 제약조건을 추가해 보기.	
M	확대하기, 수정하기	크기, 색, 천, 금속, 방향, 길이, 의미를 바꾸어 보기; 예) 더 크게 또는 더 작게 하기.	
P	다른 용도로 사용하기	특이한 사용 방법, 다른 사용 장소, 새로운 사용 방법, 긴급 사용 방법을 찾아보기.	
E	제거하기 또는 축소하기	부분을 삭제하고 제거하고 없애 보기.	
R	재배열, 반대로 하기	다른 순서로 조합하기, 레이아웃, 디자인 또는 패턴 변경하기, 방향 또는 값 변경하기, 반대로 해 보기.	

📖 교과별 활용 예시

다양한 교과 수업에서 스캠퍼 전략을 활용할 수 있는 방법은 다음과 같다.

☑ 언어

학생들에게 단편 소설의 아이디어를 떠올리게 한 다음 그룹을 만들어 아이디어를 나누게 한다. 그룹은 스캠퍼 전략을 사용하여 글을 쓰기 전에 서로 아이디어를 수정할 수 있도록 도움을 준다.

☑ 과학

학생들에게 과학 박람회를 위한 프로젝트 아이디어를 생각하게 한다. 그룹별로 아이디어를 공유하고 스캠퍼 전략을 사용하여 여러 제안들을 모아 아이디어를 완성한다.

☑ 수학

그룹별로 학교의 새로운 카페테리아 디자인을 계획하게 한다. 대칭에 대한 아이디어를 바탕으로 그룹은 스캠퍼 방법을 사용하여 실용적이고 매력적인 디자인을 만들어야 한다.

☑ 사회

그룹별로 새로운 국기에 대한 아이디어를 제안하게 한다. 그룹은 스캠퍼 전략을 사용하여 여러 아이디어를 평가하고 최종 디자인을 만들어야 한다.

☑ 미술

학생들에게 데일 치훌리의 작품(www.chihuly.com)과 유사한 예술 작품을 만들기 위한 아이디어를 제안하게 한다. 스캠퍼 전략을 활용하여 학생들은 다양한 작품을 제작하기 전에 친구들로부터 피드백을 받아 디자인 아이디어를 수정한다.

🔓 전략 48: 히트 앤 스팟   ○○○

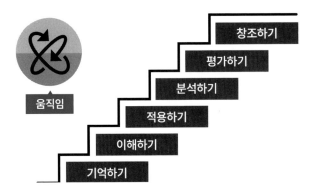

히트 앤 스팟(Hits and Spots) 전략은 브레인스토밍에 집중하여 학생들이 좋은 아이디어나 질문을 찾아낼 수 있도록 도와주는 전략이다. 이 전략은 학생들이 다양한 아이디어를 선택, 분석 및 평가한 다음 추가적인 평가가 필요한 아이디어를 선택하도록 하는 방식으로 진행한다. 그런 다음 학생들이 선택한 아이디어로 프로젝트를 만들면서 자연스럽게 '창조하기' 수준의 사고로 나아간다.

활용 예시

블로그를 읽은 후, 학생들은 자신의 과학 지식을 활용하여 공동체에 긍정적인 영향을 줄 수 있는 새로운 블로그 아이디어를 브레인스토밍한다. 학생들은 그룹을 이루어 몇 가지 아이디어를 선택하고, 선택된 아이디어는 다른 학생들이 볼 수 있도록 교실에 게시할 수 있는 스티커 메모지에 적는다. 그런 다음 학생들은 게시된 모든 아이디어를 검토한 후 블로그에 가장 적합한 아이디어라고 생각되는 3개의 스티커 메모지에 각각 히트를 찍는다. 그 후, 학생들은 그룹으로 돌아가 여러 개의 점이 있는 스티커 메모지를 선택하고, 이를 큰 점으로 분류하여 추가로 평가해야 할 아이디어를 구별한다.

🔍 전략 실행 단계

히트 앤 스팟 전략을 실행하는 5단계는 다음과 같다.

1. 학생들이 개별 또는 그룹으로 스티커 메모지를 사용하여 주요 주제나 문제 또는 핵심 질문과 관련된 다양한 아이디어를 생성하도록 안내한다. 각 스티커 메모지는 새로운 아이디어를 나타내야 한다.

2. 학생들을 그룹으로 나누어 각 스티커 메모지의 아이디어를 검토하도록 안내한다.

3. 동그란 라벨 스티커 또는 마커를 사용하여 학생들은 가장 좋은 아이디어가 담긴 세 장의 스티커 메모지를 표시한다. 이것이 히트작이다.

4. 그룹은 히트가 가장 많이 된 스티커 메모지를 선택하고 유사한 것들끼리 점으로 분류하여 그룹화(스팟)한다.

5. 활동을 한 후, 그룹별로 학생들은 주제에 대해 어떤 결론을 도출할 수 있는지 토론한다. 그룹별로 점(히트)으로 분류한 카테고리(스팟)를 검토하고 아이디어를 완성하기 위한 노력을 할 수 있도록 격려한다.

🗳 변형 전략

히트 앤 스팟 전략을 다음과 같이 변형하여 활용할 수 있다.

✔ 학급 단위에서 아이디어를 생성하게 한 다음 5개 이상의 아이디어를 교실에 게시한다. 개별 학생들에게 점 스티커 3개를 주고 아이디어를 평가하여 붙이게 한다.

✔ 학생들이 개별적으로 주제에 대한 아이디어를 브레인스토밍하게 한다. 다음으로 스티커 메모지에 아이디어를 기록한 다음 교실 칠판에 붙인다. 이후 학급 단위에서 모든 아이디어를 살펴볼 수 있다.

📖 교과별 활용 예시

다양한 교과 수업에서 히트 앤 스팟 전략을 활용할 수 있는 방법은 다음과 같다.

☑ 언어

학생들에게 Palacio(2012)의 책 『원더(Wonder)』를 읽은 후 그룹 활동으로 주인공에게 물어보고 싶은 질문 목록을 만들게 한다. 각 질문은 스티커 메모지에 적고, 학생들은 히트 앤 스팟 전략을 사용하여 가장 인기 있는 질문을 결정한다.

☑ 과학

학생들이 폭발 장면이 담긴 동영상을 검토한 후, 무슨 일이 일어났는지 현상과 관련된 이론에 대한 브레인스토밍을 하게 한다. 각 이론은 스티커 메모지에 적고, 그다음 히트 앤 스팟 전략을 사용하여 가장 동의를 많이 받은 이론을 결정한다.

☑ 수학

학생들에게 새로운 경마장을 건설하기 위해 수학 공식을 사용하는 시나리오를 읽게 한다. 피타고라스 정리나 원주 또는 호의 길이를 구하는 공식을 사용하는 시나리오를 읽는다. 교사는 학생들이 가장 좋은 접근 방식이나 아이디어를 브레인스토밍하고 스티커 메모지에 기록한 다음, 히트 앤 스팟 전략을 사용하여 가장 좋은 접근 방식을 결정할 수 있도록 안내한다.

☑ 사회

학생들에게 지방 선거에 참여할 수 있는 방법을 브레인스토밍하게 한다. 학생들은 그룹을 이루어 자신의 아이디어를 공유하고, 스티커 메모지에 기록하며 히트 앤 스팟 전략을 사용하여 가장 인기 있는 아이디어를 결정한다.

☑ 인문학

학생들에게 작곡가나 예술가에 관한 기사를 읽은 후 그룹을 이루어 관련된 질문 목록을 생성하게 한다. 질문은 스티커 메모지에 적고, 학생들은 히트 앤 스팟 전략을 사용하여 가장 좋은 질문을 결정한다.

전략 49: 6색 사고모

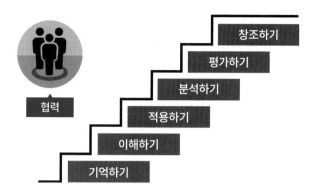

심리학자이자 두뇌 훈련의 선구자인 de Bono(1985)는 다양한 시각을 가지고 정보를 검토하는 방법을 정립했다. **6색 사고모** 전략은 6명으로 구성된 그룹에서 각 구성원들이 다음 사항에 중점을 두는 방식으로 학생들의 사고 과정을 도와준다(de Bono, 1985). ① 사고 과정(리더), ② 사실(생각), ③ 감정, ④ 창의적 아이디어, ⑤ 장점, ⑥ 주의 사항이 그것이다. 학생들은 자신에게 주어진 여러 관점을 고려함으로써 다양한 관점에서 문제나 결정을 검토하여 종합적인 분석이 가능하고 문제 또는 이슈에 대한 보다 깊은 이해를 할 수 있다. 이 전략은 학생들이 감정적 반응, 부정적인 측면 또는 창의적인 선택지를 고려하지 않고 성급한 결정을 내리는 것을 방지하는 데 도움이 된다. 각 모자에는 다음의 내용이 포함된다.

- ✔ 리더 모자(파란색): 이 모자를 쓴 사람은 그룹의 리더로, 사고 과정이 원활하게 이루어질 필요가 있을 때 다른 색깔의 사고 모자에게 도움을 구한다.
- ✔ 생각 모자(흰색): 이 모자를 쓴 사람은 종합적인 지식을 얻기 위해 사용 가능한 데이터와 정보를 검토하는 데 집중한다.
- ✔ 감정 모자(빨간색): 이 모자를 쓴 사람은 다른 친구들이 직관과 직감적 반응을 통해 어떤 결정이나 정보에 어떻게 감정적으로 반응하는지 고려한다.
- ✔ 창의 모자(녹색): 이 모자를 쓴 사람은 문제에 대한 창의적인 해결책을 제안한다.
- ✔ 긍정 모자(노란색): 이 모자를 쓴 사람은 아이디어의 장점과 가치를 파악한다.
- ✔ 신중 모자(검은색): 이 모자를 쓴 사람은 아이디어의 잠재적 악영향과 단점 또는 효과가 없을 수 있는 요소를 신중하게 고려하여 그룹이 그것을 해결하기 위해 계획을 다

시 작성하거나 수정하도록 돕는다.

[그림 7-1]과 같은 역할 카드를 학생들에게 제공하여 각 모자 유형을 간단히 안내할 수 있다.

리더 모자(파란색)	<ul><li>사고 과정 통제</li><li>초점</li><li>큰 그림</li><li>어젠다</li><li>요약</li><li>시간 관리</li></ul>	**물어야 할 질문:**<ul><li>어떤 사고가 필요할까?</li><li>지금까지 우리는 무엇을 했나?</li><li>앞으로 우리는 무엇을 할 것인가?</li></ul>
생각 모자(흰색)	<ul><li>정보</li><li>그림</li><li>사실</li><li>데이터</li></ul>	**물어야 할 질문:**<ul><li>사실은 무엇인가?</li><li>우리가 가지고 있는 정보는 무엇인가?</li><li>우리가 필요한 정보는 무엇인가?</li></ul>
감정 모자(빨간색)	<ul><li>두려움</li><li>타인에게 미치는 영향</li><li>감정</li><li>직감</li></ul>	**물어야 할 질문:**<ul><li>이것이 내 기분을 어떻게 만들었나?</li><li>이 아이디어에 대해 나는 무엇이 좋은가?</li><li>이것에 대해 나는 무엇이 좋지 않은가?</li></ul>
창의 모자(녹색)	<ul><li>창의적 사고</li><li>대안적 해결법</li><li>수정</li><li>아이디어 발전</li></ul>	**물어야 할 질문:**<ul><li>가능한 새로운 아이디어는 무엇인가?</li><li>나의 제안은 무엇인가?</li><li>뭔가 새로운 것을 만들 수 있는가?</li><li>대안적 계획이 존재하는가?</li></ul>
긍정 모자(노란색)	<ul><li>최상의 시나리오</li><li>이익</li><li>긍정적 사고</li><li>낙관주의</li></ul>	**물어야 할 질문:**<ul><li>좋은 점은 무엇인가?</li><li>왜 효과가 있을까?</li><li>강점은 무엇인가?</li><li>우리에게 어떤 도움이 되는가?</li></ul>
신중 모자(검은색)	<ul><li>위험요인</li><li>잠재적 문제</li><li>장애요인</li><li>단점</li><li>약점</li></ul>	**물어야 할 질문:**<ul><li>잘못된 점은 무엇인가?</li><li>효과가 있을까?</li><li>안전한가?</li></ul>

그림 7-1 6색 사고모 전략의 역할 카드

※go.SolutionTree.com/instruction에 방문하면 무료로 사용할 수 있는 양식을 다운받을 수 있다.

이 전략에는 여러 단계의 사고 수준이 포함되며, 리더 모자(파란색)가 사고 과정의 전반적인 사항을 관리한다. 생각 모자(흰색)는 문제 해결에 필요한 정보를 제공한다('이해하기' 수준). 감정 모자(빨간색)는 다른 사람들이 정보나 아이디어에 어떻게 반응할지 고려한다('분석하기' 수준). 창의 모자(녹색)는 독창적인 해결책을 제안한다('창조하기' 수준). 마지막으로, 긍정(노란색) 및 신중(검은색) 모자는 아이디어의 강점과 약점을 파악한다('평가하기' 수준).

활용 예시

학생들은 정책에 대한 시민 참여 부족에 관한 기사를 읽고 시민 참여를 늘릴 수 있는 방법을 생각해 본다. 교사는 그룹의 각 학생에게 6가지 모자에 해당하는 역할을 부여하고, 학생들은 자신의 역할 카드([그림 7-1] 참조)를 확인한 후 그룹 토의를 준비한다. 리더 모자(파란색)는 생각 모자(흰색)에게 주제에 대한 정보를 요약해 달라고 요청한다. 감정 모자(빨간)는 시민들이 정부에 참여하지 않는 이유를 공유한다. 창의 모자(초록색)는 시민의 정부 참여를 높이기 위한 새로운 아이디어를 제안한다. 신중 모자(검은색)는 제안된 아이디어에 대한 부정적인 측면을 제시한다. 긍정 모자(노란색)는 제안된 아이디어의 긍정적인 측면을 제시한다. 그런 다음 리더 모자(파란색)가 다른 모자들과 계속 토론해 가장 좋은 시민 참여 제고 방안을 구체화한다.

🔍 전략 실행 단계

6색 사고모 전략을 실행하는 5단계는 다음과 같다.

1. 6가지 사고 방식을 효과적으로 통합할 수 있는 주제 또는 문제를 선정한다.
2. 6명의 학생으로 구성된 그룹을 만들고 그룹 내에서 모자별로 역할을 맡을 사람을 결정할 수 있게 한다. 각 학생에게 배정된 모자에 해당하는 설명 카드를 제공한다([그림 7-1] 참조).
3. 주제 또는 문제에 대한 정보를 제시하고 학생들이 각 모자의 관점에서 정보를 분석하도록 안내한다.

4. 파란색 모자를 쓴 학생이 흰색 모자를 쓴 학생과 토론을 시작하도록 안내한다. 그 다음에 빨간색 모자, 녹색 모자, 검은색 모자, 노란색 모자 순으로 이야기를 나눈다. 모든 학생이 발언한 후 파란색 모자는 다른 친구를 토론에 추가적으로 참여시킬 수 있다.

5. 학생들에게 다음과 같은 질문을 던져 활동의 과정을 돌아보게 한다.
   - 6가지 모자의 관점에서 주제를 분석하면 어떤 점이 좋은가요?
   - 이 과정을 통해 어떤 새로운 아이디어가 떠올랐고 이를 구체화할 수 있었나요?

🏛 변형 전략

6색 사고모 전략을 다음과 같이 변형하여 활용할 수 있다.

✔ 이 과정을 변형하면 학생들이 친구들의 과제 또는 프레젠테이션에 대해 피드백을 제공하게 할 수 있다. 리더(파란색) 모자는 대화를 주도하고, 생각(흰색) 모자는 친구가 과제 목표를 어떻게 달성했는지 요약하고, 감정(빨간색) 모자는 과제에 대한 느낌이나 의견을 설명하며, 창의(녹색) 모자는 과제를 개선하기 위한 제안을 하고, 신중(검은색) 모자는 과제 수정이 필요한 부분을, 긍정(노란색) 모자는 과제의 긍정적인 측면을 찾아낸다.

✔ deBono for Schools(n.d.)에는 학생들이 6가지 모자를 사용하여 문제에 대해 생각하는 연습을 하는 데 사용할 수 있는 무료 카드 게임이 있다.

📖 교과별 활용 예시

다양한 교과 수업에서 **6색 사고모** 전략을 활용할 수 있는 방법은 다음과 같다.

☑ 언어

학생들에게 도서관에서 허용되지 않는 책을 규정하는 학교 정책에 대해 생각해 보도록 안내한다. 학생들은 6명씩 그룹을 구성하여 토론을 진행하며, 각자가 특정 역할(모자)을 맡는다.

☑ 과학

학생들에게 고등학교에서 재생 가능한 자원을 더 많이 사용하고 재생 불가능한 자원의 사용을 줄일 수 있는 방법에 대해 생각하도록 안내한다. 학생들은 6명씩 그룹을 구성하여 각자 특정 역할(모자)을 맡아 토론을 진행한다.

☑ 수학

학생들에게 '우리 학교에 운동장 크기와 비례하는 정원 만들기'라는 과제를 제시하고 이를 효과적으로 수행하면서 예산도 절약할 수 있는 방법에 대해 생각하도록 안내한다. 학생들은 6명씩 그룹을 구성하여 각자 특정 역할(모자)을 맡아 토론을 진행한다.

☑ 정치

학생들에게 "어떻게 하면 투표율을 높일 수 있을까요?"라고 질문한다. 학생들은 6명씩 그룹을 구성하여 각자 특정 역할(모자)을 맡아 토론을 진행한다.

☑ 경제

학생들이 학교 매점의 매출을 높일 수 있는 방법을 생각해 보도록 안내한다. 학생들은 6명씩 그룹을 구성하여 각자 특정 역할(모자)을 맡아 토론을 진행한다.

🔒 전략 50: 추론 사다리　　　ooo

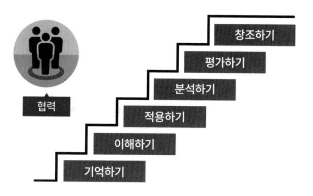

추론 사다리 전략은 추론을 통해 추상적 사고를 높이는 전략이다. 첫 번째 단계는 오감을 통해 환경의 정보를 인지하는 것이다. 두 번째 단계는 학생들이 중요한 정보에 집중하고 의미를 만들어 낸다. 세 번째 단계는 학생들이 의미를 정립하면서 가정과 결론을 모두 구축한다. 끝으로, 이러한 결론을 바탕으로 행동을 취한다(Brookfield, 2012). 이 4가지 단계는 다음과 같이 구성된다. ① 감각, ② 의미, ③ 가정과 결론, ④ 행동이 그것이다. 감각과 의미 사다리는 '이해하기' 수준에서 지식을 구축한다. 학생들은 가정과 결론을 내릴 때 '분석하기' 수준에서 사고하기 시작한다. 행동 사다리에서는 과제가 '창조하기' 수준에서 이루어지도록 구조화한다. 예를 들어, 학생들은 실제 과제에 대한 해결책을 설계하거나 독창적인 작품을 만들 수 있다.

활용 예시

교사는 『주홍글씨(Scarlet Letter)』(Hawthorne, 1998)의 Hester Prynne 역으로 분장한다. 소설 속 독백을 들려주고, 캐릭터에 몰입한 채 학생들이 추론 사다리 전략의 첫 번째 사다리에서 시작하여 두 번째 사다리까지 올라가는 질문을 하도록 유도한다. 그런 다음, 학생들은 상호 작용을 기반으로 소설에 대한 가정을 세우고 결론을 도출한다(세 번째 단계). 이 토론을 마친 후, 학생들은 이야기를 읽고 Dimmesdale의 죽음 10년 후 Hester Prynne 또는 Pearl의 관점에서 독백을 쓴다(네 번째 단계).

🔍 전략 실행 단계

추론 사다리 전략을 실행하는 4단계는 다음과 같다.

1. 토론하기에 적당한 주제를 정한다.
2. 칠판에, ① 감각, ② 의미, ③ 가정과 결론, ④ 행동의 4가지 사다리를 그리고 학생들에게 그 목적을 설명한다.
3. 주제에 대해 학급 전체 토론을 진행한다. 학생들이 4가지 사다리 중 하나에 해당하는 의견을 들으면 한 학생이 일어나서 사다리의 적절한 칸에 해당 내용을 쓴다.

4. 사다리의 네 번째 단계(산출)에 도달하기 위해 학생들은 산출물을 작성, 발표 또는 생성할 수 있다. 학생이 높은 수준에서 사고하면서 학습한 내용을 적용하고 전달할 수 있는 방법을 익힌다.

🎂 변형 전략

추론 사다리 전략을 다음과 같이 변형하여 활용할 수 있다.

- ✓ 학생들이 그룹 또는 짝을 이루어 사다리를 따라가게 한 다음, 전체 학급 토론을 통해 정보를 결합하게 한다.
- ✓ 추론 사다리의 네 번째 단계에 있는 행동을 산출물로 확인하는 대신, 학생들에게 주제에 대한 행동을 취할 수 있는 방법을 브레인스토밍하게 한다.

📖 교과별 활용 예시

다양한 교과 수업에서 추론 사다리 전략을 활용할 수 있는 방법은 다음과 같다.

☑ 언어

학생들이 대공황의 이미지, 영상 등을 살펴보고, 『생쥐와 인간(Mice and Men)』(Steinbeck, 1994)을 읽기(네 번째 사다리) 전에 추론 사다리 전략의 3가지 사다리에 각각 정보를 적을 수 있는 학급 토론을 진행한다. 책을 읽은 후 학생들은 에세이에서 다음과 같은 필수 질문 중 하나에 대해 생각해 본다. "인생에서 희망과 꿈은 얼마나 중요한가?" "사회에서 권력을 가진 사람은 누구인가?" "안락사는 정당화될 수 있는가?"

☑ 과학

학생들에게 열이 분자에 미치는 영향을 보여 주는 온라인 시뮬레이션을 관찰하게 한다. 그룹별로 추론 사다리 전략을 사용하여 중요한 정보에 집중하고 결론을 내린 후 실습 실험을 설계하여 실험을 진행한다.

☑ 수학

학생들에게 표지판이 필요한 도로를 분석하게 한다. 학생들은 추론 사다리 전략 과정에 따라 도로를 분석하고, 분석 결과를 바탕으로 무엇이 필요한지 결론을 내리고, 적절한 계산과 원하는 규모에 따라 표지판을 설계한다.

☑ 사회

학생들에게 켄터키 동부에 있는 애팔래치아산맥의 사진을 살펴보게 한다. 학생들은 추론 사다리 전략을 사용하여 산 정상 철거의 가능성과 그 영향, 그리고 지역 사회 단체가 이를 지원하거나 방지하기 위해 취할 수 있는 조치에 대해 토론한다.

☑ 미술

학생들에게 블루스 시대(1870년대)의 그림을 살펴보게 한다. 교사와 학생들은 작품에 대해 질문을 던지고 추론하며 의미를 이해한다. 그런 다음, 학생들은 1870년대 블루스의 아이디어를 바탕으로 자신이 속한 동아리를 표현하는 그림을 디자인할 계획을 세운다.

🔒 성찰하기   ∘∘∘

7장에 소개된 내용을 되돌아보면서 다음의 5가지 질문에 답해 보자.

1. 이 장에서 다룬 전략 중 기존에 여러분이 실행하고 있는 교육 관행과 일치하는 것은 어느 것인가? 창의적 사고력을 향상시키기 위해 실제적으로 어떤 작은 변화를 시도할 수 있을까?
2. 창의적 역량을 구축하기 위해 앞으로 한 달 이내에 사용할 수 있는 2가지 전략은 무엇인가?
3. 창조하기 수준에서 움직임, 협업, 미디어 리터러시를 포함시킬 수 있는 방법은 무엇일까?
4. 이 장에서 제시한 전략 중 어떤 전략을 변형하면 좀 더 개선할 수 있을까?

5. 이 장의 전략을 특정한 교육과정에 맞게 조율할 수 있는 방법은 무엇인가?

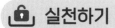 실천하기 ○○○

7장의 개념을 교실에서 활용하기 위해 다음 3가지 활동을 해 보자.

1. 학생에게 사용할 전략을 1가지 선택하고 학습 주제에 맞는 계획을 세운다. 루브릭을 활용하여 학생이 과제에서 보여 주고 있는 비판적 사고의 수준을 측정할 수 있다. 워싱턴 주립 대학교(2001)에서는 이러한 목적에 맞는 유용한 루브릭을 제공한다.

2. 학생들과 함께 채택한 전략을 사용한 후에 학생들이 그 전략에 만족했는지, 다음번에는 어떻게 개선할 수 있을지 의견을 수합한다.

3. 비판적 사고 전략을 사용하여 창의적인 산출물을 만들어 내는 동료 교사를 관찰한다. 관찰한 내용과 이를 자신의 수업에 어떻게 적용할 수 있는지에 대한 성찰 및 아이디어를 기록한다.

초등 교실에서
생각하는 힘을 기르는
50가지 사고 전략

사고 기반 교실 만들기

나무는 기울어진 쪽으로 쓰러진다.
어느 쪽으로 자라게 될지 주의하라.

-The Lorax

효과적인 수업 전략을 활용하면 학생들의 비판적 사고력을 키울 수 있다. 이와 더불어 다른 요소로 사고 문화를 가지게 하는 교실 환경을 조성해야 한다. 교사는 다양한 학습 전략과 비판적 사고 과제를 사용할 수 있지만, 이 모든 것을 하나로 묶어주는 사고 지향의 문화가 없으면 학생들은 최적의 잠재력을 발휘할 수 없다. 우리 교실과 학교의 상황을 떠올려 보자. 교실과 학교 환경은 어떻게 사고하는 문화를 촉진하고 있는가? 교실의 문화가 사고력을 키우는 데 도움이 되는가? 다음 질문에 대한 답을 생각해 보자.

- ✓ 실시간 사고하기 모형을 제시하고 사고하기 규칙을 활용하는가?
- ✓ 수업하는 동안 학생에게 주도권을 주고 참여를 유도하는가?
- ✓ 과제는 적절한 수준의 도전을 제공하고 학생의 자신감과 이해를 높이는 내용으로 구성되어 있는가?
- ✓ 평소 과제에 실생활 맥락이 일관되게 포함되어 있는가?
- ✓ 명확하고 유용한 피드백을 제공하는가?
- ✓ 연습할 시간과 비판적 사고 기술을 새로운 상황에 적용할 수 있는 기회를 제공하는가?
- ✓ 교실의 물리적 공간 구성이 학습자 중심의 수업을 지원하는가?

8장에서는 사고 문화에 영향을 미치는 교실 환경, 관행 및 수업의 여러 측면을 살펴보려고 한다. 먼저, 전통적인 교사 중심의 교실과 비교하여 학생 중심의 사고 기반 교실의 특징을 간단히 살펴보자.

사고 기반 교실에 들어서면 학생들이 높은 자율성을 가지고 그룹으로 활동하기 때문에 교사의 존재를 바로 알아차리지 못할 수도 있다. 학생들은 탐구 질문과 문제 해결을 위한 다양한 방법에 대해 다각도로 생각할 수 있는 경험을 가진다. 사고 기반 교실은 학습 과정과 실제적인 과제 해결을 통해 깊이 있는 이해에 중점을 둔다. 따라서 학생들은 충분한 시간 동안 학습 소재에 대해 조사하고 생각을 다듬으며, 다양한 관점에서 이를 분석하고, 실제 대상에게 산출물을 소개한다. 또한 교사는 학습 방법을 학생의 필요에 따라 유기적으로 결정을 내리는 동시에 학생의 성장을 지지한다. 〈표 8-1〉에는 기존 교실과 사고 기반 교실의 차이점이 요약되어 있다.

표 8-1 전통적 교실 VS 사고 기반 교실

전통적인 교실	사고 기반 교실
교사 중심	학생 중심
과제하는 문화	학습하는 문화
교사가 강의를 통해 정보와 내용을 제공함	학생들이 탐구 질문을 함
교사의 지식에 초점	학생들이 이해할 수 있도록 지적으로 까다로운 과제에 초점
학생 의존성	학생 독립성
하나의 정답 또는 해결방법이 있는 문제를 제시	다양한 사고와 여러 가능성을 가진 해결책을 강조하는 문제를 제시
성적(등급)에 초점	학습 과정에 초점
빠른 답변을 유도	질문에 답하기 위한 탐구 기회를 장려하며 피드백, 성찰 및 수정 시간을 제공하여 새로운 정보와 사고를 통합할 수 있게 함
교사가 주도하는 제한된 학생 토론	일상적으로 다양한 아이디어와 해결책을 논의하는 모습
고정 마인드셋	성장 마인드셋
교사를 위해 설계된 활동 및 과제	현실적 문제를 반영한 실제적인 인지적 활동과 과제
고정된 일정으로 교육과정을 운영	학생들의 요구에 적용하고 반응

이러한 특성을 확립하는 데 이 책에서 소개한 50가지 전략이 도움을 줄 수 있겠지만, 8장의 내용은 사고 지향적 문화를 유지하여 학생들이 그 혜택을 누릴 수 있도록 하는 데 도움이 될 것이다. 8장에서는 다음 10가지 주제를 다룬다.

1. 교사 역할 이해하기
2. 과제 난이도 조절하기
3. 생각하는 기술 모델링하기
4. 학생 역량 강화
5. 사고 규범 설정하기
6. 실생활을 위한 적용 방안 설계하기
7. 생각하기와 관련된 용어를 약속하고 익히기
8. 연습 기회 만들기
9. 피드백 제공하기
10. 물리적 공간 구성하기

🔒 교사 역할 이해하기   ○○○

사고 기반 교실을 만들 때 교사는 학생의 주도성을 촉진하는 학습 코치가 되어 학생들의 인지적 발달을 매개하는 역할을 한다. 더 높은 수준의 사고력을 길러 주기 위해 교사는 학생들을 지원하되, 사고 수준을 떨어뜨릴 정도로 지나치게 많이 가르치려고 해서는 안 된다. 학습자 중심 수업은 학생의 역량을 높이는 데 초점을 맞춘다는 사실을 잊지 말아야 한다.

연구에 따르면, 교사는 일반적인 교실 환경에서 거의 70%의 시간을 말하며, 성취도가 낮은 학생이 있는 교실에서는 그 비율이 더 높아진다고 한다(Hattie, 2012). 이 책에서는 수업 시간을 더 잘 활용할 수 있는 다양한 방법에 대해 알아보았다. 교사가 지나치게 많은 말을 하는 경향을 막기 위해 일부 교사는 8분 정도의 시간 동안만 지시 사항이나 핵심 정보를 전달한 후 학생들에게 과제를 해결할 시간을 제공한다(Ritchhart, 2015). 싱가포르 교육부는 교사의 말을 줄임으로써 학생의 학습을 늘리는 데 초점을 맞춘 '더 적게 가르치고, 더 많이 배우기'(Yng & Sreedharan, 2012)라는 이니셔티브를 시행하고 있다.

교사가 수업을 설계할 때는 활동이나 과제의 완수 대신 학습이라는 관점에서 접근해야 한다. 교사가 학생들에게 "활동을 시작하세요."라고 말하는 대신 "학습을 시작하세요."라고 말하는 사고 지향적 문화가 형성되어야 한다. 과제를 지시하는 대신 학습을 중심으로 모든 과제의 틀을 짜야 한다. "무엇을 하고 있나요?" 대신 "지금 무엇을 배우고 있나요?"를 중심으로 대화를 진행해야 한다. 이러한 미묘한 언어의 변화는 학습을 보다 효과적으로 만든다.

🔒 과제 난이도 조절하기   ○○○

학생이 학습할 때 자신의 사고 기술 수준이 높아짐에 따라 과제 난이도 또한 높아질 때 최적의 수준으로 학습할 수 있다. 따라서 교사는 학생이 무엇을 할 수 있는지 파악하고 그에 따라 과제 난이도를 조정할 필요가 있다(더 어렵거나 쉽게). 이러한 교육적 최적의 상태를 '몰입(flow)'이라고 한다. 심리학자 Csikszentmihalyi는 몰입에 대해 이렇게 말한다.

> 활동 자체에 완전히 몰입하는 상태, 자아가 사라진다. 시간이 흘러간다. 모든 행동, 움직임, 생각은 재즈 연주처럼 이전 활동에서 필연적으로 이어진다. 모든 것과 관련되고 자신의 기술을 최대한으로 사용한다(Geirland, 1996에서 인용).

① 명확한 목표, ② 즉각적인 피드백, ③ 난이도와 능력 수준의 균형이라는 3가지 심리적 증거가 몰입을 형성하게 해 준다. 학생이 과제의 난이도로 인해 압도당하는 모습을 보이는 경우, 과제를 더 쉽게 만들어 몰입에 다시 빠지게 하고 동기를 유지하게 해야 한다. 과제가 너무 쉬워서 학생들이 지루해하는 기미가 보이면 과제의 난이도를 높인다. [그림 8-1]은 몰입의 개념을 보여 준다.

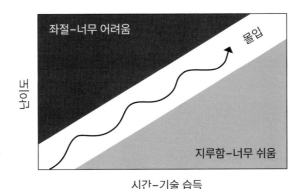

그림 8-1 몰입 다이어그램의 개념

교실에서 몰입을 찾으려면 학생이 이미 혼자서 할 수 있는 수준을 넘어서는 수준의 과제 난이도를 목표로 삼아야 한다(Ritchhart, 2015). 심리학자 Vygotsky(1978)는 근접 발달 영역 (ZPD)에 관한 유명한 이론에서 어려운 과제를 수행할 때, 학생이 능숙해질 때까지는 도움이 필요할 수 있다고 주장했다. 학생의 지속적인 참여와 인지된 학습은 도전과 도움이 있는 학습 환경에서 가장 잘 나타난다(Shernoff, Csikszentmihalyi, Shneider, & Shernoff, 2003).

수업을 설계할 때는 학생의 기존 수행 수준을 염두에 두어야 한다. 학습자가 성공을 거두면 도전 수준을 높인다. 즉, 학생이 또래와 함께 과제를 수행하도록 하거나 교사가 도전적인 과제에 대한 추가 정보를 제공하는 등 차별화되고 단계적인 지원을 제공하는 것을 의미한다. 예를 들어, 학생에게 그래픽 오거나이저나 생각 지도, 덜 복잡한 텍스트 또는 그림, 완료해야 할 단계가 적힌 체크리스트 등을 제공할 수 있다. 이러한 적절한 수준의 과제를 통해 학생의 자신감을 키우고 학습 내용에 대한 이해를 높일 수 있다. 학생에게 더 많은 도전을 제공하려면 더 개방적이고 덜 명시적인 지침이 있는 높은 수준의 사고 과제를 부여하라. 단순한 답이나 이유 또는 근거가 없는 답은 허용하지 않으면서, 도전적인 과제를 제시하여 사고를 촉진할 수 있다(Ritchhart, 2015).

🔒 생각하는 기술 모델링하기　　　　○○○

　　인간은 다른 사람이 새로운 기술과 개념을 시연하는 것을 볼 때 자연스럽게 더 잘 배운다. 소리 내어 생각하기는 원래 Bloom(Anderson & Krathwohl, 2001)의 연구에서 처음 등장했으며, 후속 연구(Barell, 1991; Bloom & Broder, 1950; Davey, 1983)에서 지지를 받았다. 실시간 모델링을 통해 교사의 생각을 학생들이 볼 수 있다. 또한 학생들은 질문하고, 제안하고, 개인적인 경험에 연결하고, 판단을 내릴 때 자신의 생각을 드러낼 수 있는 과정을 청각적으로 공유할 수 있다. 이렇게 하면 사고 과정을 천천히 가지게 만들어 학생들이 자신의 이해를 모니터링하고 자신의 사고(메타인지)를 성찰할 수 있는 시간을 갖게 된다. Wilhelm(2001)에 따르면 소리 내어 생각할 때 추론 능력이 향상되는데, 이는 학생들이 정보를 자신의 삶과 텍스트에 연결하여 어떤 정보가 중요하고 관련성이 있는지 고려하면서 더 깊은 이해와 비판적 분석 기술을 습득하기 때문이다. 소리 내어 생각하기는 장애가 있는 학생과 영어를 제2외국어로 배우는 학생에게 특히 도움이 되는 것으로 나타났다(Migyanka, Policastro, & Lui, 2005).

　　교사와 학생이 자신의 생각을 소리내어 설명함으로써 비판적 사고 과정을 시연하면 다른 학생들도 효과적인 사고의 과정을 이해할 수 있다. 사고 전략을 시연할 때는 그 사고 과정의 의사 결정 측면을 보여 주는 것이 중요하다. 이 과정에는 시연에서 코칭으로 넘어가는 스캐폴딩 접근 방식이 포함되므로 학생이 스스로 사고 과정을 따라할 수 있게 된다. 예를 들어, 교사가 학생들에게 현대 미술 작품을 선택하여 독립 전쟁과 비교하게 하려면 다음과 같이 말할 수 있다.

　　「호수의 일몰」그림을 보면 물 한가운데 빈 배 한 척이 보입니다. 외국의 지원 없이 대륙군이 얼마나 외로웠을지 생각해 보세요. 그림의 가장자리를 감싸고 있는 검은 색을 보면 보급품, 훈련, 돈, 교통수단이 부족했던 대륙군은 모든 것이 자신에게 다가오는 것처럼 느껴졌을 것 같다는 생각이 드네요.

🔓 학생 역량 강화

　사고하는 문화를 조성하려면 학생들이 독특한 아이디어, 관점, 해석을 제안할 수 있는 목소리를 내게 할 필요가 있다. 학생들이 독립적인 사고자가 될 수 있도록 주도권을 부여하면 자율성을 부여하는 동시에 교양 있는 시민으로 양성할 수 있다. 그러면 학생들은 정보의 소비자에서 자신만의 메시지를 생산하는 생산자로 변모하게 된다(Naiditch, 2017). 상하이, 싱가포르, 핀란드의 선도적인 교육 기관들은 사실(fact)을 가르치는 교육에서 깊이 있는 이해로써의 학습으로 초점을 전환하여 학생들에게 학습 선택의 자율성을 부여하고 있다(OECD, 2012).

　사고 지향적 문화를 구축하기 위해서 교사는 비지시적이어야 한다. 즉, 교실 내 결정에 관한 권한을 공유하고, 학생의 목소리를 장려하며, 학생의 아이디어와 기여가 중요하다는 점을 강조해야 한다(Ritchhart, 2015). "그런 생각은 못 해 봤어요." "그 얘기를 해 줘서 기뻐요." "잘 모르겠으니 함께 알아보아요."와 같은 말을 통해 학생들이 교사가 자신의 의견에 경청하고 격려한다고 느끼게 할 수 있다. 교육자 Rose-Duckworth와 Ramer(2009)는 "독립적인 학습자는 혼자서 또는 다른 사람들과 함께 과제를 수행할 때 가치 있는 결과를 성취하기 위해 노력하면서 내적으로 성찰하고, 역량을 발휘하고, 효과적이 되고자 하는 동기가 생기며, 어려움이 발생하더라도 인내한다."라고 했다(p. 2). 이러한 유형의 교실 환경은 전문 지식 공유를 촉진한다.

　학생에게 동기를 부여하고 자율성을 지지하려면 학생에게 선택권을 주는 과제가 필요하다. 학생들이 독립적인 학습자가 되고 학습을 어느 정도 통제할 수 있다고 느낄 때, 학생들은 비판적 사고에 참여할 가능성이 높아지며 더 나은 결과를 얻을 수 있다(Anderson, 2016; Mathews & Lowe, 2011; Stupnisky, Renaud, Daniels, Haynes, & Perry, 2008). 고등학생을 대상으로 한 연구에 따르면 학생에게 적절한 수준의 목표에 도전하고, 시간을 활용하는 방법에 대한 선택권을 주고, 관심사와 관련된 과제를 부여할 때 참여도와 즐거움이 높아진다고 한다(Shernoff et al., 2003).

　예를 들어, "이 수업은 우리 모두의 수업이에요. 어떻게 시에 대해 배우면 좋을까요?"와 같이 학생들에게 주제를 공부하는 흥미로운 방법에 대한 아이디어를 물어본다. Carbonaro와 Gamoran(2002)은 다음과 같이 주장한다.

학생들을 교실 담론의 동등한 파트너로 초대함으로써 사상가이자 학습자로서의 학생에 대한 기대치가 높아지고 학생들이 학업에 더 적극적으로 참여하도록 장려할 수 있다. 또한 학생들이 스스로 읽을 책을 선택할 수 있게 되면 학업에 더 깊이 몰입할 가능성이 높아진다(p. 805).

학생의 목소리를 높이고 선택권을 가지게 하는 것은 학습 주제, 평가 및 학습 기술까지로 확장된다. 두뇌는 진정한 탐구와 자기 주도적 학습을 할 때 개발된다(Kohn, 2015). 학생에게 더 많은 자유가 주어지면 교사와 학생은 학습 계약서 또는 학습 동의서를 만들 수 있다. 이 과정을 통해 학생들은 과제를 관리하고, 정보를 조직하고, 기록을 보관하며 전반적인 자율성을 관리하는 방법을 배우게 된다.

🔒 사고 규범 확립하기　　　　　　　　　　ooo

사고를 촉진하는 교실에는 사고를 격려하는 규범이 있다. 이 규범에는 모든 관점과 아이디어를 받아들이고, 실수로부터 배우며, 다른 사람의 성공을 축하하고, 다른 사람을 존중하는 태도가 포함될 수 있다.

열린 토론에서는 다양한 관점을 중시해야 하며, 서로 다른 사고 방식을 안전하게 공유할 수 있어야 한다. 학생들이 어려운 과제에 참여할 때 실수해도 안전하다고 느껴야 한다. 다른 사람들이 자신의 생각을 소중히 여긴다고 느끼면 학생들은 질문을 하고 토론에 참여할 가능성이 높아진다. 연구에 따르면 학습자의 39%는 학생들이 서로를 격려한다고 답했다(Fisher et al., 2018). 교실이 새로운 아이디어를 탐구하고, 실수를 저지르고, 위험을 감수할 수 있는 정서적으로 안전한 장소라면 학생들은 다양한 관점과 대안적인 사고 방식을 기꺼이 생각해 낼 것이다. 학생의 33%는 실수하고, 질문하고, 실수를 바로잡을 수 있는 자유를 주는 것이 학습 과정에서 중요한 요소라고 답했기 때문에 이는 중요한 문제이다(Stengel & Weems, 2010). 일부 교사는 '멀리건'이라는 용어를 사용하는데, 이는 종종 골프에서 선수들이 벌점 없이 스트로크(샷)를 다시 할 수 있는 것을 의미한다. 핵심을 말하자면 멀리건은 실수 후에 다시 한 번 할 수 있는 기회이다. 교실에서 학생들의 어떤 진술이나 아이디어에 대해 멀리건을 허락하면 학생들은 자신의 생각을 바꿀 수 있다(Arter, 2015). 교사가 스스로 멀리건을 말한다면 교사를 포함한 모든 사람이 학습자라는 생각을 갖도록 격려할 수도 있다. 학생들이 자신의 생각에서 오류를 발견하고 자신이 이해한 것을 수정하도록 도와줘야 한다.

교실 내 규칙을 정할 때는 타협할 수 없는 몇 가지 규칙을 정하되, 학생이 규칙을 정할 수 있는 선택권을 남겨 둘 필요가 있다. 학생들은 건전한 대화가 되도록 그룹 토론과 같은 활동에 대한 몇 가지 규칙에 동의해야 한다. 예를 들어, 일부 교사는 다음과 같은 규칙을 사용한다. '반 친구 부르기 + 독차지하거나 참여하지 않기 없음 = 손들 필요 없음'(Ritchhart, 2015, p. 212). 교사는 무작위로 학생을 부르지만 학생은 모르는 것이 있으면 같은 반 친구에게 도움을 요청할 수 있다. 토론하는 동안 모두 공평하게 어느 누구도 토론을 독점(독식)하거나 참여하지 않는(통나무처럼 행동하는) 일은 없다. 이러한 공식을 사용하면 모든 학생이 참여하고 자신의 행동을 모니터링하기 때문에 손을 들 필요가 없다. 사고 기반 교실에서는 학생들의 협업이 일상이 되어 있다.

그룹으로 활동할 때 학생들이 그룹 활동에서 어떻게 행동해야 하는지 몰라 협업 과제를 실패하는 경우가 종종 있다. 그룹 활동 중에 학생들이 함께 활동하는 데 어려움을 겪고 있다고 생각되면 좋은 팀워크를 강조하는 영상을 보여 주어 효과적인 그룹 활동에 필요한 행동을 보여줄 수 있다. 이러한 지식을 바탕으로 학생은 바람직한 협업 행동을 하게 되고 서로 책임감 있게 행동하는 능력을 자기 평가할 수 있다. 보다 효과적인 토론을 위해 학생들에게 활동지를 나누어 준다(〈표 8-2〉 참조). 학생들은 이 활동지를 사용하여 의견과 질문을 구성하는 데 도움을 받을 수 있다.

표 8-2 교실 토론 진술 및 질문 줄기

의견	질문
명확하게 하기	
• 명확하게 말하자면, 너는 ____라고 말했군요? • 네가 말한 ____이 헷갈리는데 다시 말해 줄 수 있나요? • 그래서 너는 ____라고 말했군요. • 네가 생각하는 것이 ____라고 생각하면 될까요? • 내가 듣기에 너는 ____라고 한 것 같네요.	• ____에 대한 예를 제시해 줄 수 있나요? • 이야기의 어느 부분쯤인가요? • ____이 좋은 이유는 무엇인가요? • ____의 근거는 무엇인가요? • 좋은 생각이에요. ____ 이것은 어때요? • ____은 무슨 뜻인가요? • ____을 다시 설명해 주시겠어요? • ____에 질문이 있어요.

의견	질문
동의하기	
<ul><li>나는 ~하기 때문에 동의합니다.</li><li>친구의 ____에 대한 생각은 중요해. 왜냐하면 ~기 때문이야.</li><li>네가 ~를 생각해 봤을 때 ____의 증거는 훌륭해요.</li><li>친구와 나는 ____에 대해 같은 입장이야.</li><li>____는 동의하지 않지만 ____는 동의합니다.</li><li>나는 ____에 대해 동의합니다.</li><li>____에 대한 의견과 같습니다.</li><li>내 생각은 ____와 비슷합니다.</li></ul>	<ul><li>너의 생각이나 관점을 보여 주는 증거는 무엇입니까?</li><li>다른 예시를 들어 줄 수 있나요?</li></ul>
반대하기	
<ul><li>나는 ____이기 때문에 다르게 생각했어요.</li><li>내가 본 것에 따르면 ____와는 다른 것 같아요.</li><li>____의 일부는 사실이지만 일부는 의견이 있어요.</li><li>____는 동의하지만 ____도 우리는 생각해야만 합니다.</li><li>우리는 ____ 때문에 ____를 다르게 봅니다.</li><li>나는 약간 동의하지 않아요. 나는 ____라고 생각합니다.</li></ul>	<ul><li>____에 대해 왜 그렇게 생각하나요?</li><li>너의 생각이나 관점에 이의를 제기하는 증거는 무엇인가요?</li><li>____를 다르게 생각하면 어떨까?</li></ul>
요약하기	
<ul><li>종합하면 제가 이야기하고자 하는 바는 ____입니다.</li><li>내 생각을 한 문장으로 나타내면 ____입니다.</li></ul>	<ul><li>네가 말하려는 게 ____이 맞나요?</li><li>네가 올바로 이해했다면 네 의견은 ____인 것 같아.</li></ul>
확장하기	
<ul><li>그들은 ____라고 말했다.</li><li>그래, 그리고 더 나아가서 ____이야.</li><li>작가의 ____라고 주장한 것은 ____기 때문에 흥미로워.</li><li>그의 말에 덧붙이면……</li><li>그녀의 입장을 조금만 바꾸면 ____과 같은 사실을 알 수 있습니다.</li></ul>	<ul><li>어떻게 생각하세요?</li><li>네 생각은 어떠니?</li><li>우리는 아직 들어 본 적이 없는 것 같은데 동의하시나요?</li></ul>

🔒 실생활에 적용하기　　　　ooo

　학생의 동기를 유발하고 보다 엄격한 책임감을 부여하려면 수업 과제는 실제와 비슷하거나 실제 문제 또는 실제 상황이어야 한다. 과제를 시작하는 좋은 방법은 과제를 학생의 개인적인 삶과 관심사에 연결하여 학생들이 문제 해결에 참여하게 하는 것이다. 학습을 개인의 삶과 연관시켜 참여시키면 교육적으로 동기 부여가 될 가능성이 14배 더 높아진다(Fisher et al., 2018). 유사한 다른 연구에서는 학생들이 학습 내용을 요약하게 하거나, 개인의 생활과 연결할 수 있게 했다. 그 결과 두 번째 그룹의 학생들, 특히 잘할 확률이 가장 낮은 학생들은 평균적으로 더 높은 점수를 받았고 해당 과목에 더 많은 관심을 나타냈다(O'Keefe, 2014). 실제적이고 지적으로 도전적인 과제를 제공하면 학생들이 끈기 있게 학습에 임하게 되고 과제를 성공했을 때 느끼는 만족감도 높아진다(Shernoff, 2013). 요컨대, 이는 학습을 강력하게 만든다. Ritchhart(2015)는 강력한 학습 기회는 "새로운 적용, 의미 있는 탐구, 효과적인 의사소통, 지각한 가치"(p. 163)에 있다고 한다. 본질적으로, 학생들은 지식과 기술을 새로운 맥락에 적용할 때, 자신의 사고와 아이디어를 활용하여 무언가를 만들어 냄으로써 발전시키고 보여 줄 수 있다. 이러한 목적과 중요성을 실행하기 위해서 교실, 학교, 지역사회, 주, 국가 또는 세계의 문제를 파악한다. 그런 다음, 학생들이 지식을 활용하여 문제를 해결하는 방법을 생각하게 한다. 다음은 학생들에게 제시할 수 있는 프로젝트 활동 예이다.

- ✔ 학기말이 다가옴에 따라 학교의 매점에 재고가 많이 남아 있다. 재고를 정리하면서 최대의 수익률도 낼 수 있는 계획을 세워 보자. 이 계획을 교장 선생님께 보여 줄 수 있는 프레젠테이션으로 준비한다.
- ✔ 학생 4명으로 구성된 그룹이 과학자 역할을 맡아 자연 선택을 보여 주기 위한 실험을 설계하고 수행한다. 학생들은 조사할 초점(예: 특성)을 결정한다. 또 연구 문제, 실험 절차 및 실험을 수행하는 데 필요한 자료를 포함하여 실험을 설계한다. 실험을 수행하고 데이터를 종합 및 분석한다. 그룹은 학부모와 친구들에게 연구 결과를 발표한다.
- ✔ 여러분은 스포츠 매장에 막 입사했다. 새로운 테니스화가 막 출시되었고, 상사는 사

이즈별로 몇 개의 신발을 들여야 할지 고민하고 있다. 친구들과 함께 신발 사이즈와 유사 제품의 판매량 데이터를 수집하고 상자 수염 차트, 히스토그램, 선 그래프, 빈도 표 등 데이터를 나타내는 보고서를 작성하라. 각 차트에서 수집한 데이터의 의미를 설명한다. 조사 결과를 요약하고 상사가 의사 결정을 내릴 때 도움이 되는 프레젠테이션을 준비하라.

〈표 8-3〉을 살펴보고 실제 경험이 심층 인지 학습과 어떻게 직접적으로 연결되는지 주목하자. 여러분은 비판적 사고 실행의 연속체에서 어느 단계에 있는가?

표 8-3 비판적 사고 수준의 구현

초기	발전	성장	목표
Bloom의 '**기억하기**' '**이해하기**' '**적용하기**' 수준에서 학생과 의사소통한다.	Bloom의 '**이해하기**' '**적용하기**' 수준에서 학생과 의사소통한다.	Bloom의 '**분석하기**' '**평가하기**' '**창조하기**' 수준에서 의사소통한다. 교사는 문제 및 프로젝트 기반 학습과 개방형 학습과제를 통합한다.	학생들은 Bloom의 '**분석하기**' 또는 '**평가하기**' '**창조하기**' 수준에서 질문하거나 프로젝트를 수행한다. 학생들은 실제 문제의 해결책을 고안하는 전문가처럼 복잡한 사고에 참여하게 된다.

🔓 생각하기 관련 용어 약속하기   ∘∘∘

Marzano(2009)는 학교 전체가 교육을 논의하는 체계로써 사고와 관련된 교실 언어를 확립하는 것이 중요하다고 강조한다. 예를 들어, 모든 교사와 학생이 내용을 평가한다는 말이 무엇을 의미하는지 같은 생각을 지니고 있는지 확인하는 것은 중요하다. Walsh와 Sattes(2017)는 "사고 관련 용어는 인지적 과정을 표현할 때 정확성과 정밀성을 촉진한다."(p. 144)라고 말한다. 학교에서 비판적 사고 용어에 대한 공통된 이해가 확립되어 있다면, 학생들은 이러한 사고 기술을 발휘할 수 있도록 일관되게 강화될 수 있다. 다음은 교사가 '분석하기' '평가하기' '창조하기' 분류 수준에서 과제를 부여하고 정의할 때 사용하는 몇 가지 일반적인 비판적 사고 기준을 제시한 것이다(Stobaugh, 2013).

✔ **분석하기**

- 논리적 결론을 도출하기 위해 관련 있는 정보와 관련 없는 정보를 구분하기
- 편견, 가정, 의도 또는 관점 인식하기

✔ **평가하기**

- 근거 없는 주장을 찾아내고, 아이디어에 의문을 제기하고, 주장, 해석, 가정 또는 신념에 대한 검증을 요구하기
- 문제 또는 상황 파악하기, 관련 정보 확보, 평가 기준 정의하기, 선택사항 탐색, 우선순위 정하기 등을 통해 의사 결정하기

✔ **창조하기**

- 새롭거나 정의되지 않은 문제를 해결하기 위해 다양한 가설이나 아이디어를 탐색하기
- 원래 정보와 완전히 다른 해결책을 설계하고 실행하기

명확하고 구체적인 사고 용어를 사용하는 시범을 보여 주면 학생들이 비슷한 용어를 사용하도록 도울 수 있다. 이러한 모델링이 학교 수준에서 이루어지면 학생의 발달 과정에서 일관성을 유지할 수 있으므로 더욱 좋다. 교사들이 협력하여 학생들에게 핵심 단어와 정의를 가르치는 방법을 브레인스토밍해야 한다.

〈표 8-4〉는 교사들이 흔히 사용하는 몇 가지 발문과 이러한 발문을 보다 정확하고 적절하게 비판적 사고 용어를 강조하기 위해 변형한 몇 가지 제안이다.

표 8-4 비판적 사고로 대체할 수 있는 용어

……말하는 대신	사고 용어를 사용하기
이 2가지가 얼마나 비슷한지 보자.	이 2가지를 **비교**하고 **대조**해 보자.
문제를 찾아보자.	이 문제를 **분석**해 보자.
다음에 무슨 일이 일어날까요?	다음에 어떤 일이 일어날지 **추론**해 볼까요?
이 이야기를 어떻게 생각하나요?	이 이야기에서 어떤 **결론**을 얻었나요?

……말하는 대신	사고 용어를 사용하기
이 접근법을 사용하면 어떤일이 일어날까요?	이 접근법을 사용하면 어떤 **결과**가 발생할지 **예측**해 보세요.
활동을 어떻게 평가할 건가요?	활동을 **평가**할 때 어떤 **기준**을 사용할 것인가요?
이것이 사실이라고 생각하는 이유는 무엇인가요?	주장을 뒷받침하는 **근거**는 무엇입니까?

🔓 연습 기회 제공하기 ○○○

생각하는 사람이 되게 하려면 학생들이 연습할 수 있는 다양한 기회를 주어야 한다. 유치원생과 하버드 MBA 대학원생이 스파게티, 끈, 테이프, 마시멜로를 사용하여 제한 시간 내에 가장 높은 탑을 쌓는 대회에서 MBA 대학원생은 계획에 시간을 할애한 반면, 유치원생은 여러 가지 시도를 하다가 실패하면 다시 탑을 쌓는 방식으로 진행하였다. 그 결과, 유치원생들의 최종 결과물이 가장 키가 컸으며, 이를 통해 효과적으로 생각하는 사람들은 많은 시도를 하고 많은 실패를 한다는 것을 알 수 있었다(Wujec, 2010). 실수는 혁신적인 아이디어를 낳는다.

학생들이 비판적으로 사고할 수 있도록 교사는 학생들이 새로운 자료를 읽고 검토하여 의미를 창출할 수 있게 해야 한다. 학생들의 사고를 이끌어 내고 새로운 상황으로 학습 전이를 유도할 수 있는 과제를 구성할 필요가 있다. 학생들이 학습한 내용을 적용할 수 있는 새로운 기회를 제공하려면 주장, 구절, 인용문 또는 보고서 같은 텍스트 기반 자료를 제공해야 한다. 학생들은 차트, 그래프, 표, 지도, 사진, 모형, 다이어그램, 그림, 스프레드시트와 같은 그래픽 자료에도 반응을 보일 수 있다.

교사들이 흔히 저지르는 실수 중 하나는 총괄 평가에서 학습 자료에 나왔던 예시를 재사용하는 것이다. 이렇게 하면 평가에 필요한 학생의 사고 수준이 낮아진다. 학생들이 개념을 더 깊이 있게 이해했는지 확인하려면 동일한 개념이지만 다른 예시를 사용하는 평가를 만들어야 한다.

학교 개선 전문가인 Schmoker(2009)는 기존 교실에서 흔히 볼 수 있는 낮은 수준의 과제를 인지적으로 까다로운 과제에 참여할 수 있는 기회로 바꾸어 주는 것이 학생의 성취도를 높이는 가장 효과적이고 효율적인 전략이라고 제안한다.

대부분의 교사에게 이는 현재 과제를 검토하여, 실제 청중과 연결하기, 학생에게 선택권 주기, 과제의 개방성 높이기 등을 적용해 사고 수준을 높이는 것을 의미한다. 더 많은 선택권, 창의성, 도전을 통해 학생들은 자신의 능력을 키울 수 있다.

수업이 더 높은 수준의 사고로 진행됨에 따라 학생들은 딜레마를 겪거나, 과제 및 질문에 대한 즉각적인 답을 하지 못할 수도 있다. 실제로 학생들이 일반적으로 짧은 시간 내에 답을 할 수 있다면 그 질문은 낮은 수준의 질문이거나, 암기한 답을 요구했거나, 교사가 생각하는 답을 학생들이 추측하려고 하는 것일 가능성이 높다. 더 높은 수준의 질문은 학생들이 답을 하기 전에 여러 번 생각해 보고, 친구와 아이디어를 논의하고, 조사하는 것이 가장 좋다. 생각하는 교실에서는 빠르다고 해서 좋은 것이 아니다. 학생에게는 생각하고 반성할 시간이 필요하다. 이러한 숙고 시간 동안 학생들은 새로운 근거를 바탕으로 생각을 바꿀 수도 있다.

학생의 답을 즉시 수정하지 말고 그 대신 학생의 추론을 이해하려고 노력해야 한다. 예를 들어, "추론한 것을 발표해 주세요." 또는 "그렇게 생각한 이유를 제시해 주세요."라고 말할 수 있다. 핑퐁 경기(질문과 답변이 교사에게서 학생으로, 다시 교사에게로 튀는 것)를 피하면서 토론이 자연스럽게 진행되도록 하자. 대신, 많은 학생이 참여하여 다른 사람의 아이디어를 확장하는 일종의 농구 경기를 상상해 보아야 한다(McIntosh, 2012).

🔓 피드백 제공하기　　　　ㅇㅇㅇ

학생의 학업성취에 영향을 주는 요인과 관련된 Hattie(2009)의 연구에 따르면 교사-학생 관계가 학습에 영향을 미치는 주요 요인 중 하나이다. 교사-학생 관계는 학업성취에 영향을 미치며, 초중고 학생의 학습에 영향을 미치는 150개 변수 중 12번째로 높은 순위를 차지한다(Hattie, 2012). 긴밀한 교사-학생 관계는 학업성취에 긍정적인 영향을 미칠 뿐만 아니라, 특히 비판적 사고 능력을 개발하는 데 도움이 된다(Pianta et al., 2012). What Kids Can Do(www.whatkidscando.org/index.html)의 공동 설립자인 Cushman(2005)은 사고가 활발하게 촉진되는 학급 문화를 형성할 수 있는 교사-학생 관계의 단면을 다음과 같이 제시한다.

"최선을 다할 것이라고 기대한다는 것을 자주 상기시켜 주기" "어려움을 겪고 있더라도 노력을 격려해 주기" "도움이 되는 피드백을 주고 수정하기를 기대하기" "다른 학생과 비교하지 않기"(pp. 64-65, p. 67).

효과적인 피드백을 제공하면 학습을 촉진하고 성장의 추진력을 만들 수 있다. 피드백은 학생의 성장에 초점을 맞추고 학생에게 향후 학습을 안내할 수 있는 실행 가능한 정보를 제공해야 한다(Hattie & Timperley, 2007). 또한, 피드백은 학습자에게 구체적이고 세부적인 지침을 제공해야 하며, 교사는 학생의 장점을 알아차려 구체적인 칭찬을 해야 한다(Ritchhart, 2015). 교사들은 종종 "연습은 완벽이 아니라 성장을 만든다."라는 말을 하곤 한다. 비판적으로 생각하는 것은 성장하는 과정이라 할 수 있다.

성장 마인드셋에 초점을 둔 피드백에는 "해당 학생은 정말 스스로에게 도전하고 있습니다." "학생은 이 프로젝트에서 매우 열심히 노력했습니다."(Dweck, 2006)와 같은 코멘트가 포함된다. 한편, 학생이 자신의 수행을 스스로 분석하도록 유도하려면 "너의 수행에 대해 어떻게 생각하니? 더 추가할 수 있는 것이 있을까?"라고 질문한다. 효과적인 피드백을 사용하는 교사의 예를 보려면 온라인 비디오 〈오스틴의 나비: 학생 수행을 우수하게 만들기〉를 시청해 보자.

🔒 물리적 환경 구성하기   ○○○

물리적 환경은 그 공간을 사용하는 사람들의 이상이나 원칙을 보여 준다(Curtis & Carter, 2015). 즉, 물리적 환경은 학생들이 그 공간을 사용할 때 무엇이 중요한지를 학생들에게 전달한다. 교실 공간이 학습자 중심의 교육을 촉진하고 있는가? 아니면 학생의 수동성과 순응을 조장하고 있는가?

사고를 촉진하는 교실은 특히 학생들의 상호 작용을 촉진하기 위해 배치된 경우, 기존 교실 구조와 근본적으로 달라 보일 수 있다. 예를 들어, 그룹 좌석이나 말발굽 모양의 좌석 배치는 학생들의 토론을 촉진한다. 여러 가지 형태의 좌석 배치를 허용하면 다양하고 깊이 있는 상호 작용을 촉진할 수 있다. [그림 8-2]는 여러 그룹의 학생이 협업할 수 있는 공간을 마련한 교실의 예를 보여 준다.

그림 8-2 참여를 촉진하는 교실 환경

출처: 2018 Amanda Rupsch. 허가 후 사용 가능.

저자이자 컨설턴트인 Thornburg(2014)는 교사들이 교실에서 필요로 하는 3가지 공간을 정의한다. ① 캠프파이어(교실 중앙에 지혜를 주는 현자 같은 형상을 배치), ② 워터홀(동료들이 협력할 수 있는 작은 그룹 활동 공간) 그리고 ③ 동굴(학생들이 개별적으로 성찰하고 공부할 수 있는 공간). 따라서 교실은 다른 종류의 활동을 위한 서로 다른 공간이 마련되어야 한다 (Ritchhart, 2015). 또 다른 좌석 배치 옵션에는 휴게실, 메이커 스페이스, 카페, 이동식 공간, 실내외 공간 등이 포함된다. 교실 공간을 가장 잘 활용할 수 있는 방안을 학생들이 생각하도록 학생들을 공간 설계에 참여시키는 것을 고려할 수 있다.

학생들에게 짐볼, 책상, 요가 매트, 의자, 바닥에 앉기, 바닥에 눕기 등 다양한 좌석 선택권이 있는 유연한 학습 공간도 고려해 볼 수 있다. 추가적으로 학습 공간의 배치 외에도 사고를 촉진하는 교실에는 학생들의 사고를 시각적으로 촉진하는 문구, 탐구 질문, 게시판 등이 있다. 문구는 책의 각 장 시작 부분에 있는 머리말처럼 학생들의 사고를 자극할 수 있다. 또한, 이전 과제에서의 학생들 작품을 게시판에 보여 줌으로써 다양한 학습 진행 단계를 보여 줄 수 있다.

음악과 조명의 경우, 친교활동을 할 때는 인기 있는 음악을 틀고 개별 활동을 할 때는 클래식, 재즈 또는 연주 음악을 틀어 주는 것과 같이 유용한 학습 도구로 활용할 수 있다. 더 깊은 토론을 위해 조명을 어둡게 하는 것도 고려해 보자.

끝으로, 사고를 촉진하는 교실은 학생들의 학습을 더욱 잘 지원하기 위해 그룹 활동을 다양화한다. 예를 들어, 도움이나 추가적인 도전이 필요한 학생들과 특정 주제에 익숙한 학생들이 함께 활동할 수 있도록 사전 평가 데이터에 기초한 능력 기반 그룹을 구성할 수 있다. 센터 로테이션은 능력 기반 그룹을 유동적으로 사용하는 또 다른 방법이다. 학생들은 비슷한 수준의 학생들과 함께 활동하면서 센터들 사이를 이동하여 교사가 특정 과제에 대해 그룹원들과 학습을 하는 동안 이질적인 활동을 할 수도 있다. 또한, 학생들의 관심사에 따라 그룹을 형성하고 다양한 능력 수준을 포함할 수도 있다. 관심사에 대한 설문조사를 사용하여 적합한 그룹을 구성한다.

Fisher 등(2018)은 그룹 활동의 가치에 대해 "교실이 토론과 대화로 가득 찼을 때 학생들의 인지적 참여 여부를 더 쉽게 확인할 수 있다. 학생들이 친구, 선생님과 상호작용을 할 때, 그들의 생각은 명료해진다."(p. 5)라고 말했다.

🔓 생각하는 문화 유지하기   ○○○

사고를 촉진하는 교실은 모든 사람들이 협력하고 학습에 기여하는 활기찬 곳이어야 한다. 그 문화는 교실을 넘어 의도적이고 계획적인 학교 전체의 노력으로 실현되어야 한다. 학생들의 마음을 열고 다른 사람들의 생각과 사고를 받아들이도록 안내하는 것은 학교 구성원 모두의 책임이다. 관리자들은 그러한 분위기를 조성하고, 교사들의 전문성 개발과 자원을 지원한다. 교사들은 적절한 사고 유형을 모델링하여 학생들에게 다양한 사고의 기회를 지원하는 학습 환경을 제공한다.

학생들이 비판적 사고를 효과적으로 하는 사람이 될 수 있도록 가르치려면 모든 교육 당사자(학생, 교사, 관리자, 학부모)의 시간, 에너지, 지식 및 노력이 모두 필요하다. 여러분의 교실이나 학교에서 여러분은 사고를 촉진하는 문화를 만들기 위해 어떤 작은 변화를 만들 수 있는가?

🔓 성찰하기　　　　　　　　　　　　　　　　　　　ooo

8장에 소개된 내용을 되돌아보면서 다음의 5가지 질문에 답해 보자.

1. 이번 장의 머리말을 되새겨 보자. 현재 여러분의 교실 상황과 유사한가? 여러분의 교실 문화는 어느 방향에 가까운가?
2. 어떻게 하면 인지적 참여를 촉진하는 교실 문화를 구축할 수 있는가?
3. 사고를 촉진하는 교실을 참관하면 어떤 현상을 보거나 들을 수 있는가?
4. 여러분이 교실에서 생각하는 문화를 잘 만들고 있는지에 대해 여러분의 학생과 동료 교사들이 어떻게 평가할까?
5. 학생들의 사고력을 향상시키기 위해 이 장의 어떤 아이디어를 활용할 수 있는가?

🔓 실천하기　　　　　　　　　　　　　　　　　　　ooo

8장의 개념을 교실에서 활용하기 위해 다음 5가지 활동을 해 보자.

1. 학생들이 그룹 활동에 참여하도록 안내하고 활동이 마무리되면 자기 평가를 촉진하는 루브릭을 학생들에게 제공한다. Buck Institute for Education(2013a, 2013b, 2013c)에서 제공한 루브릭 중 하나를 활용할 수 있다.
2. 학생들에게 〈표 8-5〉(p. 271)에서 제시한 것과 유사한 루브릭을 제공하여 교실의 사고 촉진 문화에 대한 학생들의 인식을 확인한다. 수집된 데이터를 분석하여 일치하는 부분을 찾고 교실의 생각하는 문화를 더욱 촉진할 수 있는 방법을 선택한다.
3. 여러분 학급의 사고 촉진 문화 수준을 스스로 평가한다. 여러분의 강점과 개선점은 무엇인가? 여러분의 생각을 동료들과 공유하여 최선의 방법을 찾아보자.
4. 관리자나 동료에게 여러분의 수업을 공개하고 〈표 8-6〉(p. 272)을 활용하여 학급의 사고 촉진 문화 수준을 평가받는다. 여러분이 받은 피드백을 분석하여 개선해야 할

부분을 파악한다.

5. 교실문에 "저를 관찰하세요."라는 푯말을 붙이고 다른 동료 및 관리자들이 하루 동안 여러분을 관찰할 수 있게 하자. 피드백을 통해 여러분이 구체적으로 어떻게 사고 촉진 문화를 발전시키려고 노력하고 있는지 그리고 무엇에 중점을 두어야 하는지 확인하자.

표8-5 수업 활동에 대한 성찰 루브릭

날짜:_____　수업 시간:_____　과목:_____

다음 항목에 1~3의 순위를 매겨 주세요.

1은 수업에서 가장 많은 시간을 보낸 활동, 2는 그다음으로 많은 시간을 보낸 활동, 3이 그다음입니다.

순위	이번 수업 시간에 우리는 우리의 시간을 아래와 같은 활동을 하는 데 가장 많이 활용했다.
	활동
	사물을 자세히 관찰, 묘사하고 패턴을 찾는 활동
	우리만의 설명, 이론, 가설 또는 해석을 만들어 가는 활동
	근거를 가지고 추론하고 사실과 이유를 기반으로 주장을 세우는 활동
	학습 내용에 대해 궁금해하고 문제를 제기하고 호기심을 가지는 활동
	세상과 우리의 삶을 연결하는 활동
	다양한 관점에서 새로운 방식으로 사물을 보는 활동
	핵심적인 아이디어를 파악하고 결론을 내리거나 사물의 본질을 찾는 활동
	확인되지 않은 미스터리나 복잡하고 도전적인 주제에 깊이 파고드는 활동
	아이디어, 정보, 경험을 조직하고 통합하여 이해하는 활동
	학습의 현 위치를 파악하고 반영하여 더 나아가야 할 방향을 결정하는 활동
	새로운 문제를 해결하거나 독창적인 것을 만들기 위해 지금까지 배운 것을 적용하는 활동
	독서나 이전 수업의 결과물로부터의 정보를 검토하는 활동
	학습 주제에 대한 읽고, 듣고, 새로운 정보를 얻는 활동
	수업에서 이미 배운 기능과 절차를 연습하는 활동

이번 수업 시간에 나는 생각하는 것이 너무나 벅찼다(아래 중 하나에 동그라미).

전혀 그렇지 않다　　그렇지 않다　　그렇다　　매우 그렇다

학습에 있어 내가 (_____)를 했더라면 도움이 되었을 것이다.

학습에 있어 선생님이 (_____)를 해 주셨다면 도움이 되었을 것이다.

출처: Ritchgart, 2015, p. 307.

표 8-6 수업 활동에 대한 성찰 루브릭

관리자 또는 동료 교사들이 이 체크리스트를 사용하여 수업의 비판적 사고 수준에 대한 피드백을 제공할 수 있습니다.

비판적 사고 수준 평가 리스트		
	관찰	미관찰
교사		
생각을 자극하는 질문과 의견을 제시한다.		
토론을 유발할 수 있도록 창의적이고 열린 입장을 표명한다.		
학생들이 근거를 제공하거나 다른 사람의 지지를 이끌어 내는 도전을 하도록 부드럽게 안내한다.		
다른 사람의 의견과 생각을 신중하게 고려하도록 격려한다.		
적절한 수준의 도전 과제를 제공한다.		
사고 과정의 모델링을 적재적소에 제공한다.		
비판적 사고를 독려할 수 있는 사고의 표준을 제시한다.		
실생활 주제와 연계하여 지식을 실제로 적용할 수 있게 한다.		
명확하고 효과적인 피드백을 제공한다.		
비판적 사고 경험을 할 수 있는 다양한 기회를 제공한다.		
교실 환경을 활용하여 학생들의 사고를 촉진한다.		
학생		
생각을 자극하고 관련이 있는 질문과 의견을 제시한다.		
진실되고 정확한 진술을 한다.		
코멘트를 통해 분석의 깊이를 보여 준다.		
다른 사람의 의견에 반응하여 논리를 구축한다.		
근거를 제시하며 비판적 추론, 분석, 종합, 판단하는 의견을 제시한다.		
자신의 생각을 이전 안내사항이나 주제와 관련된 글이나 정보와 연결한다.		
다른 친구들이 근거를 제시하거나 그들의 입장을 표명할 수 있도록 도와준다.		
토론이나 문제에 대해 창의적으로 접근한다.		
반대되는 의견이나 생각에 대해 열린 자세를 가진다.		
다른 친구들의 의견과 생각을 함부로 여기지 않는 분위기를 만든다.		

※go.SolutionTree.com/instruction에 방문하면 무료로 사용할 수 있는 양식을 다운받을 수 있다.

Adobe Systems. (2018). *Creative problem solving: Essential skills today's students need for jobs in tomorrow's age of automation* [Infographic]. Accessed at http://cps.adobeeducate.com/US-Infographic on September 6, 2018.

Aesop. (2014). The north wind and the sun. In D. L. Ashliman (Ed.), *Aesop's fables*. New York: Penguin.

Alexie, S. (2008). *The unauthorized biography of me* [Blog post]. Accessed at http://bibliosity.blogspot.com/2008/11/unauthorized-autobiography-of-me.html on January 23, 2019.

Anderson, L. W., & Krathwohl, D. R. (Eds.). (2001). *A taxonomy for learning, teaching, and assessing: A revision of Bloom's taxonomy of educational objectives* (Complete ed.). New York: Longman.

Anderson, M. (2016). *Learning to choose, choosing to learn: The key to student motivation and achievement*. Alexandria, VA: Association for Supervision and Curriculum Development.

Antonetti, J. V., & Garver, J. R. (2015). *17,000 classroom visits can't be wrong: Strategies that engage students, promote active learning, and boost achievement*. Alexandria, VA: Association for Supervision and Curriculum Development.

Arter, L. (2015). Road tested/calling mulligan! Two rules for dynamic discourse. *Education Update, 57*(2). Accessed at www.ascd.org/publications/newsletters/education-update/feb15/vol57/num02/Calling-Mulligan!-Two-Rules-for-Dynamic-Discourse.aspx on September 6, 2018.

Azzam, A. M. (2009). Why creativity now? A conversation with Sir Ken Robinson. *Educational Leadership, 67*(1), 22–26.

Bandura, A. (1986). *Social foundations of thought and action: A social cognitive theory*. Englewood Cliffs, NJ: Prentice Hall.

Barell, J. (1991). *Teaching for thoughtfulness: Classroom strategies to enhance intellectual development*. New York: Longman.

Bell, T. (2018). Robots will control everything you eat. *Science News for Students*. Accessed at https://sciencenewsforstudents.org/article/robots-will-control-everything-you-eat on September 6, 2018.

Berger, R. (2012). *Austin's butterfly: Building excellence in student work* [Video file]. Accessed at https://

vimeo.com/38247060 on September 6, 2018.

Berger, W. (2014). *A more beautiful question: The power of inquiry to spark breakthrough ideas*. New York: Bloomsbury.

Bernard, B. (2007). Cupid shuffle [Recorded by Cupid]. *On Time for a change* [Digital download]. New York: Asylum Atlantic.

Bloom, B. S. (Ed.). (1956). *Taxonomy of educational objectives: The classification of educational goals*. New York: Longmans, Green.

Bloom, B. S., & Broder, L. J. (1950). Problem-solving processes of college students: An exploratory investigation. *American Journal of Education, 58*(9), 558-560.

Boyes, K., & Watts, G. (2009). *Developing habits of mind in secondary schools*. Alexandria, VA: Association for Supervision and Curriculum Development. BrainyQuote. (n.d.). Gustave Flaubert quotes. Accessed at https://brainyquote.com/quotes/gustave_flaubert_119642 on October 1, 2018.

Brinckloe, J. (1986). *Fireflies*. New York: Aladdin Books.

Brislin, T. (1999). *Integrating active learning, critical thinking and multicultural education in teaching media ethics across the curriculum*. Paper presented at the annual meeting of the Association for Education in Journalism and Mass Communication, New Orleans, LA. Accessed at https://files.eric.ed.gov/fulltext/ED434371.pdf on September 6, 2018.

Brookfield, S. D. (2012). *Teaching for critical thinking: Tools and techniques to help students question their assumptions*. San Francisco: Jossey-Bass.

brusspup. (2015). *10 amazing science tricks using liquid!* [Video file]. Accessed at www.youtube.com/watch?v=HQx5Be9g16U on January 23, 2019.

Bryant, F., & Bryant, B. (1967). Rocky top [Recorded by the Osborne Brothers]. *On Rocky Top* [Vinyl]. London: Decca.

Buck Institute for Education. (2013a). *Collaboration rubric for PBL (for grades 6-12)*. Accessed at https://bie.org/object/document/6_12_collaboration_rubric_non_ccss on September 6, 2018.

Buck Institute for Education. (2013b). *Collaboration rubric for PBL: Individual performance (for grades 3-5)*. Accessed at https://bie.org/object/document/3_5_collaboration_rubric_non_ccss on September 6, 2018.

Buck Institute for Education. (2013c). *Teamwork rubric for PBL (for grades K-2)*. Accessed at https://bie.org/object/document/k_2_teamwork_rubric on September 6, 2018.

Cage, J. (1974). *4'33"*. On *John Cage* [Vinyl]. Italy: Cramps Records.

Cameron, J., Landau, J. (Producers), & Cameron, J. (Director). (1997). *Titanic* (Motion picture). United States: Paramount Pictures.

Carbonaro, W. J., & Gamoran, A. (2002). The production of achievement inequality in high school English. *American Educational Research Journal, 39*(4), 801–827.

Carpenter, R., Sweet, C., & Blythe, H. (2012). *Introduction to applied creative thinking: Taking control of your future.* Stillwater, OK: New Forums Press.

Chen, D.-T., Wu, J., & Wang, Y.-M. (2011). Unpacking new media literacy. *Journal of Systemics, Cybernetics and Informatics, 9*(2), 84–88. Accessed at www.iiisci.org/journal/sci/FullText.asp?var=&id=OL508KRA on September 6, 2018.

Chodosh, S. (2017). We still don't really know where dogs came from. *Popular Science.* Accessed at www.popsci.com/dog-evolution-single-origin-controversy on September 6, 2018.

Chopin, K. (1993). *The awakening.* Mineola, NY: Dover.

Chouinard, M. M., Harris, P. L., & Maratsos, M. P. (2007). Children's questions: A mechanism for cognitive development. *Monographs of the Society for Research in Child Development, 72*(1), 1–129.

Christensson, K. M. (n.d.). *RADCAB: Your vehicle for information evaluation.* Accessed at www.radcab.com on January 25, 2019.

Chung, R., Kasprian, G., Brugger, P. C., & Prayer, D. (2009). The current state and future of fetal imaging. *Clinics in Perinatology, 36*(3), 685–699.

Church, R. B., & Goldin-Meadow, S. (1986). The mismatch between gesture and speech as an index of transitional knowledge. *Cognition, 23*(1), 43–71.

Collins, M. F. (2005). ESL preschoolers' English vocabulary acquisition from storybook reading. *Reading Research Quarterly, 40*(4), 406–408.

Connell, G. (2014). *Use popular music to improve reading and inspire writing* [Blog post]. Accessed at www.scholastic.com/teachers/blog-posts/genia-connell/use-popular-music-improve-reading-and-inspire-writing on September 6, 2018.

Cook-Harvey, C. M., Darling-Hammond, L., Lam, L., Mercer, C., & Roc, M. (2016). *Equity and ESSA: Leveraging educational opportunity through the Every Student Succeeds Act.* Washington, DC: Learning Policy Institute. Accessed at www.hunt-institute.org/wp-content/uploads/2016/11/ESSA-Summary_11.10.16.pdf on September 6, 2018.

Crow, S., & Trott, J. (2017). Roller skate [Recorded by S. Crow]. *On Be myself* [MP3 file]. Burbank, CA: Wylie Songs, Warner Bros. Records.

Curtis, D., & Carter, M. (2015). *Designs for living and learning: Transforming early childhood environments* (2nd ed.). St. Paul, MN: Redleaf Press.

Cushman, K. (2005). *Fires in the bathroom: Advice for teachers from high school students.* New York: New Press.

Darling-Hammond, L. (2012). *Creating a comprehensive system for evaluating and supporting effective teaching.* Stanford, CA: Stanford Center for Opportunity Policy in Education.

Davey, B. (1983). Think aloud: Modeling the cognitive processes of reading comprehension. *Journal of Reading, 27*(1), 44-47.

Davidson, K. (2016). Employers find "soft skills" like critical thinking in short supply. *Wall Street Journal.* Accessed at www.wsj.com/articles/employers-find-soft-skills-like-critical-thinking-in-short-supply-1472549400 on October 22, 2018.de Bono, E. (1985). *Six thinking hats.* Toronto, Ontario, Canada: Key Porter Books.

de Bono for Schools. (n.d.). *Free resource for teachers: Six Thinking Hats classroom activity—card game.* Accessed at https://gagc.org/Resources/Documents/2015% 20Convention/Handouts/Hampton/Six_Thinking_Hats_Card_Game_Free_Resource.pdf on January 23, 2019.

de Charms, R. (1976). *Enhancing motivation: Change in the classroom.* Oxford, England: Irvington.

Diamandis, P. H., & Kotler, S. (2015). *Bold: How to go big, create wealth, and impact the world.* New York: Simon & Schuster.

Dillon, J. T. (1988). *Questioning and teaching: A manual of practice.* New York: Teachers College Press.

Drapeau, P. (2014). *Sparking student creativity: Practical ways to promote innovative thinking and problem solving.* Alexandria, VA: Association for Supervision and Curriculum Development.

Dweck, C. S. (2006). *Mindset: The new psychology of success.* New York: Ballantine Books.

Dyer, J., Gregersen, H., & Christensen, C. M. (2011). *The innovator's DNA: Mastering the five skills of disruptive innovators.* Boston: Harvard Business Press.

Elder, L., & Paul, R. (2007). *The thinker's guide to analytic thinking: How to take thinking apart and what to look for when you do* (2nd ed.). Tomales, CA: Foundation for Critical Thinking.

Elofsson, J., Gamson, D., Kurstin, G., & Tamposi, A. (2012). Stronger (what doesn't kill you) [Recorded by K. Clarkson]. On *Stronger* [CD]. Los Angeles: RCA.

Engel, C. (2011). Dictator games: A meta study. *Experimental Economics, 14*(4), 583-610. Every Student Succeeds Act of 2015, Pub. L. No. 114-95, 20 U.S.C. § 1177 (2015).

Expeditionary Learning. (2013). *Appendix: Protocols and resources.* Accessed at www.engageny.org/sites/default/files/resource/attachments/appendix_protocols_and_resources.pdf on March 12, 2019.

Facione, P. A. (2015). *Critical thinking: What it is and why it counts.* Hermosa Beach, CA: Measured Reasons.

Facione, P. A., & Facione, N. C. (1994). *Holistic critical thinking scoring rubric.* Millbrae, CA: California Academic Press. Accessed at https://teaching.temple.edu/sites/tlc/files/resource/pdf/Holistic%20Critical%20Thinking%20Scoring%20Rubric.v2%20%5BAccessible%5D.pdf on September 6, 2018.

Farrand, P., Hussain, F., & Hennessy, E. (2002). The efficacy of the 'mind map' study technique. *Medical Education, 36*(5), 426-431.

Ferris, J. L. G. (1920). *The landing of William Penn*[Painting]. Washington, DC: Library of Congress.

Feuerstein, M. (1999). Media literacy in support of critical thinking. *Journal of Educational Media, 24*(1), 43-54. doi:10.1080/1358165990240104

Fink, J. (2010). *New Smile-O-Meter cards* [Blog post]. Accessed at www.pianimation.com/2010/08/31/new-smile-o-meter-cards on September 6, 2018.

Fisher, D., Frey, N., Quaglia, R. J., Smith, D., & Lande, L. L. (2018). *Engagement by design: Creating learning environments where students thrive.* Thousand Oaks, CA: Corwin Press.

Fitzgerald, F. S. (2018). *The great Gatsby.* New York: Scribner. For the Teachers. (n.d.). Cube template. Accessed at www.fortheteachers.org/File%20Cabinet/Cube%20Template.pdf on September 6, 2018.

Frey, N. (2011). *The effective teacher's guide: 50 ways to engage students and promote interactive learning* (2nd ed.). New York: Guilford Press.

Frey, N., Fisher, D., & Everlove, S. (2017). Getting the most out of group work. *ASCD Express, 13*(5). Accessed at www.ascd.org/ascd-express/vol13/1305-fisher.aspx on September 6, 2018.

Fried, S. (2010). *Differentiated instruction.* Slides presented at the Professional Development Conference at Kulanu Torah Academy, Cedarhurst, NY. Accessed at https://slideshare.net/sholomfried/differentiated-instruction-powerpoint-for-pd-workshop on September 6, 2018.

Geirland, J. (1996). Go with the flow. *Wired.* Accessed at www.wired.com/1996/09/czik on September 6, 2018.

Gibson, S. (1998). Wide open spaces [Recorded by Dixie Chicks]. On *Dixie Chicks* [Album]. Washington, DC: Monument.

Godfrey, W., Mooradian, G., & Morgan, M. (Producers), & Hardwicke, C. (Director). (2008). *Twilight* [Motion picture]. United States: Summit Entertainment.

GoNoodle. (2017). *Water cycle—Blazer fresh*[Video file]. Accessed at https://youtube.com/watch?v=KM-59ljA4Bs on September 6, 2018.

Grainger, P. (1927). Homeless blues [Recorded by B. Smith]. Bridgeport, CT: Columbia Phonograph.

Grant, E. (1982). Electric avenue [Recorded by E. Grant]. On *Killer on the rampage* [Record]. London: EMI. *Graphic organizer—Persuasive essay.* (n.d.). Accessed at www.pinterest.com/pin/545639311078098030 on September 6, 2018.

Greenberg, A. D., & Nilssen, A. H. (2014). *The role of education in building soft skills: Putting into perspective the priorities and opportunities for teaching collaboration and other soft skills in education.* Duxbury, MA:

Wainhouse Research. Accessed at http://cp.wainhouse.com/content/role-education-building-soft-skills on September 6, 2018.

Greene, R. (2012). *Mastery*. New York: Penguin.

Guillaume, A. M., Yopp, R. H., & Yopp, H. K. (2007). *50 strategies for active teaching: Engaging K–12 learners in the classroom*. London: Pearson.

Hanks, T., Rapke, J., Starkey, S., & Zemeckis, R. (Producers), & Zemeckis, R. (Director). (2000). *Cast away* [Motion picture]. United States: ImageMovers.

Hansberry, L. (2004). *A raisin in the sun*. New York: Vintage Books.

Harrison, G. (1966). Taxman [Recorded by the Beatles]. On *Revolver* [Album]. London: EMI Studios.

Hart, B., & Risley, T. R. (2003). The early catastrophe: The 30 million word gap by age 3. *American Educator, 27*(1), 4–9.

Hart Research Associates. (2013). *It takes more than a major: Employer priorities for college learning and student success—Overview and key findings*. Washington, DC: Association of American Colleges and Universitites.

Hattie, J. (2009). *Visible learning: A synthesis of over 800 meta-analyses relating to achievement*. London: Routledge.

Hattie, J. (2012). *Visible learning for teachers: Maximizing impact on learning*. New York: Routledge.

Hattie, J., & Timperley, H. (2007). The power of feedback. *Review of Educational Research, 77*(1), 81–112.

Hawthorne, N. (1998). *The scarlet letter*. New York: Oxford University Press.

Heick, T. (2018). *26 sentence stems for higher-level conversation in the classroom*. Accessed at www.teachthought.com/critical-thinking/sentence-stems-higher-level-conversation-classroom on September 6, 2018.

Heimel, C. (1983). Lower Manhattan survival tactics. *The Village Voice, 13*, 26.

Helgeson, J. (2011). Four simple ways to add movement in daily lessons. *Kappa Delta Pi Record, 47*(2), 80–84.

Henry, O. (2005). *The gift of the magi* [Short story]. Accessed at www.gutenberg.org/files/7256/7256-h/7256-h.htm on September 6, 2018.

Hewes, B. (2012). *Feedback, feed-forward, peer-assessment and project-based learning* [Blog post]. Accessed at https://biancahewes.wordpress.com/2012/10/17/feedback-feed-forward-peer-assessment-and-project-based-learning on September 6, 2018.

Himmele, P., & Himmele, W. (2011). *Total participation techniques: Making every student an active learner* (2nd ed.). Alexandria, VA: Association for Supervision and Curriculum Development.

History.com Editors. (2018). *Socrates*. Accessed at www.history.com/topics/ancient-history/socrates on January 23, 2019.

Hoberman, D., & Lieberman, T. (Producers), & Condon, B. (Director). (2017). *Beauty and the beast* [Motion picture]. United States: Walt Disney Pictures.

Hofman, P., Goodwin, B., & Kahl, S. (2015). *Re-balancing assessment: Placing formative and performance assessment at the heart of learning and accountability.* Denver, CO: McREL International.

Honigsfeld, A., & Dunn, R. (2009). Learning-style responsive approaches for teaching typically performing and at-risk adolescents. *Clearing House, 82*(5), 220-224.

Hughes, L. (1990). *Selected poems of Langston Hughes.* New York: Random House.

Jensen, E. (2019). *Poor students, rich teaching: Seven highimpact mindsets for students from poverty* (Rev. ed.). Bloomington, IN: Solution Tree Press.

Jeong, S. H., Cho, H., & Hwang, Y. (2012). Media literacy interventions: A meta-analytic review. *Journal of Communication, 62*(3), 454-472.

John, E., & Taupin, B. (1972). Rocket man [Recorded by E. John]. On *Honky Chateau* [Vinyl]. London: DJM Records.

Johnson, D. W., & Johnson, R. T. (1999). Making cooperative learning work. *Theory Into Practice, 38*(2), 67-73.

Johnson, S. (2010). *Where good ideas come from: The natural history of innovation.* New York: Riverhead Books.

Kagan, S. (1994). *Cooperative learning.* San Clemente, CA: Kagan Cooperative Learning.

Kagan, S., & Kagan, M. (1998). Multiple intelligences: *The complete MI book.* San Clemente, CA: Kagan Cooperative Learning.

Kendon, A. (1988). How gestures can become like words. In F. Poyatos (Ed.), *Cross-cultural perspectives in nonverbal communication* (pp. 131-141). Toronto, Ontario, Canada: Hogrefe.

Kinberg, S., Scott, R., Schaefer, M., Sood, A., & Huffam (Producers), & Scott, R. (Director). (2015). *The martian* [Motion picture]. United States: Scott Free Productions.

King, M. L., Jr. (1963). *I have a dream* [Speech]. Accessed at https://archives.gov/files/press/exhibits/dream-speech.pdf on September 6, 2018.

Klem, A. M., & Connell, J. P. (2004). Relationships matter: Linking teacher support to student engagement and achievement. *Journal of School Health, 74*(7), 262-273.

Knowles, B., & Nash, T. (2011). Run the world (girls). [Recorded by B. Knowles]. On *4* [Studio album]. New York: Jungle City Studios.

Koenig, R. (2010). *Learning for keeps: Teaching the strategies essential for creating independent learners.* Alexandria, VA: Association for Supervision and Curriculum Development.

Kohn, D. (2015). Let the kids learn through play. *New York Times.* Accessed at www.nytimes.com/2015/05/17/opinion/sunday/let-the-kids-learn-through-play.html on September 6, 2018.

Kuhlthau, C. C., Maniotes, L. K., & Caspari, A. K. (2015). *Guided inquiry: Learning in the 21st century* (2nd ed.). Santa Barbara, CA: Libraries Unlimited.

Lee, H. (1989). *To kill a mockingbird.* New York: Grand Central.

Lickona, T. (1991). *Educating for character: How our schools can teach respect and responsibility.* New York: Bantam Books.

Lionni, L. (1960). *Inch by inch.* New York: HarperCollins.

Livingston, N. (1983). Electric boogie [Recorded by MarciaGriffiths]. On *Electric Boogie* [Vinyl]. London: Mango.

Lynch, R., McNamara, P. M., & Seery, N. (2012). Promoting deep learning in a teacher education programme through self- and peer-assessment and feedback. *European Journal of Teacher Education, 35*(2), 179–197. Accessed at www.tandfonline.com/doi/abs/10.1080/02619768.2011.643396?src=recsys&journalCode=cete20 on October 1, 2018.

Mack, N. (2013). Colorful revision: Color-coded comments connected to instruction. *Teaching English in the Two-Year College, 40*(3), 248–256.

Manzo, A. V. (1969). Reading and questioning: The request procedure. *Journal of Reading, 13*(2), 123–126.

Marzano, R. J. (2004). *Building background knowledge for academic achievement: Research on what works in schools.* Alexandria, VA: Association for Supervision and Curriculum Development.

Marzano, R. J. (2009). Setting the record straight on "high-yield" strategies. *Phi Delta Kappan, 91*(1), 30–37.

Marzano, R. J. (2010). The art and science of teaching/teaching inference. *Educational Leadership, 67*(7), 80–81. Accessed at www.ascd.org/publications/educational-leadership/apr10/vol67/num07/Teaching-Inference.aspx on September 27, 2018.

Marzano, R. J., & Pickering, D. J. (2011). *The highly engaged classroom.* Bloomington, IN: Marzano Resources.

Marzano, R. J., & Toth, M. D. (2014). *Teaching for rigor: A call for a critical instructional shift.* West Palm Beach, FL: Learning Sciences International. Accessed at https://marzanocenter.com/wp-content/uploads/2018/10/MC05-01-Teaching-for-Rigor-Paper-05-20-14-Digital-1.pdf on October 23, 2018.

Mathews, S. R., & Lowe, K. (2011). Classroom environments that foster a disposition for critical thinking. *Learning Environments Research, 14*(1), 59–73.

Maxwell, M., Stobaugh, R., & Tassell, J. L. (2016). *Realworld learning framework for secondary schools: Digital tools and practical strategies for successful implementation.* Bloomington, IN: Solution Tree Press.

McCombs, B. (2015). *Developing responsible and autonomous learners: A key to motivating students* [Teacher's modules]. Accessed at www.apa.org/education/k12/learners.aspx on September 6, 2018.

McGough, J. V., & Nyberg, L. M. (2015). *The power of questioning: Guiding student investigations.* Arlington, VA: National Science Teachers Association Press.

McIntosh, E. (2012). *Stop ping pong questioning. Try basketball instead* [Blog post]. Accessed at http://edu.blogs.com/edublogs/2012/02/stop-ping-pong-questioning-try-basketball-instead.html on September 6, 2018.

Meacham, B. (2017). Implementing the claim, evidence, reasoning framework in the chemistry classroom. *ChemEd X*. Accessed at https://chemedx.org/article/implementing-claim-evidence-reasoning-framework-chemistry-classroom on September 6, 2018.

Mercury, F. (1975). Bohemian rhapsody [Recorded by Queen]. On *A night at the opera* [MP3 file]. London: EMI Records.

Migyanka, J., Policastro, C., & Lui, G. (2005). Using a Think-Aloud with diverse students: Three primary grade students experience Chrysanthemum. *Early Childhood Education Journal, 33*(3), 171-177.

Miller, S. (1976). Take the money and run [Recorded by Steve Miller Band]. On *Fly like an eagle* [Album]. Los Angeles: Capitol.

Mrs. Bayna's Class Resources. (n.d.). *Argumentative writing graphic organizer.* Accessed at https://dbayna.com/uploads/4/2/0/9/4209638/argumentative_writing_-_graphic_organizer_copy.jpg on September 6, 2018.

Mualem, R., Leisman, G., Zbedat, Y., Ganem, S., Mualem, O., Amaria, M., et al. Ornai, A. (2018). The effect of movement on cognitive performance. *Frontiers in Public Health, 6*(100), 1-6.

Naiditch, F. (Ed.). (2017). *Developing critical thinking: From theory to classroom practice.* Lanham, MD: Rowman & Littlefield.

National Center for Education Statistics. (2006). *The condition of education 2006: Section 1, participation in education* (NCES No. 2006-071). Washington, DC: U.S. Government Printing Office. Accessed at https://nces.ed.gov/pubs2006/2006071_1.pdf on September 6, 2018.

National Council for the Social Studies. (2016). Media literacy [Position statement]. *Social Education, 80*(3), 183-185. Accessed at https://socialstudies.org/publications/socialeducation/may-june2016/media-literacy on January 4, 2019.

Nesbit, J. C., & Adesope, O. O. (2006). Learning with concept and knowledge maps: A meta-analysis. *Review of Educational Research, 76*(3), 413-448. Accessed at http://cmapspublic2.ihmc.us/rid=1J61L9C8Y-GCMY3Z-W9P/nesbit2006.pdf on September 27, 2018.

Nessel, D. D., & Graham, J. M. (2007). *Thinking strategies for student achievement: Improving learning across the curriculum, K-12* (2nd ed.). Thousand Oaks, CA: Corwin Press.

Nettles, J., Bush, K., Griffin, K., & Carter, S. (2010). Stuck like glue [Recorded by Sugarland]. On *The incredible machine* [Digital download]. Nashville, TN: Mercury.

NGSS Lead States. (2013). *Next Generation Science Standards: For states, by states.* Washington, DC: National Academies Press.

Nosich, G. M. (2008). *Learning to think things through: A guide to critical thinking across the curriculum* (3rd ed.). London: Prentice Hall.

Ochs, P. (1976). What are you fighting for? [Recorded by P. Ochs]. On *Sings for Broadside* [Vinyl]. New York: Folkways Records.

O'Keefe, P. A. (2014). Liking work really matters. *New York Times.* Accessed at https://nytimes.com/2014/09/07/opinion/sunday/go-with-the-flow.html on September 6, 2018.

Olejnik, S., & Algina, J. (2000). Measures of effect size for comparative studies: Applications, interpretations, and limitations. *Contemporary Educational Psychology, 25*(3), 241-286.

Organisation for Economic Co-operation and Development. (n.d.). *Preparing our youth for an inclusive and sustainable world: The OECD PISA global competence framework.* Accessed at www.oecd.org/pisa/Handbook-PISA-2018-Global-Competence.pdf on January 17, 2019.

Organisation for Economic Co-operation and Development. (2012). *Programme for International Student Assessment (PISA): Results from PISA 2012—United States.* Accessed at www.oecd.org/pisa/keyfindings/PISA-2012-results-US.pdf on September 6, 2018.

Ostroff, W. L. (2016). *Cultivating curiosity in K-12 classrooms: How to promote and sustain deep learning.* Alexandria, VA: Association for Supervision and Curriculum Development.

Paine, T. (1976). *Thomas Paine's common sense: The call to independence.* Woodbury, NY: Barron's Educational Series.

Paivio, A. (1991). Dual coding theory: Retrospect and current status. *Canadian Journal of Psychology, 45*(3), 255-287.

Palacio, R. J. (2012). *Wonder.* New York: Random House.

Pappano, L. (2014, February 5). Learning to think outside the box. *New York Times.* Accessed at https://nytimes.com/2014/02/09/education/edlife/creativity-becomes-an-academic-discipline.html?hp&_r=0 on September 6, 2018.

Paul, R., & Elder, L. (2007). *Consequential validity: Using assessment to drive instruction* [White paper]. Tomales, CA: Foundation for Critical Thinking. Accessed at www.criticalthinking.org/pages/consequential-validity-using-assessment-to-drive-instruction/790 on September 6, 2018.

Penn, J. L. G. (1932). *The landing of William Penn* [Painting]. Cleveland, OH: Foundation Press.

Peretti, H., Creatore, L., & Weiss, G. D. (1961). Can't help falling in love [Recorded by E. Presley]. On *Blue Hawaii* [Album]. Hollywood, CA: RCA Victor. Perry, K., Eriksen, M. S., Hermansen, T. E., Wilhelm, S., & Dean, E. (2010). Firework [Recorded by K. Perry]. On *Teenage dream* [Album]. Los Angeles: Capitol. Piaget, J. (n.d.). Jean Piaget quotes. Accessed at www .brainyquote.com/quotes/jean_piaget_751077 on January 25, 2019.

Piaget, J. (1959). *The language and thought of the child*. London: Routledge & Kegan Paul.

Pianta, R. C., Belsky, J., Houts, R., & Morrison, F. (2007). *Opportunities to learn in America's elementary classrooms*. Accessed at http://science.sciencemag.org/content/315/5820/1795 on September 6, 2018.

Pianta, R. C., Hamre, B. K., & Allen, J. P. (2012). Teacher-student relationships and engagement: Conceptualizing, measuring, and improving the capacity of classroom interactions. In S. L. Christenson, A. L. Reschly, & C. Wylie (Eds.), *Handbook of research on student engagement* (pp. 365-386). New York: Springer.

Potts, B. (1994). Strategies for teaching critical thinking. *Practical Assessment, Research and Evaluation, 4*(3). Accessed at www.pareonline.net/getvn.asp?v=4&n=3 on September 6, 2018.

Prince, M., & Felder, R. (2007). The many faces of inductive teaching and learning. *NSTA WebNews Digest*. Accessed at www.nsta.org/publications/news/story.aspx?id=53403 on September 28, 2018.

Project Look Sharp, & Rogow, F. (2017). *Developing habits of inquiry: Key questions to ask when analyzing media messages*. Accessed at www.projectlooksharp.org/Resources%202/keyquestions.pdf on September 6, 2018.

Redford, J., Thiede, K. W., Wiley, J., & Griffin, T. (2012). Concept mapping improves metacomprehension accuracy among 7th graders. *Learning and Instruction, 22*(4), 262-270. Accessed at https://scholarworks.boisestate.edu/cifs_facpubs/93 on September 27, 2018.

Reeves, D. (2015). *Inspiring creativity and innovation in K-12*. Bloomington, IN: Solution Tree Press.

Ritchhart, R. (2015). *Creating cultures of thinking: The eight forces we must master to truly transform our schools*. San Francisco: Jossey-Bass.

Ritchhart, R., Church, M., & Morrison, K. (2011). *Making thinking visible: How to promote engagement, understanding, and independence for all learners*. San Francisco: Jossey-Bass.

Robaton, A. (2015). *What will you be doing in 2022? Hottest jobs for grads*. Accessed at https://cnbc.com/2015/06/06/what-will-you-be-doing-in-2022-hottest-jobs-for-grads.html?view=story&%24DEVICE%24=native-android-tablet on September 6, 2018.

Rose-Duckworth, R., & Ramer, K. (2009). *Fostering learner independence: An essential guide for K-6 educators*. Thousand Oaks, CA: Corwin Press.

Roth, W.-M. (2001). Gestures: Their role in teaching and learning. *Review of Educational Research, 71*(3), 365-392.

Rothstein, D., & Santana, L. (2015). *Make just one change: Teach students to ask their own questions* (6th ed.). Cambridge, MA: Harvard Education Press.

Sachar, L. (2000). *Holes*. New York: Yearling.

Scheibe, C., & Rogow, F. (2012). *The teachers' guide to media literacy: Critical thinking in a multimedia world*. Thousand Oaks, CA: Corwin Press.

Schmoker, M. (2009). What money can't buy: Powerful, overlooked opportunities for learning. *Phi Delta Kappan, 90*(7), 524-527. Schroeder, C. M., Scott, T. P., Tolson, H., Huang, T.-Y., & Lee, Y.-H. (2007). A meta-analysis of national research: Effects of teaching strategies on student achievement in science in the United States. *Journal of Research in Science Teaching, 44*(10), 1436-1460.

Senn, D., & Marzano, R. J. (2015). *Engaging in cognitively complex tasks: Classroom techniques to help students generate and test hypotheses across disciplines.* West Palm Beach, FL: Learning Sciences International.

Shakespeare, W. (1935). *The tragedy of Romeo and Juliet.* New York: Heritage Press.

Shernoff, D. J. (2013). *Optimal learning environments to promote student engagement.* New York: Springer.

Shernoff, D. J., Csikszentmihalyi, M., Shneider, B., & Shernoff, E. (2003). Student engagement in high school classrooms from the perspective of flow theory. *School Psychology Quarterly, 18*(2), 158-176. doi:10.1521/scpq.18.2.158.21860

Silver, H. F., Strong, R. W., & Perini, M. J. (2007). *The strategic teacher: Selecting the right research-based strategy for every lesson.* Alexandria, VA: Association for Supervision and Curriculum Development.

Silverstein, S. (n.d.). "Smart" [Poem]. Accessed at https://poemhunter.com/poem/smart-7 on September 6, 2018. Simon, C. A. (n.d.). Strategy guide: Brainstorming and reviewing using the carousel strategy. Urbana, IL: National Council of Teachers of English. Accessed at www.readwritethink.org/professional-development/strategyguides/brainstorming-reviewing-usingcarousel-30630.html on September 6, 2018.

Smith, T., Baker, W., Hattie, J., & Bond, L. (2008). A validity study of the certification system of the National Board for Professional Teaching Standards. In L. Ingvarson & J. Hattie (Eds.), *Assessing teachers for professional certification: The first decade of the National Board for Professional Teaching Standards* (pp. 345-380). Bingley, England: Emerald Group.

Sousa, D. A. (2011). *How the brain learns* (4th ed.). Thousand Oaks, CA: Corwin Press.

Sousa, D. A. (2017). *How the brain learns* (5th ed.). Thousand Oaks, CA: Corwin Press.

Stauffer, R. G. (1975). *Directing the reading-thinking process.* New York: Harper & Row.

Steinbeck, J. (1994). *Of mice and men.* New York: Penguin Books.

Stengel, B., & Weems, L. (2010). Questioning safe space: An introduction. *Studies in Philosophy and Education, 29*(6), 505-507.

Stewart, J. (2012). *The life and work of Kierkegaard as the "Socratic task"* [Video file]. Accessed at www.coursera.org/learn/kierkegaard#syllabus on September 6, 2018.

Stobaugh, R. (2013). *Assessing critical thinking in middle and high schools: Meeting the Common Core.* Larchmont, NY: Eye on Education.

Stobaugh, R. (2016). *Sparking student questioning* [White paper]. Tyler, TX: Mentoring Minds. Accessed at https://mentoringminds.com/downloads/white-papers/Sparking-Student-Questioning.pdf on September 6, 2018.

Stobaugh, R., & Love, S. (2015). *Fusing critical thinking with kinesthetic learning* [White paper]. Tyler, TX: Mentoring Minds. Accessed at https://mentoringminds.com/learn/white-papers/fusing-critical-thinking-kinesthetic-learning on September 6, 2018.

Strauss, V. (2017). The surprising thing Google learned about its employees—and what it means for today's students. *Washington Post*. Accessed at https://washingtonpost.com/news/answer-sheet/wp/2017/12/20/the-surprising-thing-google-learned-about-its-employees-and-what-it-means-for-todays-students/?utm_term=.cb8565261663 on September 6, 2018.

Stupnisky, R. H., Renaud, R. D., Daniels, L. M., Haynes, T. L., & Perry, R. P. (2008). The interrelation of first-year college students' critical thinking disposition, perceived academic control, and academic achievement. *Research in Higher Education, 49*(6), 513–530.

Summer, D., & Omartian, M. (1983). *She works hard for the money* [Recorded by D. Summer]. On She works hard for the money [Album]. Chicago: Mercury Records.

Sutton, B. (2009). *Reward success and failure, punish inaction* [Blog post]. Accessed at http://bobsutton.typepad.com/my_weblog/2009/02/reward-success-and-failure-punish-inaction.html on September 6, 2018.

Swartz, R. J., Costa, A. L., Beyer, B. K., Reagan, R., & Kallick, B. (2008). *Thinking-based learning: Promoting quality student achievement in the 21st century*. New York: Teachers College Press.

SWOT analysis. (n.d.). In *Wikipedia*. Accessed at https://en.wikipedia.org/wiki/SWOT_analysis on December 13, 2018.

Swift, J. (1996). *A modest proposal and other satirical works*. Mineola, NY: Dover.

Swift, T. (2006). I'm only me when I'm with you [Recorded by T. Swift]. On *Taylor Swift* [Studio album]. Nashville, TN: Big Machine Records.

Swift, T. (2008). Love story [Recorded by T. Swift]. On *Fearless* [Studio album]. Nashville, TN: Big Machine Records.

Swift, T., Martin, M., & Shellback. (2012). We are never ever getting back together [Recorded by T. Swift]. On *Red* [Studio album]. Nashville, TN: Big Machine Records.

SWOT analysis. (n.d.). In *Wikipedia*. Accessed at https://en.wikipedia.org/wiki/SWOT_analysis on October 2, 2018.

Tchaikovsky, P. I. (n.d.). *Dance of the sugar plum fairy* [Audio file]. Accessed at www.free-stock-music.

com/tchaikovsky-dance-of-the-sugar-plum-fairy.html.

The Teacher Toolkit. (n.d.). *Consensogram* [Online lesson]. Accessed at www.theteachertoolkit.com/index.php/tool/consensogram on September 6, 2018.

TeacherVision. (n.d.). *Directed Reading-Thinking Activity*. Accessed at www.teachervision.com/directed-reading-thinking-activity on January 23, 2019.

TeachRock. (n.d.). Beatlemania [Online lesson]. In *Book 2: Teenage rebellion*. Accessed at http://teachrock.org/lesson/beatlemania on September 6, 2018.

Thornburg, D. (2014). *From the campfire to the holodeck: Creating engaging and powerful 21st century learning environments*. San Francisco: Jossey-Bass.

Treffinger, D. J., Schoonover, P. F., & Selby, E. C. (2013). *Educating for creativity and innovation: A comprehensive guide for research-based practice*. Waco, TX: Prufrock Press.

Tsirkunova, S. A. (2013). Conceptual metaphor as a means for teaching critical thinking skills. *International Journal of Humanities and Social Science, 3*(16), 44-48.

txxinblog. (2016). *Existence of manifest destiny today?* [Blog post]. Accessed at https://txxinblog.wordpress.com/2016/11/30/existence-of-manifest-destiny-today on September 6, 2018.

U.S. Army. (2013). *TRADOC pamphlet 350-70-7*. Fort Eustis, VA: Author.

U.S. Chamber of Commerce Foundation. (n.d.). *Bridging the soft skills gap: How the business and education sectors are partnering to prepare students for the 21st century workforce*. Accessed at https://uschamberfoundation.org/sites/default/files/Bridging%20The%20Soft%20Skills%20Gap_White%20Paper%20FINAL_11.2.17%20.pdf on September 6, 2018.

van de Vall, T. (2013). *Fishbone diagram*. Accessed at www.timvandevall.com/wp-content/uploads/Blank-Fishbone-Diagram.pdf on October 29, 2018.

Vecchione, J., & Else, J. (1990). *Eyes on the prize* [Television series]. Arlington, VA: PBS.

Victor, D. (2018). Oxford comma dispute is settled as Maine drivers get $5 million. *New York Times*. Accessed at https://nytimes.com/2018/02/09/us/oxford-comma-maine.html on September 6, 2018.

Viorst, J. (1987). *Alexander, who used to be rich last Sunday*. New York: Atheneum Books for Young Readers.

Vivaldi, A. (1949). *Concerti delle stagioni (the four seasons)*. New York: Concert Hall Society.

Vygotsky, L. S. (1978). *Mind in society: The development of higher psychological processes* (M. Cole, Ed.). Cambridge, MA: Harvard University Press.

Walsh, J. A., & Sattes, B. D. (2017). *Quality questioning: Research-based practice to engage every learner* (2nd ed.). Thousand Oaks, CA: Corwin Press.

Washington State University. (2001). *Washington State University critical thinking project: Resource guide*. Accessed at https://assessment.trinity.duke.edu/sites/assessment.trinity.duke.edu/files/page-attachments/ WashingtonStateUniversityCriticalThinking ProjectResource Guide_000.pdf on September 6, 2018.

Watanabe-Crockett, L. (2016a). *The critical 21st century skills every student needs and why* [Blog post]. Accessed at https://globaldigitalcitizen.org/21st-century-skills-every-student-needs on October 2, 2018.

Watanabe-Crockett, L. (2016b). *The critical thinking skills cheatsheet* [Blog post]. Accessed at https://globaldigitalcitizen.org/critical-thinking-skills-cheatsheet-infographic on September 6, 2018.

Watanabe-Crockett, L. (2019). *Future-focused learning: Ten essential shifts of everyday practice*. Bloomington, IN: Solution Tree Press.

Webb, T., & Martin, K. (2012). Evaluation of a US schoolbased media literacy violence prevention curriculum on changes in knowledge and critical thinking among adolescents. *Journal of Children and Media, 6*(4), 430-449.

Wendover Productions. (2017). *India's geography problem* [Video file]. Accessed at https://youtube.com/ watch?v=6mDsa-AqNcQ on November 15, 2018.

Wenglinsky, H. (2004). Closing the racial achievement gap: The role of reforming instructional practices. *Education Policy Analysis Archives, 12*(64), 1-24.

Whitacre, E. (n.d.a). *Virtual choir 1: Sleep*. Accessed at https://ericwhitacre.com/the-virtual-choir/history/ vc1-luxaurumque on December 13, 2018.

Whitacre, E. (n.d.b). *Virtual choir 2: Sleep*. Accessed at https://ericwhitacre.com/the-virtual-choir/history/ vc2-sleep on December 13, 2018.

Wilhelm, J. D. (2001). Think-alouds: Boost reading comprehension. *Instructor, 111*(4), 26-28.

Wineburg, S., McGrew, S., Breakstone, J., & Ortega, T. (2016). *Evaluating information: The cornerstone of civic online reasoning*. Accessed at https://purl.stanford.edu/fv751yt5934 on September 6, 2018.

Wing, N. (2005). *The night before first grade*. New York: Grosset & Dunlap.

World Economic Forum. (2016). *The future of jobs report*. Accessed at http://reports.weforum.org/future-of-jobs-2016 on September 6, 2018.

Wujec, T. (2010). *Build a tower, build a team* [Video file]. Accessed at www.ted.com/talks/tom_wujec_build_a_tower on January 23, 2019.

Yenawine, P. (2013). *Visual thinking strategies: Using art to deepen learning across school disciplines*. Cambridge, MA: Harvard Education Press.

Yng, N. J., & Sreedharan, S. (2012). Teach less, learn more—Have we achieved it? *Today*. Accessed at https://guanyinmiao.files.wordpress.com/2012/08/teach-less-learn-more-have-we-achieved-it.pdf on September 6, 2018.

Zanuck, R. D., & Brown, D. (Producers), & Spielberg, S. (Director). (1975). *Jaws* [Motion picture]. United States: Zanuck/Brown.

Zhao, Y. (2006). A pause before plunging through the China looking glass: Why the U.S. race to reform and catch up can wait. *Education Week*. Accessed at www.edweek.org/ew/articles/2006/05/10/36zhao.h25.html on September 6, 2018.

찾아보기

레베카 스토바우(Rebecca Stobaugh)는 웨스턴 켄터키 대학교의 부교수로 교사 교육 프로그램에서 평가 및 교육과정 설계를 가르치고 있다. 또한 초임 교사를 지도하고 있으며 비판적 사고, 교육 전략, 평가, 기술 통합 및 다른 여러 주제로 교육청에 컨설팅을 제공하고 있다. 중·고등학교 교사와 중학교 교장을 역임했다.

저자는 『중·고등학교에서의 비판적 사고 평가(Assessing Critical Thinking in Middle and High Schools)』,『초등학교에서의 비판적 사고 평가(Assessing Critical Thinking in Elementary Schools)』,『초등학교를 위한 실제 학습 프레임워크(Real-World Learning Framework for Elementary Schools)』,『중등학교를 위한 실제 학습 프레임워크(Real-World Learning Framework for Secondary Schools)』,『교실에서의 비판적 사고(Critical Thinking in the Classroom)』를 포함한 여러 권의 책을 저술했다. 또한 저자는 K-12 학생들을 지원하기 위한 장학금을 운영하는 인증팀에 소속되어 있으며, ASCD(Association for Supervision and Curriculum Development)의 이사이자 전 회장이다. 2004년에는 켄터키 사회과 교육학회로부터 올해의 교사상을 받았다.

주요 학력으로, 조지타운 대학교에서 학사 학위를 받았으며 켄터키 대학교에서 석사, 루이빌 대학교에서 K-12 교육 리더십 박사 학위를 받았다.

로렌 태너(Lauren Tanner)는 켄터키주 보울링 그린 학교의 교육과정 코디네이터로 영어 및 언어 예술 과목 고등학교 교사를 역임했다. 2011년부터 교직에 몸담아 왔으며 영어 부서의 책임자, 다중 언어 문해력 위원 및 평가 코디네이터로 활동했다. 교육과정 및 수업 분야 전공 석사 학위를 취득하였으며 교육행정 분야에서 Rank I 프로그램을 이수 중이다.

알리시아 위트머(Alicia Wittmer)는 초등학교 교사이며 독서 중재 전문가를 역임했다. 북부 켄터키주에서 자라면서 학생들을 가르치고 함께 일하는 것에 매력을 느꼈다. 웨스턴 켄터키 대학교에서 영재 교육 및 인재 개발 분야에서 석사 학위를 받았다.

역자 소개

노현종(Noh Hyunjong)
경북대학교 대학원 교육학 박사
현) 경북대학교 사범대학 강사, 대구대청초등학교 교사

〈주요 저 · 역서 및 논문〉
『예비 교사를 위한 교육심리학』(공저, 어가, 2023)
『현장 교사를 위한 효과적인 피드백 방법』(공역, 학지사, 2020)
「초등학생용 평가에 대한 태도 척도(SATA-Q) 개발 및 타당화」(공동, 2018) 외 다수

박민애(Park Minae)
경북대학교 대학원 교육학 박사
현) 경북대학교 사범대학 강사, 대구동도초등학교 교사

〈주요 저서 및 논문〉
『예비 교사를 위한 교육심리학』(공저, 어가, 2023)
「학생용 피드백 리터러시 척도(FLSS) 개발 및 타당화」(2019) 외 다수

김재욱(Kim Jaeuk)
경북대학교 대학원 교육학 박사
현) 경북대학교 사범대학 강사, 대구대봉초등학교 교사

〈주요 논문〉
「잠재전이분석에서 종단측정동일성 검증을 위한 적합도 지수 수행력 탐색」(공동, 2023)
「초중등 학생용 피드백 환경 척도(K-FESS)의 타당화」(공동, 2020) 외 다수

학교 현장에서

생각하는 힘을 기르는
50가지 사고 전략

Fifty Strategies to Boost Cognitive Engagement:
Creating a Thinking Culture in the Classroom

2025년 2월 10일 1판 1쇄 인쇄
2025년 2월 20일 1판 1쇄 발행

지은이 • Rebecca Stobaugh
옮긴이 • 노현종 · 박민애 · 김재욱
펴낸이 • 김진환
펴낸곳 • ㈜**학지사**
　　　　• 04031 서울특별시 마포구 양화로 15길 20 마인드월드빌딩
대표전화 • 02-330-5114　　팩스 • 02-324-2345
등록번호 • 제313-2006-000265호

홈페이지 • http://www.hakjisa.co.kr
인스타그램 • https://www.instagram.com/hakjisabook

ISBN 978-89-997-3333-8　03370

정가 25,000원

출판미디어기업 학지사

간호보건의학출판 **학지사메디컬** www.hakjisamd.co.kr
심리검사연구소 **인싸이트** www.inpsyt.co.kr
학술논문서비스 **뉴논문** www.newnonmun.com
교육연수원 **카운피아** www.counpia.com
대학교재전자책플랫폼 **캠퍼스북** www.campusbook.co.kr